名师系列

初中物理教学策略与实践创新

CHUZHONG WULI JIAOXUE CELÜE YU
SHIJIAN CHUANGXIN

党立宁 著

黄河出版传媒集团
阳光出版社

图书在版编目（CIP）数据

初中物理教学策略与实践创新 / 党立宁著. -- 银川：阳光出版社，2023.12
ISBN 978-7-5525-7199-8

Ⅰ. ①初… Ⅱ. ①党… Ⅲ. ①中学物理课－教学研究－初中 Ⅳ. ①G633.72

中国国家版本馆CIP数据核字（2024）第002117号

初中物理教学策略与实践创新　　党立宁　著

名师系列策划　赵维娟　申　佳
责 任 编 辑　胡　鹏
封 面 设 计　石　磊
责 任 印 制　岳建宁

黄河出版传媒集团
阳 光 出 版 社　出版发行

出 版 人　薛文斌
地　　址　宁夏银川市北京东路139号出版大厦（750001）
网　　址　http：//www.ygchbs.com
网上书店　http：//shop129132959.taobao.com
电子信箱　yangguangchubanshe@163.com
邮购电话　0951-5014139
经　　销　全国新华书店
印刷装订　宁夏凤鸣彩印广告有限公司
印刷委托书号　（宁）0028343

开　　本　787 mm × 1092 mm　1/16
印　　张　20
字　　数　260千字
版　　次　2023年12月第1版
印　　次　2023年12月第1次印刷
书　　号　ISBN 978-7-5525-7199-8
定　　价　58.00元

前 言

随着《义务教育物理课程标准（2022年版）》的正式颁布，发展学生的物理核心素养成为初中物理教学的根本目标。这为教育的改革和发展指明了方向，也为学科教师的课堂教学提供了思路。作为一线教师，必须准确把握初中物理学科核心素养的内涵，转变教学观念，优化教学方式，注重学生能力的培养和综合素质的提升。教师能否在教学中灵活开发和应用教学策略，将直接影响教学质量及教学效果。在这样的背景下，如何转变教师教育观念，改变传统教学模式，落实核心素养要求，促进学生素质提升，是所有学校物理学科教师需要解决的新课题。《初中物理教学策略与实践创新》以核心素养为背景，有针对性地给出了初中物理教学实践创新策略。拟以此书抛砖引玉，期望能促进我国初中物理教学策略的深入探讨，推动基础教育课程改革进一步发展，为提高初中物理课堂教学效率作出贡献。

《初中物理教学策略与实践创新》以教学策略的实践创新为逻辑主线，根据初中物理教学的具体特点组织全书内容的编写，内容覆盖初中物理教学的单一策略以及整体策略，既涉及宏观的策略也涉及具体的方法艺术。全书共九章：第一章精析《义务教育物理课程标准（2022年版）》的修订及变化，形成初中物理教学策略实践创新的理论基础；第二章对初中物理主要教学模式——“探究式”教学模式的实践创新策略进行了深入的探讨；第三章结合新课程标准，提出了初中物理大单元教学设计的实践创新策略；第四章就初中物理实验教学的实践创新进行探讨；第五章通过具体的教学案例分析，提出了初中物理概念教学的实践创新策略；第六章提出了初中物理试题命制和设计的实践创新策略；第七章提出了初中物理作业设计实践创新策略；第八章提出了初中物理课堂教学实践创新实施意见；第九章就《义务教育物理课程标准（2022年版）》下初中物理专项教学实践创新策略提出了一系列具体的建议。

本书提供的案例旨在与读者共同探讨对教学策略的理解，仅供参考，希望读者不要被这些案例所限制。不同的教学策略各有特点和适用的场合，在实际教学中应该针对不同的教学内容选择适当的教学策略。并且，教学策略的选择只能是相对恰当的，本书所选案例也只是作者的建议，这与作者个人的理解、教学背景、教学经验以及教学方式密切相关。希望大家能共同研究初中物理的教学实践创新策略，提升初中物理教学质量。

全书由作者统一规划、设计、执笔、统稿、定稿，在编写过程中，阅读了大量的相关著述，吸取了许多专家学者的观点和研究成果，借鉴了许多一线教师的教学案例，并得到宁夏阳光出版社编辑的大力帮助，在此，特致以衷心感谢！

另外，本书由宁夏第六届基础教育教学课题“基于核心素养的初中物理实验教学的创新与实践研究”（项目编号：JXKT—CX-06-003）项目资助完成。在此，一并致谢！

期望本书能为初中物理教师的教学实践提供有益参考。由于各种原因，不妥之处在所难免，期待广大读者指正。

党立宁

2023年10月

目 录

第一章　精析新课程标准
——初中物理教学策略实践创新的理论基础

深入学习《义务教育物理课程标准（2022年版）》，掌握其内涵和精髓，是初中物理教学策略与实践创新的前提和基础。初中物理教师要研读和精析《义务教育物理课程标准（2022年版）》，认识它与《义务教育物理课程标准（2011年版）》相比较有哪些变化，从而了解初中物理教学实践创新的重要意义。

第一节　《义务教育物理课程标准（2022年版）》的修订

义务教育物理课程标准修订组基于国际比较及前期大规模调研，在继承与发展的基础上，修改了《义务教育物理课程标准（2011年版）》。下面从修订背景、修订思路与主要变化、实施重点三个方面对《义务教育物理课程标准（2022年版）》进行解读。建议在课程实施中注重继承与发展，将对学生核心素养的培育融入日常教学，凸显“做中学”，彰显课程的育人价值。

21世纪初，我国启动第八次基础教育课程改革，《全日制义务教育物理课程标准（实验稿）》在2001年由教育部首次颁布。经过多年实践，在2003年和2007年两次大规模调研的基础上，教育部统一部署，于2011年底颁布《义务教育物理课程标准（2011年版）》。2014年，《教育部关于全面深化课程改革落实立德树人根本任务的意见》中提出，全面深化课程改革，研制学生发展核心素养体系和学业质量标准等要求。教育部统一部署，2019年，义务教育物理课程标准修订组（以下简称“修订组”）正式启动对《义务教育物理课程标准（2011年版）》的修订，最终于2022年形成了《义务教育物理课程标准（2022年版）》。

一、修订背景

2022年4月21日，《义务教育物理课程标准（2022年版）》正式颁布。义务教育课程修订工作于2019年1月启动，对《义务教育物理课程标准（2011年版）》进行修订。本次修订是以习近平新时代中国特色社会主义思想为指导，全面贯彻党的教育方针，落实立德树人的根本任务，从有理想、有本领、有担当三个方面明确了培养义务教育阶段时代新人的具体要求，是对“培养什么人、怎样培养人、为谁培养人”这一根本问题的有力回答。这次课标修订吸纳和继承了我国物理课程改革和建设的成功经验，也借鉴了国际上物理课程改革的新成果和理念，增强了物理课程的综合性和实践性，凸显了课程在育人工程中的核心地位。习近平总书记多次强调，用心打造培根铸魂、启智增慧的精品教材。所以物理教学要实现学科育人，除了体现培根铸魂，还要通过物理教学增长学生的智慧。修订组在课标修订前做了国际比较、实施调研等基础研究，如初中阶段物理（科学）课程的国际比较、教材国际比较以及经合组织（OECD）统领下的课程内容图谱分析（CCM）比较等。

2019年初，修订组对英国、法国、德国、芬兰、瑞典、俄罗斯、美国、加拿大、澳大利亚、新西兰、日本、韩国、新加坡等国家的物理（科学）课程标准进行比较研究。经比较研究获知，以上国家皆强调物理（科学）课程在促进学生科学素养提升上的作用，强调加强科学与社会生活的联系，以及让学生了解科学本质、学会动手操作、提升问题解决能力等。其物理（科学）课程目标涵盖对物理自然观、科学思维、科学探究、科学态度与责任感等方面的培养，重视对物质、运动与相互作用、能量等物理内容的要求，重视对问题、证据、解释、交流及质疑创新能力的培养，重视对科学态度与社会责任感的培养。总体看，我国《义务教育物理课程标准（2011年版）》在上述方面与国际物理（科学）课程的要求是一致的，但特别强调物理课程与生产生活的联系，提出“从生活走向物理，从物理走向社会”是我国物理课标的特点。此外，我国《义务教育物理课程标准（2011年版）》重视核心概念的要求，在内容难度和广度方面也都比较适中。国际比较的结果为本次的修订提供了参考。2019年初，修订组针对《义务教育物理课程标准（2011年版）》的实施情况进行了调研，重点了解其实施中取得哪些成效、存在哪些问题等，以便为进一步修订提供依据。

在课程基本理念与课程目标方面，88.6%的教师认为“非常合理”和“合理”，多数教师提出期待义务教育物理课标能像高中物理课标那样提炼物理核心素养，凸显物理课程的育人功能。

在课程内容方面，90%的教师认为课程内容难度适中，68.7%的教师认为内容容量适中；此外，在物理实验方面，51.9%的教师认为合理，36.4%的教师认为非常合理，10%的教师认为基本合理，教师总体认同《义务教育物理课程标准（2011年版）》的实验设计。

在实施建议方面，教师总体肯定“教学与评价建议”对物理教学的指导作用，建议增强过程性评价的可操作性，并提出加强实验室建设、增加教学器材、及时更新实验装置、开放实验室等建议。

总体看，教师高度认同《义务教育物理课程标准（2011年版）》提出的课程基本理念、课程目标，认同课程内容的难度与广度，认为实施建议有一定的指导作用。他们期待课标能进一步凸显物理课程的育人功能，加强过程性评价的可操作性指导等。调研获得的信息也为修订提供了依据。

二、修订指导思想

新课标修订以习近平新时代中国特色社会主义思想为指导，全面贯彻党的教育方针，遵循教育教学规律，落实立德树人根本任务，发展素质教育。其修订有以下关键三点需要注意：以人民为中心，扎根中国大地办教育；坚持德育为先，提升智育水平，落实劳动教育；反映时代特征，努力构建具有中国特色、世界水准的义务教育课程。

三、修订原则

1. 坚持目标导向

认真学习领会习近平总书记关于教育的重要论述，全面落实有理想、有本领、有担当的时代新人培养要求，确立课程修订的根本遵循。准确理解和把握党中央、国务院关于教育改革的各项要求，全面贯彻习近平新时代中国特色社会主义思想，将社会主义先进文化、革命文化、中华优秀传统文化、国家安全、生命安全和健康等重大主题教育有机融入课程，增强课程的思想性。

2. 坚持问题导向

全面梳理课程改革的困难与问题，明确修订重点和任务，注重对实际问题的有效回应。遵循学生身心发展规律，加强一体化设置，促进学段衔接，提升课程的科学性和系统性。进一步精选对学生终身发展有价值的课程内容，落实减负提质。细化育人目标，明确实施要求，增强课程的指导性和可操作性。

3. 坚持创新导向

既要注重继承我国课程建设的成功经验，也要充分借鉴国际先进教育理念，进一步深化课程改革。这次课改非常重视以强化课程的综合性和实践性推动育人方式变革，着力发展学生核心素养。另外，凸显学生的主体地位，关注学生个性化、多样化的学习和发展需求，增强课程的适宜性。要坚持与时俱进，反映经济社会发展新变化、科技进步的新成果，更新课程内容，体现课程的时代性。

四、根本任务

①发挥培根铸魂、启智增慧的作用；

②切实解决“培养什么人、为谁培养人、怎样培养人”的根本问题；

③落实“培育一代又一代有理想、有本领、有担当的时代新人，为实现中华民族伟大复兴作出新的更大贡献！”的根本任务。

五、修订思路和导向变化

1. 体现物理学科本质，培育学生核心素养

《义务教育物理课程标准（2022年版）》在继承三维目标的基础上，进一步提炼物理课程要培育学生核心素养内涵及课程目标，凸显物理课程的育人功能。以促进学生发展、提升全体学生核心素养为宗旨，为学生学习和发展提供机会，使其具有适应个人终身发展和社会发展所需要的正确价值观、必备品格和关键能力。

2. 注重课程基础性与综合性，为学生全面发展奠定基础

《义务教育物理课程标准（2022年版）》继承了《义务教育物理课程标

准（2011年版）》的主题式结构，即以主题为引领，围绕物理学科的核心内容完善课程内容结构。加强理论联系实际，凸显物理实验整体设计，关注跨学科渗透，为学生全面发展奠定基础。

3. 关注科技进步和社会发展，体现课程的时代性

《义务教育物理课程标准（2022年版）》继承物理组2001年提出的“从生活到物理，从物理到社会”的课程理念，加强物理课程与自然、生活、科技进步和社会发展的联系，凸显我国科技成就，引导学生增强文化自信，树立科技强国的远大理想。

4. 提倡教学方式多样化，培养学生的自主发展能力

《义务教育物理课程标准（2022年版）》倡导多样化的教学方式，提倡通过创设让学生积极参与、乐于探究、勤于思考的学习情境，引领学生了解物理学的本质，从物理视角认识自然、理解自然，养成科学思维习惯，增强科学探究能力和解决实际问题的能力，形成科学态度和正确价值观。

5. 注重评价的育人功能，促进学生核心素养发展

《义务教育物理课程标准（2022年版）》坚持立德树人导向，注重以评价促进学生发展，致力于构建目标明确、主体多元、方式多样和功能全面的物理课程评价体系。不仅重视对学生终结性学业成就的考核和学习过程的评价，而且关注学生的个体差异，帮助学生建立自信，激发学生学习物理的动机和兴趣，发挥评价的育人功能。

（1）提炼物理课程要培育的学生核心素养，凸显物理课程的育人价值

根据国际比较和国内调研的结果，修订组针对物理学科性质和教育功能，提炼出物理课程要培育核心素养的四个方面，即物理观念、科学思维、科学探究、科学态度与责任，凸显物理课程的育人价值。同时，将核心素养的内涵及相关要素，贯穿于课程目标、课程内容、学业质量、课程实施等部分，旨在引导教师将核心素养的培育落到实处，引导学生学会学习、学会合

作、学会生活。

（2）以核心素养为引领，构建物理课程的内容主题

义务教育物理课程内容由“物质”“运动和相互作用”“能量”“实验探究”“跨学科实践”五个一级主题构成。这些主题不仅包含物理概念与规律，而且包含物理探索过程、研究方法以及科学态度与价值观。这样的主题式设计继承了《义务教育物理课程标准（2011年版）》的内容结构优势，同时通过“实验探究”和“跨学科实践”主题，凸显了物理实验的育人功能以及物理学与日常生活、工程实践、社会发展等的跨学科联系，体现了“知行合一、学以致用”的思想，强调了物理课程的基础性、实践性与综合性。

（3）加强实验探究，凸显物理实验的育人功能

《义务教育物理课程标准（2022年版）》进一步强调物理课程的实践性，凸显物理实验的育人功能。《义务教育物理课程标准（2011年版）》仅在附录中罗列出了学生必做的实验，没有明确的要求及引导。《义务教育物理课程标准（2022年版）》新增了“实验探究”一级主题，含21个学生必做实验，分别为测量类和探究类实验，不仅含物理实验的内容要求，而且通过样例、活动建议等进一步引导和说明，同时还提出学业要求和教学提示等，这些皆旨在培养学生发现问题和提出问题的能力、动手操作和收集证据的能力、得出结论并作出解释的能力、表达和交流的能力，有利于发挥物理实验的育人功能。

（4）加强跨学科实践，培养学生的综合实践能力

依据2022年版义务教育课程方案，《义务教育物理课程标准（2022年版）》新增“跨学科实践”一级主题。修订组根据前期的研究，提炼出“物理学与日常生活”“物理学与工程实践”“物理学与社会发展”三个二级主题，从低碳生活、健康生活、动手实践及社会热点等方面提出跨学科实践的内容要求，同时给出教学提示和学业要求。这些设计皆凸显了物理课程的跨学科性和实践性，加强了物理学与能源、环境、材料、工程、信息技术等的联系，能更

好地培养学生跨学科应用知识的能力、分析和解决问题的能力、动手操作的实践能力，以及积极认真的学习态度和乐于实践、敢于创新的精神。

（5）研制学业质量标准，引导教学与评价改革

修订组依据核心素养内涵，结合课程内容，对学生学业成就具体表现特征进行整体描述。具体而言，修订组根据问题情境的复杂程度、知识和技能的结构化程度、思维方式与价值观念的综合程度等，描述学生学习结果的具体表现，明确核心素养的发展水平与关键行为表现。学业质量标准是学业水平考试命题的依据，能对学生的学习、教师的教学、教材的编写等提供指导。

六、实施重点

从2001年的《全日制义务教育物理课程标准（实验稿）》到《义务教育物理课程标准（2011年版）》，再到《义务教育物理课程标准（2022年版）》，一以贯之的课程改革目标都是促进学生的全面发展，一直强调“从生活走向物理，从物理走向社会”的课程基本理念。在实施过程中，教师作为实践者应注意理解课程标准在这些方面的继承与发展，更好地践行课程理念、落实课程育人功能，以具体事实、鲜活案例、生活体验和基本概念等，培育学生的核心素养。

《义务教育物理课程标准（2022年版）》在一级主题中新增了“实验探究”“跨学科实践”内容主题，因此，在与此有关的教学中，建议教师结合“物质”“运动和相互作用”“能量”内容主题一并进行，这样既能降低课程难度，又能凸显物理课程的实践性与综合性。建议在实验教学中，尽可能让学生动手实验，发挥实验的育人功能，促进学生核心素养的养成。在进行与“跨学科实践”有关的教学中，注意选择具有综合性和实践性的课题，制订合理的实践方案，引导学生进行跨学科实践，同时注意控制学生的课业负担，促进

学生全面发展。

日常教学中的具体教学内容（与物理概念、规律、实验等有关），皆蕴含有培养学生核心素养的育人价值。例如，在机械运动“动与静”的教学中，教师关注的是学生对参照物（初中阶段）的学习，其实，在这一内容的教学中含有培育学生核心素养的契机与元素。大自然的运动现象是丰富多彩的，人们可用不同的方式描述运动：诗人用语言的韵律和意境描写运动、画家用形态和色彩描绘运动、音乐家用旋律和节奏表现运动，那么，物理学怎样描述“动与静”呢？在物理学中，把一个物体相对于另一个物体位置的改变称为机械运动，这里说的另一个物体，即为参照物。教师要使学生在学习过程中逐渐养成从物理学视角描述物体“动与静”的物理自然观（物理观念）。

教师在日常教学中不仅要培养学生的物理自然观，而且要培养学生的科学思维习惯、科学探究能力、科学态度与社会责任。在《义务教育物理课程标准（2022年版）》中，修订组凝练并凸显了物理学科要培育的核心素养，这有利于引导教师在物理教学方面迈上新的台阶，使其有更高远的教学价值追求。

《全日制义务教育物理课程标准（实验稿）》就提出了“注重科学探究，提倡学习方式多样化”的课程理念，并继承至今，但要真正落实此理念仍有一定挑战。在基础教育课程改革20年后的今天，教学方式已明显多样化，但很多教师仍更擅长使用传授式教学法。究其原因，主要在于“做中学”的育人价值还未引起教师的高度重视。下面通过探究案例来谈谈“做中学”的育人价值。

某桥在建造过程中，建筑工人需用钢缆将桥梁板从江水中提起，施工时采用了将桥梁板与水面成一定倾角的出水起吊方案。为什么采用有倾角出水的起吊方案？若桥梁板水平出水会怎样（问题）？小组设计模拟实验：将小钢板从水下水平或以一定倾角出水，探究在出水过程中测力计所受拉力的变化（证据）。从实验数据可知，以一定倾角出水时，测出的最大拉力更小，那么从物理学角度如何解释这一结果（解释）？分享测量过程与结果（交流）。以上过程蕴含了科学探究中问题、证据、解释、交流等要素，对学生的核心素养培育具有相当的意义。建议教师在“做中学”的教学中，要有精心的教学设计，不仅要关注学生“做”的过程、预期实验现象的出现等，而且要有明确的教学目标，明晰通过这些过程和现象是为了培育学生哪方面的核心素养。“做”不是目的，通过“做”培育学生的核心素养才是目的。

总之，《义务教育物理课程标准（2022年版）》进一步明确了义务教育物理课程旨在帮助学生从物理学视角认识自然、解决相关实际问题，初步形成物理自然观；引导学生经历科学探究过程，学习科学研究方法，养成科学思维习惯，进而学会学习；引领学生认识科学、技术、社会、环境之间的关系，形成科学态度和正确价值观，增强社会责任感、民族自豪感，为成为有理想、有本领、有担当的时代新人奠定基础。

七、课程标准实践指导

（一）研读课程标准，更新教育理念

1. 认真领会课程标准修订的出发点和基本原则，确保教育教学改革的大方向，积极改进教学。

2. 对比新版与旧版课标的变化，紧跟时代与时俱进，理解变化原因，结合教学实践开展教学研究。

3. 结合课标要求对比自己的教学，发现教学中的不足与改进点，大胆创新，实现自我突破。

（二）坚持立德树人，突出学科育人

1. 思想性：弘扬社会主义先进文化、中华优秀传统文化，培养担当民族

复兴大任的时代新人。

2. 安全与健康：有节约能源与可持续发展的意识，践行低碳生活，提升科学态度与责任感。

3. 劳动教育：培养学生综合分析问题和解决问题的能力，有科学服务于人类的使命感。

4. 科学素养：具有适应未来发展的正确价值观、必备品格和关键能力。

（三）注重实践教学，解决真实问题

实践是物理观念形成的基础，是科学思维发生的桥梁，是科学探究的必由之路，也是科学态度与责任养成的土壤。

（四）多种方法并举，促进全面育人

针对不同的教学主题，灵活选用不同的教学方式引领学生学习，彻底转变以知识为本的表面化、单一化、浅显化和泛化的教学方式。

八、总体变化

（一）构建目标体系，强化物理课程育人导向

1. 构建初、高中一体的核心素养体系

本次修订的《义务教育物理课程标准（2022年版）》和《普通高中物理课程标准（2017年版）》都是在“中国学生发展核心素养”的基础上，针对物理学和中学物理课程本质，建构物理课程需要着力培养的核心素养。义务教育阶段的物理课程和高中物理课程是一个不可分割的整体，因此，义务教育阶段物理课程与高中物理课程需要培养的核心素养完全一致，主要包含物理观念、科学思维、科学探究、科学态度与责任。《义务教育物理课程标准

（2022年版）》中对核心素养的内涵和要素的表述，也基本与高中一致。初、高中物理课程的核心素养及内涵表述基本一致，有利于学段间的统筹思考，帮助理顺初、高中物理课程的育人目标，实现依次递进、有序过渡。此外，初、高中物理课程的核心素养统一，凝练的内涵表述，也有利于教师对核心素养的理解和把握。

2. 基于核心素养的教—学—评目标体系

《义务教育物理课程标准（2022年版）》还构建了利于核心素养落实的"教—学—评"一体化结构（如图1-1-1所示）。

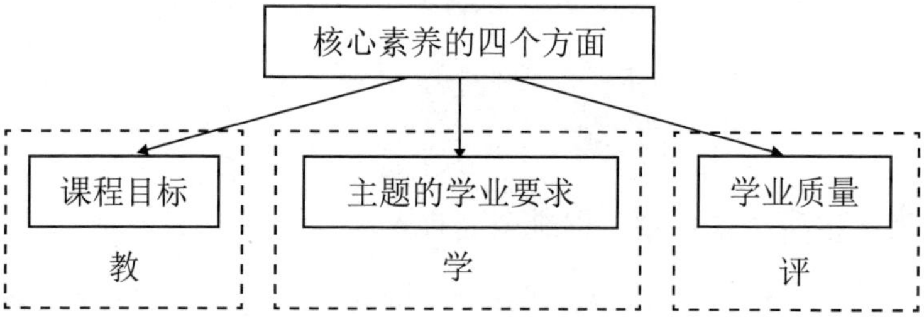

图 1-1-1　基于核心素养的"教—学—评"一体化结构

《义务教育物理课程标准（2022年版）》在提出核心素养及其内涵后，课程目标、每一个主题的学业要求、学业质量都是按核心素养的四个方面分别阐释，但是侧重点各不相同。表1-1是核心素养的"科学思维"维度在课程目标、"运动与相互作用"主题的学业要求和学业质量中的不同表述。

表 1-1　"科学思维"在课程目标、主题的学业要求和学业质量中的表述及分析

栏目	科学思维
课程目标	会用所学模型分析常见的物理问题；能对相关问题和信息进行分析并得出结论，具有初步的科学推理能力；有利用证据对所研究的问题进行分析和解释的意识，能使用简单和直接的证据表达自己的观点，具有初步的科学论证能力；能独立思考，对相关信息、方案和结论提出自己的见解，具有质疑、创新的意识。

续表

栏目	科学思维
“运动与相互作用”主题的学业要求	知道匀速直线运动、杠杆、光线等物理模型；能运用运动和力、声和光、电和磁的一些规律分析简单问题，并获得结论；能在解释自然现象和解决实际问题时引用证据，具有使用科学证据的意识；能根据运动和相互作用的知识，指出交流中有关说法的不当之处，并能提出自己的见解。
学业质量	在熟悉的情境中，会用所学模型分析常见的实际问题；在进行简单的物理实验和其他实践活动中，能对活动中的信息进行归纳推理，得到物理结论，在面对日常生活中的实际问题时，能运用所学物理概念、规律进行简单的演绎推理，得到结论；能依照证据形成自己的看法，具有利用证据进行论证的意识；在获取信息时，有判断信息的可靠性和合理性的意识，能从物理学视角对生活中不合理的说法进行质疑并说出理由，发表自己的见解。
分析说明	共同点：每段都是从“科学思维”的四个要素“模型建构”“科学推理”“科学论证”“质疑创新”展开，用“；”分隔开来。 不同之处： ①课程目标体现初中学生的认知能力，用“常见的”“初步”“有……意识”“简单与直接”等词语控制课程的目标，成为教学的依据。 ②主题下的学业要求是学生学习该主题的要求，表述要求时会结合主题的学习内容，如匀速直线运动、杠杆、光线等。 ③学业质量则是表达学生完成初中物理课程的学习后，在科学思维方面能做什么。但是它也是有边界的，如“熟悉的情境”“所学模型”等。

课程目标是从目标维度展开，体现了初中学生的认知能力和身心特点；主题的学业要求则结合主题内容，以学生视角表述学习要求；学业质量是从评价的维度刻画了学生完成物理课程阶段性学习后学业具体表现。通过核心素养打通教—学—评的各个环节，关注课程的实施，有利于核心素养的落实，实现课程育人的目标。

（二）强化实验实践，优化物理课程内容结构

1. 基本内容主题保持稳定

《义务教育物理课程标准（2022年版）》的内容框架是在《义务教育物理课程标准（2011年版）》基础上的继承与发展。通过对课标修订前后课程

内容框架的比较发现，《义务教育物理课程标准（2022年版）》在基本内容主题方面没有大的变化，保持了稳定，变化主要体现在实验和实践性要求方面（如表1-2所示）。

表 1-2 两版物理课标中课程内容框架比较

《义务教育物理课程标准（2022 年版）》		《义务教育物理课程标准（2011 年版）》	
一级主题	二级主题	一级主题	二级主题
1. 物质	1.1 物质的形态和变化 1.2 物质的属性 1.3 物质的结构与物体的尺度	1. 物质	1.1 物质的形态和变化 1.2 物质的属性 1.3 物质的结构与物体的尺度 1.4 新材料及其应用
2. 运动和相互作用	2.1 多种多样的运动形式 2.2 机械运动和力 2.3 声和光 2.4 电和磁	2. 运动和相互作用	2.1 多种多样的运动形式 2.2 机械运动和力 2.3 声和光 2.4 电和磁
3. 能量	3.1 能量、能量的转化和转移 3.2 机械能 3.3 内能 3.4 电磁能 3.5 能量守恒 3.6 能源与可持续发展	3. 能量	3.1 能量、能量的转化和转移 3.2 机械能 3.3 内能 3.4 电磁能 3.5 能量守恒 3.6 能源与可持续发展
4. 实验探究	4.1 测量类学生必做实验 4.2 探究类学生必做实验		
5. 跨学科实践	5.1 物理学与日常生活 5.2 物理学与工程实践 5.3 物理学与社会发展		

可以清晰地发现，前三个主题基本没有变化，说明初中物理的知识内容没有变化，只是在内容要求的具体条目表述中做了一些修改，使它更符合目标要求的表述句式。如，《义务教育物理课程标准（2011年版）》中的

“1.1.4 用水的物态变化说明自然界中的一些水循环现象。了解我国和当地的水资源状况，有关心环境和节约用水的意识”，在修订后的课标中表述为“能运用物态变化知识，说明自然界中的水循环现象。了解我国和当地的水资源状况，有节约用水和保护环境的意识”。这一条主要的修改在于用了“能……，说明……”目标要求的句式；其次是将“节约用水”“保护环境”换了位置，让学生从身边的小事做起。而在内容要求中改动比较大的是穿插其中的“样例”和“活动建议”，主要也是因为关注时代发展，凸显我国的科技成就，引导学生增强文化自信，树立科技强国的远大理想。就像习近平总书记所说的，“青年一代有理想、有本领、有担当，国家就有前途，民族就有希望。”物理课标的修订特点，是习近平新时代中国特色社会主义思想进课程教材的生动写照，也是结合物理课程特点具体落实义务教育“三有”培养目标。如，二级主题“机械运动和力”后面的“活动建议”，全部换成了新的内容：“①查阅资料，了解我国高速列车的运行速度，以及铁路交通的发展进程。②查阅资料，了解中国空间站在太空中飞行的速度大小。③查阅资料，了解我国“奋斗者”号载人潜水器的深潜信息，讨论影响其所受液体压强和浮力大小的因素。④查阅资料，了解我国长江三峡水利枢纽工程中船闸是怎样利用连通器特点让轮船通行的。”看似形式比较单一，都是查阅资料，但是其内容反映了我国最新的科技成就。“活动建议”也是给教师一个参考，教师可以根据学情作一些调整，如组织班级学生合作完成中国空间站的模型拼装，介绍中国空间站各部分的作用及工作情况。

2. 新增“实验探究”主题

《义务教育物理课程标准（2011年版）》中的“课程内容”由科学探究和科学内容两部分组成，明确指出科学探究既是学生的学习目标，又是重要的教学方式。将科学探究列入“课程内容”，旨在让学生经历与科学工作者进行的相似的探究过程，主动获取物理知识，领悟科学探究方法，发展科学探究能力，体验科学探究的乐趣，养成实事求是的科学态度和勇于创新的科学精神。这样的结构主要是基于当时“知识与技能、过程与方法、情感态度与价值观”的三维课程目标提出来的，其对应的是“过程与方法”维度和学生科学探究能力的培养。

《义务教育物理课程标准（2022年版）》将“科学探究”上升为核心素养的一个方面，直接归入课程目标，这样就会对“科学探究”素养目标对应的载体提出新的要求。为了顺应本次课标修订的总要求，增加学科实践，修订后的课标将原来融入科学内容的学生实验独立出来，成为内容框架的第四个一级主题“实验探究”。该主题明确了测量类学生必做实验9个、探究类学生必做实验12个。与修订前的课标比，新增1个探究类实验，调整了3个实验。其中，将原来的“测小灯泡的电功率”调整为“用电压表和电流表测量电阻”；将测量实验“测量水平运动物体所受的滑动摩擦力”融入新增的探究实验“探究滑动摩擦力大小与哪些因素有关”中，提升了实验的要求；新增了“探究液体压强与哪些因素有关”；原来的操作练习类实验“连接简单的串联电路和并联电路”实际可以融入电路类所有实验，特别是新增的“探究串联电路和并联电路中电流、电压的特点”需要会连接简单的串联电路和并联电路，因此也作了调整。

新增的“实验探究”主题突出了物理课程实践性的特点，该主题的“学业要求”“教学提示”，有助于教材编写中整体设计实验的进阶要求，逐步培养学生发现问题和提出问题的能力、动手操作和收集数据的能力、分析处理数据和解释数据的能力、表达和交流的能力，侧重于“科学探究”素养的落实。当然，实验探究过程也是学习新知的过程，能够提升学生对学习内容的理解，还能引导学生学会学习、学会合作，培养严谨认真、实事求是的科学态度。

3. 新增“跨学科实践”主题

《义务教育物理课程标准（2022年版）》课程内容框架中，最大的变化是新增了“跨学科实践”主题。早在2001年，教育部印发的《基础教育课程改革纲要（试行）》中已明确规定了综合实践活动是必修课程，与学科课程并列，确立了该课程的独特地位。综合实践活动是从活动课程发展而来、具有跨学科性质的实践性课程，它具有综合性、自主性、实践性、开放性、生成性等特点。它不再局限于书本知识的传授，而是通过为学生营造实践情境，引导他们面对各种现实问题，主动探索、发现、体验，获得解决现实问题的真实经验，从中培养实践能力，尤其是在学会学习、责任担当、实践创新等学生发展核心素养方面具有不可替代的作用。2017年教育部正式颁布《中小学综合实践活动课程指导纲要》，明确提出综合实践活动是从学生的真实生活和发展需要出发，从生活情境中发现问题，转化为活动主题，通过探究、服务、制作、体验等方式，培养学生综合素质的跨学科实践性课程。综合实践活动是国家义务教育和普通高中课程方案规定的必修课程，与学科课程并列设置，是基础教育课程体系的重要组成部分。该课程由地方统筹管理和指导，具体内容以学校开发为主，自小学一年级至高中三年级全面实施。学校也清楚综合实践活动对育人的意义重大，但在实施过程中常面临缺少专职教师、缺少具体内容（以学校开发为主）、时间得不到保证等问题，导致这门规定的必修课程还是很难全面实施。

本次对义务教育课程方案和各学科课程标准的修订整体构建了课程体系，将一部分综合实践活动直接植入各学科课程标准，强调学科实践和跨学科实践，要求每门课程用不少于10%的课时设计跨学科主题学习，整体解决困扰综合实践课程实施的教师、内容、时间等问题。

《义务教育物理课程标准（2022年版）》依据物理学的特点，加强课程与日常生活、工程技术和社会发展的结合，形成“跨学科实践”主题，充分发挥实践的独特育人功能。表1-3为跨学科实践主题中“物理学与日常生活”的内容要求。

表 1–3 物理学与日常生活

5.1.1 能发现日常生活中与物理学有关的问题，提出解决方案。 例 1 调查日常生活用品（如厨房用品）使用中的问题，并提出改进建议，能运用所学的知识论证自己所提建议的合理性。 5.1.2 能运用所学知识分析日常生活中的安全问题，提出解决方案，践行安全与健康生活。 例 2 调查生活中（如用电、乘车、住高楼等）存在的安全隐患，提出安全与健康生活的建议。 5.1.3 能运用所学知识指导和规范个人行为，践行低碳生活，具有节能环保意识。 例 3 了解当地空气质量状况，并调查相关原因。 例 4 拟订《个人低碳生活行为指南》，对个人节能环保行为提出具体要求。

从主题的内容要求来看，“提出解决方案”“践行安全、低碳和健康生活”等主题内容明显具有跨学科特点和实践特点。

《义务教育物理课程标准（2022年版）》的附录中提供了两个跨学科实践案例，其中，“人体中的杠杆”就是一个非常典型的与物理课程中杠杆知识紧密相关的学习主题。在这个主题中，学生可以在任务的驱动下，主动学习杠杆的基本知识、杠杆的平衡条件、省力杠杆等物理学知识，又可以结合生物学中“结构与功能相适应”的观念，同时通过分析人体中的杠杆，理解如何保护自己，拒做手机“低头族”等，运用所学知识指导和规范自己的行为，养成健康生活的态度和行为习惯。这样的学习主题能够促进学思结合、知行合一，实现物理课程育人方式的变革。这些案例既能指导教材编写人员将跨学科实践主题恰当地编入教材，有利于教师课程实施，又能指导和鼓励教师开发更多适合学生的、与物理学科紧密联系的跨学科实践活动，融入自己的教学。

（三）研制质量标准，把握教学、评价的要求

1.初中与高中物理学业质量描述对比

本次课标修订的突破之一就是各学科课程标准依据核心素养研制学业质量标准。《义务教育物理课程标准（2022年版）》按照“物理观念”“科学思维”“科学探究”“科学态度与责任”等核心素养的四个方面刻画了学生完成义务教育阶段物理学习后学业成就的具体表现。与《普通高中物理课程标准（2017年版）》相比，《义务教育物理课程标准（2022年版）》只有一级水平，刻画得更具体、清晰，更有利于教师对教学要求的把握（如表1-4所示）。

表 1-4 “科学思维”在初中和高中学业质量中的描述

维度要素	义务教育物理学业质量描述	普通高中物理学业质量描述（水平 2）
模型建构	在熟悉的情境中，会用所学模型分析常见的实际问题。	能在熟悉的问题情境中应用所学的常见的模型。
科学推理	在进行简单的物理实验和其他实践活动中，能对活动中的信息进行归纳推理，得到物理结论，在面对日常生活中的实际问题时，能运用所学物理概念、规律进行简单的演绎推理，得到结论。	能对比较简单的物理问题进行分析和推理，获得结论。
科学论证	能依照证据形成自己的看法，具有利用证据进行论证的意识。	能使用简单和直接的证据表达自己的观点。
质疑创新	在获取信息时，有判断信息的可靠性和合理性的意识，能从物理学视角对生活中不合理的说法进行质疑并说出理由，发表自己的见解。	具有质疑和创新的意识。

续表

维度要素	义务教育物理学业质量描述	普通高中物理学业质量描述（水平 2）
说明	①义务教育课程标准针对初中学生，用“熟悉”“所学模型”“常见”等限定模型建构的要求。 ②义务教育课程标准重点强调学科实践，用“能……进行归纳推理，……”“能运用……进行演绎推理，……”等句式，将学生“科学推理”能力刻画得非常清晰、具体。 ③对于“科学论证”的刻画，适合初中学生的认知能力，用“有……意识”等句式。 ④注重“知行合一、学以致用”，再次体现课程实践性特点。 ⑤高中学业质量水平 2 是针对全体高中学生完成必修课程后的学业表现。	

2. 结合主题内容提出“学业要求”

《义务教育物理课程标准（2022年版）》在每个主题的“内容要求”后，都结合本主题内容提出“学业要求”，主题下的学业要求仍然是按核心素养的四个方面来表述的。表1-5是“科学思维”在“物质”主题下学业要求中的具体描述，与表1-4中义务教育阶段学业质量的表述进行比较可以看出，主题下的学业要求是结合主题学习内容的表述，如在“模型建构”中，明确需要通过了解“原子的核式结构模型”，体会建构模型是物理研究的重要方法。教师非常熟悉这样结合内容的表述，也更容易把握其具体要求。

表 1-5 “科学思维”在“物质”主题下学业要求中的描述

维度要素		“物质”主题的学业要求
科学思维	模型建构	知道建构模型是物理研究的重要方法，了解原子的核式结构模型。
	科学推理	能通过实验或实例，归纳总结物态变化过程中的吸、放热规律。
	科学论证	在归纳或演绎中会引用证据，养成使用证据的习惯。
	质疑创新	能运用物质的弹性、磁性、导电性等知识，对一些说法进行质疑，发表自己的见解。
说明		在“物质”主题的学业要求中，融入主题内容：原子的核式结构模型，物态变化过程中的吸、放热规律，物质的弹性、磁性、导电性等。

3. 质量标准成为学业水平考试的命题依据

课程标准明确指出，学业质量标准是学业水平考试命题的依据，但是题目如何与学业质量对应呢？《义务教育物理课程标准（2022年版）》的“课程实施”中给出了考试例题。

题1：某市场有甲、乙两种容积相同的电热水壶，额定电压均为220 V，额定功率分别为800 W和1500 W。请你从下列不同角度，作出选择并说明选购理由。

①从烧水快的角度考虑，应选购哪种电热水壶？说明理由。

②若家庭电路的电压是220 V，室内插座的额定电流是5A，用该插座给电热水壶供电，从安全用电的角度考虑，应选购哪种电热水壶？说明理由。

考试例题 1

考试例题1选择了学生熟悉的生活场景——用电热水壶烧水，从不同角度（功率，额定功率、额定电压和额定电流的关系）解决实际问题的能力。题目要求“从不同的角度，作出选择并说明理由”，需要学生有逻辑地表达理由，涉及科学思维中的科学论证能力。这样的题目很新，能够测评学生的素养水平，但是题目的难度也明显提高。因此命制一份体现学业质量要求的试卷，既能检测学生核心素养水平，又能符合初中学业水平考试难度要求，是这一轮课程改革推进过程中亟待解决的关键问题。

（四）提供教学提示，指导教师实施新教学

1. 提供物理新教学提示

本次修订的义务教育课程方案和各学科课程标准最鲜明的标志是核心素养，与之对应的教材、课堂教学都应该发生改变，而这一轮课程改革对应的落实核心素养培养的教学被称为“新教学”。

《义务教育物理课程标准（2022年版）》为教师开展新教学提供了不少的支持与帮助，除了课程实施中的教学建议外，还在课程内容中结合内容给出更为具体的样例、活动建议和教学提示等，指导教师实施新教学。

在《义务教育物理课程标准（2022年版）》中，课程内容的每个一级主题后都增加了针对主题内容的教学提示，教学提示又分为“教学策略建议”“情境素材建议”。这里的教学提示是针对核心素养落实的教学建议，因结合具体内容的表述，对教学指导意义重大。如，针对“能量”主题的第④条教学策略建议是：“设计丰富的实践活动，提高学生的共通性素养。通过调查研究活动，启发学生关注科学、技术、社会、环境之间的关系，引导学生认识环境保护的重要性，认同人与自然和谐共生的理念。例如，通过查阅资料等，了解核能的特点和处理核废料的常用方法，讨论核能利用可能带来的问题；调查当地太阳能的利用情况，估算太阳能的转化效率；调查家庭或学校可能存在的安全用电隐患，提高安全用电的意识。通过设计制作等活动，引导学生加深对节约能源与促进可持续发展的认识，提高节能意识，践行低碳生活，促进其科学态度与责任感的养成。”这段教学策略建议提示教师开展调查研究类的实践活动，结合“能量”主题，提供对核能、太阳能、家庭用电等不同方向的调查研究，呼应相关内容要求中的样例和活动建议。针对“能源与可持续发展”这部分内容的情境素材建议是“讨论和分析我国古代的一些机械，列举不同历史时期人类利用的主要能源”，提示教师可以使用我国古代的水车等作为教学情境，讨论我国战国时期就已经开始利用水的动能了，体会劳动人民的实践智慧。

2. 教学提示体现素养导向

梳理《义务教育物理课程标准（2022年版）》内容主题下的教学策略建议和情境素材建议，在5个一级主题中，共提供19条具体的教学策略和近40个情境素材。教学策略如“树立教学整体观”“强化实验探究”“联系生活实际创设学习情境”“渗透科学研究方法”“注重问题导向”“设计丰富的实践活动”等等，都是结合教学内容、体现素养目标的教学提示。按二级主题提供与主题内容相关的情境素材，能启发和引导教师关注真实情境在落实核心素养的教学中的作用。

《义务教育物理课程标准（2022年版）》的上述四个主要的变化，将推动新一轮的课程改革。当然变化也会给课程改革带来新的问题和挑战，如教材修订如何体现核心素养的培养目标，如何体现物理的跨学科实践主题要求等？课堂教学如何改进，实现物理学科独特育人功能？如何开展跨学科主题实践活动，提高学生综合分析问题、解决问题能力？对学生物理学习的评价如何体现学业质量标准，过程性评价如何促进学生的学习等？由此产生的许多教学研究的关键问题，需要教材编写组、区域教研部门、学校教研组进行攻坚克难，以深化课程改革，落实立德树人根本任务。

第二节 《义务教育物理课程标准（2022年版）》的变化分析

一、课程性质

课标中的课程性质包含五个方面的含义。

①物理学的概念：界定什么是物理学。

②物理学的发展和作用：从古代的自然哲学，到近代的相对论和量子论等，物理学引领着人类探索自然奥秘，深化着人类对自然界的认识。物理学对其他自然科学产生了重要影响，推动了相关领域的科学技术进步，对人类的思维方式、价值观都产生深远影响，对人类文明和社会进步作出了巨大贡献。对物理学重要性的描述实际上也是对一线教学提出了更高要求，要思考如何对学生发展产生深远影响和重要影响。

③课程定位：义务教育物理课程是以实验为基础的自然科学，与小学科学和高中物理课程相衔接，与其他学科相关联，具有基础性、实践性等特点。这对一线教学提出了要求，应注重实验，通过实验来讲解概念、形成规律和科学思想方法。

④物理课程的任务：义务教育物理课程旨在促进人类科学事业的传承和社会发展，帮助学生从物理学视角认识自然、解决相关实际问题，初步形成科学的自然观，比如从物理学的视角认识自然，解决相关实际问题；引导学生经历科学探究过程，学习科学研究方法，养成科学思维习惯。

⑤教育功能：要引领学生认识科学、技术、社会、环境之间的关系，形成科学态度和正确价值观，增强社会责任感、民族自豪感；激发学生热爱党、热爱祖国、热爱人民的情感。所以，教师一定要深刻领会新课标的精神，要增强文化自信，培养学生的爱国情怀，要立足中国大地办教育。

物理学作为基础科学，有其独特的学科内容及研究范式，在人才培养中一直承担着提高公民科学素养的重要任务。物理学的这一学科特质在历次课标修订中均作为主要支撑承载其育人功能。《义务教育物理课程标准（2022年版）》在课程性质中首先论述了物理学是“自然科学领域研究物质的基本结构、相互作用和运动规律的一门基础学科”“通过科学观察、实验探究、推理计算等形成系统的研究方法和理论体系”。这是物理学在义务教育阶段与学生认知能力、学科课程要求相匹配的学习内容与研究方法，是对《义务教育物理课程标准（2011年版）》前言中课程性质的进一步完善。

在一体化创新型人才培养的时代要求下，《义务教育物理课程标准（2022年版）》在课程设置上强调了学段间的衔接和学科间的综合，凸显课程的连续性与综合性。义务教育物理课程作为“一门以实验为基础的自然科学课程，与小学科学和高中物理课程相衔接，与化学、生物学等课程相关联，具有基础性、实践性等特点”，此学科定位是由义务教育的总目标与任务和物理学科的课程性质共同决定的，与《义务教育物理课程标准（2011年版）》相比，更强调了在大中小学教育一体化的过程中，义务教育物理课程承上启下的重要作用，以及作为基础学科与其他自然科学课程之间的密切关系，突出了其在学科综合发展、跨学科实践以及“综合协调育人”中的重要作用。

在以核心素养为导向的新一轮教育改革中，物理学科的育人功能在以人为本的教育转型中进行了重新定位。《义务教育物理课程标准（2022年版）》指出，义务教育物理课程旨在“促进人类科学事业的传承与社会的发展”，通过对物理课程的学习及本学科着力体现的核心素养的养成，力图引导学生能够从物理学的视角认识世界、改变世界、创造世界，为成长为中华民族伟大复兴生力军奠定基础。这是物理学作为基础科学，在新时代人才强国战略下必须作出且能够作出的应有贡献。

二、课程理念

习近平总书记多次强调，用心打造培根铸魂、启智增慧的精品教材。在新的教育改革和人才需求之下，学生核心素养的培育必须借助课程教学来逐步实施，而课程教学也应以培养学生核心素养为中心而转型升级基于学生核心素养的培养，《义务教育物理课程标准（2022年版）》在以下五方面对课程性质进行了确定：①面向全体学生，培养学生核心素养（课程目的）；②“从生活走向物理，从物理走向社会”（课程内容）；③以主题为线索，构建课程结构（课程结构）；④注重科学探究，倡导教学方式多样化（课程教学）；⑤发挥评价的育人功能，促进学生核心素养发展（课程评价）。

理念1：义务教育是国民教育的重中之重，是国家依法统一实施的所有适龄儿童、少年必须接受的教育。为整体提高义务教育质量，课程的建构应面向全体学生，以每个学生的发展为根本。新时代的人才需求确立了当代教育改革的主题——促进学生核心素养的发展。我国在2014年启动的学生发展核心素养项目，构建了中国学生发展核心素养框架，由此开启了以核心素养为目标的新一轮课程改革。相比于《义务教育物理课程标准（2011年版）》中所倡导的“科学素养”,《义务教育物理课程标准（2022年版）》规定义务教育物理课程要以“提升全体学生核心素养为宗旨”，这就要进一步深挖物理课程的独特育人价值和共通性育人要求，突出学科在人才发展中的独特作用，满足时代发展对人才的需要。

理念 2 ：“从生活走向物理，从物理走向社会”是多次义务教育物理课程标准修订贯穿始终的理念。这一理念确立了义务教育阶段物理课程内容的选择要遵循学生的身心发展特点、贴近学生生活实际，通过生活、物理、社会三者之间进阶性的实质跨越，帮助学生建构对物理世界的初步认识，为其探究兴趣和科学思维的发展创造条件，并明确物理学之于社会发展的重要意义。知识来源于实践，又服务于实践，在发展创新型国家的关键时期，这一理念再次被重新提出，具有划时代意义。在这一课程理念引领下开展的物理教学，可让学生深刻领会学科知识与现实价值的双重统一，了解基础科学作为科技创新基石的重要作用，也是领悟“知行合一”内涵与现实意义的有效举措。

理念 3 :《义务教育物理课程标准（2022年版）》第1次从课程结构角度明确提出以主题为线索，促进课程结构化，全面提升课程系统性。《义务教育物理课程标准（2022年版）》将课程内容确定为“物质”“运动和相互作用”“能量”“实验探究”“跨学科实践”5个一级主题。“物质”“运动和相互作用”“能量”3个一级主题是对义务教育阶段物理课程内容的高度组织概括；“实验探究”一级主题是从物理学科特征出发，强化物理课程对学生动手实践能力、创新思维的培养；“跨学科实践”一级主题则借助物理观念，构建与日常生活、工程实践、社会发展密切联系的实践活动，进一步促进知识、能力、素养间的逐步转化。课程内容结构化，将进一步凸显知识间的联系，引导学生从单个知识的识记、理解跨越到知识网络的整体建构，侧重于加强对学科知识整体性、综合性与迁移性的认识，这将有利于学生学科观念、学科思维的形成，对其科学本质的理解、核心素养的生成大有裨益。同时，以主题结构为引领，帮助学生避免囿于单个知识点的困境，突出知识主干、强化整体思维，这也是落实减负、增效、提质的重要抓手。

理念 4 ：在新课改要求下，物理教师要进一步转变育人观念，从提升学生核心素养的角度重新认识物理教学。与《义务教育物理课程标准（2011年版）》相比，《义务教育物理课程标准（2022年版）》将“注重科学探究”放在了“倡导教学方式多样化”之前，明确了科学探究不单是义务教育阶段的主要教学内容，也是促进学生物理核心素养提升需要借助的主要教学手段和方式。培育学生的核心素养，同样也呼唤教师能够根据教学目标、教学内容、教学对象及教学资源等实际情况，灵活选用不同的教学方式，以丰富的形式激发学生的好奇心，创建适宜学生能力发展的开放、自由的学习环境，搭建起学生与课程内容之间良好沟通的桥梁，从而为学生核心素养的提升创造可能。

理念 5 ：在教—学—评一体化的原则之下，课程评价作为教学的主要内容之一，也应以核心素养为导向，提升评价质量。《义务教育物理课程标准（2022年版）》对评价内容给予更加详细的说明。通过构建主体多元、功能全面的物理课程评价体系，充分发挥评价的教育教学功能，做到以评促教、以评促学。为落实以核心素养为目标的教学要求和考评方案，全面、客观、及时地对学生的发展状况作出评价与诊断，就要加大开展过程性评价与表现性评价的力度，从学生所处的学习环境、所参与的学习活动入手，全方位地分类评价，从而得到真实、有效的综合评价结果；同时，也要重视以素养立意为中心的终结性评价，切实完成从知识评价向素养评价的转变，真正发挥测评为党育人、为国育才的重要使命。

三、课程目标

课程目标是对学生学习及发展结果的期待，是课程内容选择、教学活动设计、学业质量确立的基本方向和依据。在启动以核心素养为中心的课程教学改革之后，课程目标首先应当按照提高学生核心素养的标准进行重新设定，以此保证课程修订的方向，保证课程的育人价值。物理学科的课程目标应指向核心素养的养成，而核心素养的要求要与物理课程进行融合才能切实落地。在2017年颁布的《普通高中物理课程标准（2017年版）》中，将核心素养凝练为物理观念、科学思维、科学探究、科学态度与责任四个方面，明确了学生学习物理课程后应达成的正确价值观念、必备品格和关键能力。考虑到学生核心素养的培养不能一蹴而就，需要通过学段进阶进行持续培养，因此，在确定物理核心素养时应注重一贯性与发展性。物理学科从初中到高中，在课程的深度与广度螺旋上升的同时，潜藏在知识背后的物理学科体系、思维逻辑、育人功能是不变的，它们是支撑物理学科各分支的主干，也是引导物理课程教学的指南。因此，在构建义务教育阶段物理核心素养时，从学科育人、终身发展的视角考虑，参考高中物理课程标准，同样将其确定为物理观念、科学思维、科学探究、科学态度与责任四个方面，共包含14个要素。初、高中物理核心素养的贯通，有利于初、高中物理课程的纵向衔接，加强了学段间共通性素养的培育，凸显了物理课程的科学性、系统性，为学生核心素养的持续培养创造了条件。

（一）物理观念

物理观念是在物理知识的基础上建立的，是物理概念和规律等在头脑中的提炼和升华，蕴含了物理学科核心概念的教育价值。基于义务教育阶段物理课程在物理学科体系中所选择的基本内容，将物理观念概括为物质观念、运动与相互作用观念、能量观念等要素。这些要素是物理学中最重要的科学观念，是组织、整合物理学科体系的核心内容，是将众多物理知识连为一个整体的核心要义。物理观念是学生对物理知识进行深入挖掘与开发后提炼升华而成的，其中体现了学习者基于知识学习而生成的主观表达。观念的形成不同于知识的习得，不可能通过浅层次的思维活动和单一的学习方式获得，这就提高了学习者本人对知识进行思维加工与内化的程度，因此，物理观念的提出超越了原有对碎片化知识的理解，是对学生知识理解和能力发展的更高要求。

（二）科学思维

科学思维是具有意识的人脑对自然界中事物（包括对象、过程、现象、事实等）的本质属性、内在规律性及自然界中事物间的联系和相互关系的间接的、概括的和能动的反映。中学生特别是初中学生处于逻辑思维开始居主导地位的年龄阶段，因此，义务教育阶段是培养科学思维的重要阶段。物理学科作为培养学生科学思维的重要载体，肩负着学生思维能力发展的重要任务，从初中物理课程开始加强对学生科学思维的系统培养，势在必行。物理核心素养中的科学思维主要包括模型建构、科学推理、科学论证和质疑创新等要素。这些都是物理学科在探索自然和建构理论体系过程中运用的典型思维方式，也是学生学习和运用物理知识和方法的过程中必备的思维能力。科学思维是复杂多样的，科学思维的养成也需要经历由浅入深、由简单到复杂的学习、积累过程。在义务教育阶段，基于学生的认知发展水平，要选择与学生发展相匹配的教学方式和教学内容，助推科学思维的快速发展，同时也要避免揠苗助长的错误教法。

（三）科学探究

科学探究是人们探索和了解自然、获得科学知识的主要方法，是提出科学问题，形成猜想和假设，获取和处理信息，基于证据得出结论并作出解释，以及对科学探究过程和结果进行交流、评估、反思的能力。以证据为基础，运用各种信息分析和逻辑推理得出结论，公开研究结果，接受质疑，不断更新和深入，是科学探究的主要特点。科学教育倡导探究式学习，《义务教育物理课程标准（2011年版）》将“科学探究”与“科学内容”作为“课程内容”列出，让学生经历与科学工作者进行的相似的探究过程，主动获取物理知识，领悟科学探究方法，发展科学探究能力，体验科学探究的乐趣，养成实事求是的科学态度和勇于创新的科学精神。在《义务教育物理课程标准（2011年版）》基础之上，《义务教育物理课程标准（2022年版）》将科学探究作为以核心素养为中心的课程目标提出，从内容要求转换为素养要求，实则提高了科学探究在物理教学中的地位，进一步明确了科学探究对学生发展的重要性；同时，作为课程目标，科学探究将加深与课程内容的有机融合，探究不再是物理课程的一部分内容，而是贯穿物理课程教学始末，作为引领物理教学的核心要素出现，从而可有效促进学生核心素养的形成。

（四）科学态度与责任

科学态度与责任作为核心素养，所具有的内涵不仅是学生在物理课程学习过程中所领悟到的物理学科之于社会发展的意义，还是科学家从事科学研究所具备的精神与态度，科学、技术、社会、环境之间的复杂关系，以及处理社会性议题时应采取的理性态度与合理做法。同时，也表达了物理学科教学的最终目的是激发学生崇尚科学、积极探索的内在动力，从而培养出能担当中华民族伟大复兴的时代新人的深刻内涵。

在大中小一体设计创新人才的培养中，义务教育阶段的任务在于打基础，其中培养学生的科学态度、创新精神为其主要内容。与《义务教育物理课程标准（2011年版）》中“情感·态度·价值观”的内容相比，《义务教育物理课程标准（2022年版）》新增了对“科学本质观”这一内容的要求。人类社会发展过程所经历的历次科技革命，物理学在其中均发挥了重要作用，其科学本质特征尤为明显。步入新时代，新一轮的科技革命又会为人类发展带来前所未有的变化。

《义务教育物理课程标准（2022年版）》在物理课程基本理念的基础上，制订了物理课程的核心素养培养目标，借助于物理课程把素养要求转化成物理教育教学可把握、可落实的实际行动，为物理学科的育人价值明确了发展路径。这是站在学科育人的目标反推而得出的学生通过物理课程学习需要逐步形成的正确价值观、必备品格和关键能力。在课程目标的四个方面中，物理观念是基础，科学思维是核心，科学态度与责任贯彻始终，科学探究是学习物理观念、发展科学思维、形成科学态度和责任的手段和途径。这四方面是物理教育中的有机整体，相互联系、相互促进，形成合力共同作用，每一方面素养的加强都会对学生整体素养的提升起到促进作用，并触发其他素养的进一步发展，同时，任何单一方面素养的缺失都不能使学生构成完整的核心素养，也会对其他素养的健康发展造成阻碍。物理课程目标从《义务教育物理课程标准（2011年版）》的三维目标到《义务教育物理课程标准（2022年版）》的素养导向，完成了由知识、技能学习的课程目标与以课程为载体的促进学生发展的育人目标之间的跨越转变，进一步体现了物理学科的育人功能。

四、课程内容

《义务教育物理课程标准（2022年版）》中规定，义务教育物理课程内容由“物质”“运动和相互作用”“能量”“实验探究”“跨学科实践”五个一级主题构成。每个一级主题［标注形如（一）］包括内容要求、学业要求及教学提示；内容要求包括二级主题（标注形如1.1）及活动建议，二级主题包括三级主题（标注形如1.1.1），三级主题下设样例（标注形如例 1 ）；学业要求依据核心素养内涵，规定了在课程目标四个方面应达到的学业成就；教学提示则在教学策略和教学情境两方面予以建议（“实验探究”主题处为实验器材建议）。具体内容层级如图1-2-1所示。

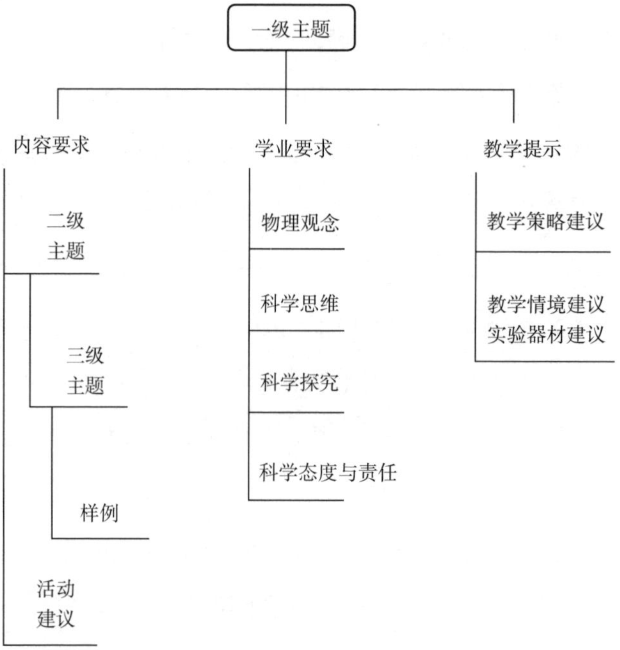

图 1-2-1　课程内容层次图

每个一级主题下设内容要求、学业要求和教学提示三部分。这样的设计方式意在明晰核心素养的育人目标下，要让学生学习怎样的课程内容（内容要求），达到怎样的学习效果（学业要求），同时从课程内容过渡到学习效果，学生又需要经历怎样的学习过程（教学提示）。

（一）内容要求

1.“物质”“运动和相互作用”“能量”一级主题

《义务教育物理课程标准（2011年版）》修订，以核心素养为主。在《义务教育物理课程标准（2011年版）》中，未提出“物理观念”这个术语，但在“科学内容”部分，已采用与“物质”“运动和相互作用”“能量”名称相同的一级主题来归纳课程内容。《义务教育物理课程标准（2022年版）》在此基础之上对个别知识点进行了调整，降低了要求，例如“电磁能”中的“电功和电功率”由原来的理解水平降低为了解水平。

“物质”“运动和相互作用”“能量”三个一级主题依次包含的二级主题数量，分别由《义务教育物理课程标准（2011年版）》的4个、4个、6个调整为《义务教育物理课程标准（2022年版）》的3个、4个、6个。三级主题数量，分别由《义务教育物理课程标准（2011年版）》的14个、25个、24个调整为《义务教育物理课程标准（2022年版）》的12个、24个、23个。其中“物质”下设的二级主题“新材料及其应用”移入“跨学科实践”一级主题中，具体三级主题变化如图1-2-2所示。

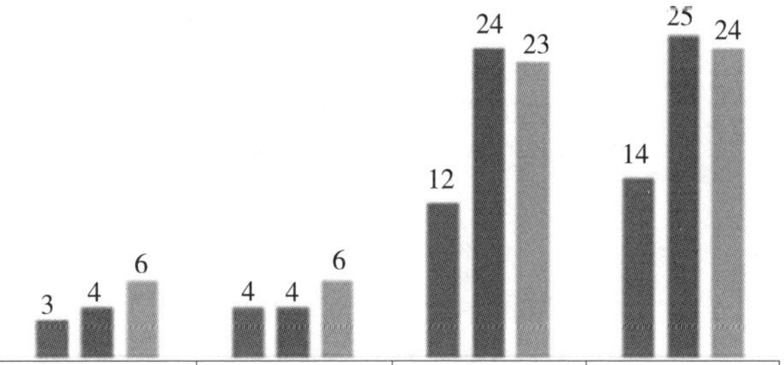

	2022	2011	2022	2011
	二级主题		三级主题	
物质	3	4	12	14
运动和相互作用	4	4	24	25
能量	6	6	23	24

图 1-2-2　“物质”“运动和相互作用”“能量”数量比较

表1-6为与《义务教育物理课程标准（2011年版）》相比，《义务教育物理课程标准（2022年版）》在二级主题、三级主题上内容的变化比较。内容包括《义务教育物理课程标准（2011年版）》包含、但在《义务教育物理课程标准（2022年版）》中变化的内容。

表 1-6 “物质”“运动和相互作用”“能量”内容比较

	2011 年版		2022 年版	
一级主题	二级主题	三级主题	二级主题	三级主题
物质	1.1 物质的形态和变化	1.1.1 描述固、液和气3种物态的基本特征。列举自然界和生活中不同状态的物质及其应用。	1.1 物质形态和变化	1.1.1 能描述固态、液态和气态3种物态的基本特征，列举自然界和日常生活中不同物态的物质及其应用。
		1.1.4 用水的物态变化说明自然界中的一些水循环现象。了解我国和当地的水资源状况，有关心环境和节约用水的意识。		1.1.4 能运用物态变化知识，说明自然界中的水循环现象。了解我国和当地的水资源状况，有节约用水和保护环境的意识。
	1.2 物质的属性	1.2.4 了解人类关于物质属性的研究对日常生活和科技进步的影响。	1.2 物质的属性	1.2.4 了解关于物质属性的研究对生产生活和科技进步的影响。
	1.3 物质的结构与物体的尺度	1.3.2 知道原子是由原子核和电子构成的，了解原子的核式模型，了解人类探索微观世界的历程，关注人类探索微观世界的新进展。	1.3 物质的结构和物质世界的尺度	1.3.2 知道原子是由原子核和电子构成的，了解原子的核式结构模型。了解人类探索微观世界的大致历程，关注人类探索微观世界的新进展。
		1.3.3 了解人类探索太阳系及宇宙的历程，知道对宇宙的探索将不断深入，关注探索宇宙的一些重大活动。		1.3.3 了解人类探索太阳系及宇宙的大致历程，知道人类对宇宙的探索将不断深入，关注人类探索宇宙的一些重大活动。

续表

一级主题	2011 年版 二级主题	2011 年版 三级主题	2022 年版 二级主题	2022 年版 三级主题
物质	1.3　物质的结构与物体的尺度	1.3.4　了解物质世界从微观到宏观的大致尺度。	1.3　物质的结构和物质世界的尺度	1.3.4　了解物质世界的大致尺度。
	1.4　新材料及其应用	1.4.1　通过收集信息，了解一些新材料的特点及其应用。了解新材料的发展给人类生活和社会发展带来的影响。		
		1.4.2　有合理利用资源、保护环境的意识，能在个人力所能及的范围内对社会的可持续发展有所作为。		
运动和相互作用	2.1　多种多样的运动形式	2.1.2　通过自然界和生活中的一些简单热现象，了解分子热运动的一些特点。知道分子动理论的基本观点。	2.1　多种多样的运动形式	2.1.2　知道自然界和生活中简单的热现象。了解分子热运动的主要特点，知道分子动理论的基本观点。
		2.1.3　举例说明自然界存在多种多样的运动形式。知道世界处于不停地运动中。		2.1.3　举例说明自然界存在多种多样的运动形式。知道物质在不停地运动。
	2.2　机械运动和力	2.2.2　用速度描述物体运动的快慢。通过实验测量物体运动的速度。用速度公式进行简单计算。	2.2　机械运动和力	2.2.2　能用速度描述物体运动的快慢，并能进行简单计算。会测量物体运动的速度。
		2.2.3　通过常见事例或实验，了解重力、弹力和摩擦力，认识力的作用效果。		2.2.3　通过常见事例或实验，了解重力、弹力和摩擦力，认识力的作用效果。研究并了解滑动摩擦力的大小与哪些因素有关。

续表

一级主题	2011年版 二级主题	2011年版 三级主题	2022年版 二级主题	2022年版 三级主题
物质	2.2 机械运动和力	2.2.4 用示意图描述力。会测量力的大小。知道二力平衡条件。	2.2 机械运动和力	2.2.4 能用示意图描述力。会测量力的大小，了解同一直线上的二力合成，知道二力平衡条件。
		2.2.5 通过实验，认识牛顿第一定律。用物体的惯性解释自然界和生活中的有关现象。		2.2.5 通过实验和科学推理，认识牛顿第一定律。能运用物体的惯性解释自然界和生活中的有关现象。
		2.2.7 通过实验，理解压强。知道日常生活中增大和减小压强的方法。		2.2.7 通过实验，理解压强。知道增大和减小压强的方法，并了解其在生产生活中的应用。
		2.2.8 通过实验，探究并了解液体压强与哪些因素有关。知道大气压强及其与人类生活的关系。了解流体的压强与流速的关系及其在生活中的应用。		2.2.8 探究并了解液体压强与哪些因素有关。知道大气压强及其与人类生活的关系。了解流体压强与流速的关系及其在生产生活中的应用。
		2.2.9 通过实验，认识浮力。探究浮力大小与哪些因素有关。知道阿基米德原理，运用物体的浮沉条件说明生产、生活中的一些现象。		2.2.9 通过实验，认识浮力。探究并了解浮力大小与哪些因素有关。知道阿基米德原理，能运用物体的浮沉条件说明生产生活中的有关现象。
	2.3 声和光	2.3.2 了解声音的特性。了解现代技术中声学知识的一些应用。知道噪声的危害和控制的方法。	2.3 声和光	2.3.2 了解声音的特性。了解现代技术中声学知识的一些应用。知道噪声的危害及控制方法。

续表

	2011年版		2022年版	
一级主题	二级主题	三级主题	二级主题	三级主题
物质	2.3 声和光	2.3.3 通过实验，探究并了解光的反射定律。探究并了解光的折射现象及其特点。	2.3 声和光	2.3.3 探究并了解光的反射定律。通过实验，了解光的折射现象及其特点。
		2.3.5 认识凸透镜的会聚作用和凹透镜的发散作用。探究并知道凸透镜成像的规律，了解凸透镜成像规律的应用。		2.3.5 了解凸透镜对光的会聚作用和凹透镜对光的发散作用。探究并了解凸透镜成像的规律。了解凸透镜成像规律的应用。
		2.3.7 知道波长、频率和波速。		
运动和相互作用	2.4 电和磁	2.4.1 观察摩擦起电现象，探究并了解同种电荷相互排斥、异种电荷相互吸引。	2.4 电和磁	2.4.1 观察摩擦起电现象，了解静电现象。了解生产生活中关于静电防止和利用的技术。
		2.4.3 通过实验，了解电流周围存在磁场。探究并了解通电螺线管外部磁场的方向。		2.4.3 通过实验，了解电流周围存在磁场。探究并了解通电螺线管外部磁场的方向，了解电磁铁在生产生活中的应用。
		2.4.6 知道电磁波，知道电磁波在真空中的传播速度。了解电磁波的应用及其对人类生活和社会发展的影响。		2.4.6 知道电磁波，知道电磁波在真空中的传播速度。知道波长、频率和波速。了解电磁波的应用及其对人类生活和社会发展的影响。

续表

一级主题	2011年版		2022年版	
	二级主题	三级主题	二级主题	三级主题
能量	3.1 能量、能量的转化和转移	3.1.1 了解能量及其存在的不同形式。描述各种各样的能量和生产、生活的联系。	3.1 能量、能量的转化和转移	3.1.1 了解能量及其存在的不同形式。能描述不同形式的能量和生产生活的联系。
		3.1.2 通过实验，认识能量可以从一个物体转移到另一个物体，不同形式的能量可以互相转化。		3.1.2 通过实验，认识能量可以从一个物体转移到其他物体，不同形式的能量可以相互转化。
	3.2 机械能	3.2.4 了解人类使用机械的历程。了解机械的使用对社会发展的作用。	3.2 机械能	3.2.4 能说出人类使用的一些机械。了解机械的使用对社会发展的作用。
	3.3 内能	3.3.2 通过实验，了解比热容，尝试用比热容说明简单的自然现象。	3.3 内能	3.3.2 通过实验，了解比热容。能运用比热容说明简单的自然现象。
	3.4 电磁能	3.4.3 会看、会画简单的电路图。会连接简单的串联电路和并联电路。说出生产、生活中采用简单串联或并联电路的实例。了解串、并联电路电流和电压的特点。	3.4 电磁能	3.4.4 会看、会画简单的电路图。会连接简单的串联电路和并联电路。能说出生产生活中采用简单串联电路或并联电路的实例。探究并了解串联电路和并联电路中电流、电压的特点。
		3.4.5 结合实例理解电功和电功率。知道用电器的额定功率和实际功率。		3.4.5 结合实例，了解电功和电功率。知道用电器的额定功率和实际功率。

续表

一级主题	2011年版 二级主题	2011年版 三级主题	2022年版 二级主题	2022年版 三级主题
能量	3.4　电磁能	3.4.6　通过实验，探究并了解焦耳定律。用焦耳定律说明生产、生活中的一些现象。	3.4　电磁能	3.4.6　通过实验，了解焦耳定律。能用焦耳定律说明生产生活中的有关现象。
		3.4.7　了解家庭电路。有安全用电和节约用电的意识。		3.4.7　了解家庭电路的组成。有安全用电和节约用电的意识。
	3.5　能量守恒	3.5.3　知道能量的转化和转移有一定的方向性。	3.5　能量守恒	3.5.3　列举能量转化和转移具有方向性的常见实例。
	3.6　能源与可持续发展	3.6.1　结合实例，说出能源与人类生存和社会发展的关系。	3.6　能源与可持续发展	3.6.2　知道核能的特点和核能利用可能带来的问题。
		3.6.3　知道核能等新能源的特点和可能带来的问题。		3.6.3　从能源开发与利用的角度体会可持续发展的重要性。
		3.6.4　了解我国和世界的能源状况。对于能源的开发利用有可持续发展的意识。		

2.“实验探究”一级主题（表1–7）

表 1–7　“实验探究”比较

实验分类	实验名称	
完全相同的实验	4.1.2　测量固体和液体的密度	4.2.4　探究浮力大小与哪些因素有关
	4.1.3　用常见温度计测量温度	4.2.5　探究杠杆的平衡条件
	4.1.4　用刻度尺测量长度，用表测量时间	4.2.8　探究凸透镜成像的规律
	4.1.5　测量物体运动的速度	4.2.9　探究通电螺线管外部磁场的方向
	4.1.6　用弹簧测力计测量力	4.2.10　探究导体在磁场中运动时产生感应电流的条件
	4.1.7　用电流表测量电流	4.2.12　探究电流与电压、电阻的关系
	4.1.8　用电压表测量电压	
新增的实验	4.2.3　探究液体压强与哪些因素有关	
内容有调整的实验	20. 测量小灯泡的功率（2011 年版）	4.1.9　用电流表和电压表测量电阻（2022 年版）
	8. 测量水平运动物所受的滑动摩擦力（2011 年版）	4.2.2　探究滑动摩擦力大小与哪些因素有关（2022 年版）
	16. 连接简单的串联电路和并联电路（2011 年版）	4.2.11　探究串联电路和并联电路中电流、电压的特点（2022 年版）
表述略有区别的实验	3. 用天平测量物体的质量（2011 年版）	4.1.1　用托盘天平测量物体的质量（2022 年版）
	12. 探究水沸腾时温度变化的特点（2011 年版）	4.2.1　探究水在沸腾前后温度变化的特点（2022 年版）
	13. 探究光的反射规律（2011 年版）	4.2.6　探究光的反射律（2022 年版）
	14. 探究平面镜成像时像与物的关系（2011 年版）	4.2.7　探究平面镜成像的特点（2022 年版）

物理学是一门以实验为基础的科学。通过实验，不仅可以引出概念、验证规律、锻炼思维，更重要的是可以让学生体验探究过程、培养科学精神。在实践育人层面，实验探究作为物理学科的重要实践内容，无疑可以充分体现做中学、用中学、创中学的精神实质。作为培养学生物理核心素养的重要途径，在本次课标修订过程中，对实验探究部分着重进行了凸显，在义务教育阶段第一次将“实验探究”作为一级主题内容呈现。《义务教育物理课程标准（2022年版）》“实验探究”主题将《义务教育物理课程标准（2011年版）》中“附件1 学生必做实验说明”中的20个学生实验进行了重新整合，并结合现阶段的实际教学情况和学生的实验水平，明确了在义务教育阶段物理课程中学生必做的21个实验。“实验探究”一级主题下列“测量类学生必做实验”和“探究类学生必做实验”两个二级主题，共21个学生必做实验。与《义务教育物理课程标准（2011年版）》进行对比，其中，新增的实验1个，内容有调整的实验3个，表述略有区别的实验4个，完全相同的实验13个。具体变化如表1-7所示。

3.“跨学科实践”一级主题

在以核心素养为导向的新课程改革中，科学教育不再是单纯的学科学，而更多的是培养学生创新发展和解决问题的能力。但是，任何一项创新、任何一个问题解决都不是单一知识、单一学科能完成的，一定是知识与能力综合应用的结果。同时从国家发展层面来讲，学科交叉融合在科技创新上的作用愈发明显，国家对复合型创新人才的需求也逐步加大。鉴于物理学科的基础性作用，无论是课程内容还是研究方法，都与其他学科之间存在很多共通性，因此物理学科在学科交叉融合发展中的作用愈发凸显。“跨学科实践”作为新增的一级主题，其设置目的是在特定的情境、任务、问题之下，以物理学科中的大观念为主体，借助于物理学科与其他学科间的共通性概念开展教学活动，力图通过学科间的相互作用而生成综合育人合力，加强学生的实践性体验，培养其发现问题、解决问题、建构知识、运用知识的能力，促进物理学科与日常生活、工程实践及社会热点问题间的联系，让学生在实践的土壤中培养出兴趣、生发出能力、锻炼出品格，从而加速其核心素养的生成。

“跨学科实践”作为《义务教育物理课程标准（2022年版）》中课程内容的重要组成部分，设置不少于总课时10%的内容。也就是说，“跨学科实践”主题在进行内容设计时，是作为学生的必备学习内容出现的，与其他一级主题享有同等的地位，而不是对某些课程内容的拓展应用。同时，在确定实践内容时，倾向于选择开放程度高、灵活性强的材料与话题。这样的内容与其他学科的接壤边际大，以便设置问题情境、吸引学生兴趣，利于教学开展。例如在此次修订过程中，就将《义务教育物理课程标准（2011年版）》中“1.4　新材料及其应用”“3.6　能源与可持续发展”中的内容进行整合，归入《义务教育物理课程标准（2022年版）》“跨学科实践”的“5.3　物理学与社会发展”中，使得知识内容在数量上没有较大的变化，但是可以通过所处主题位置的不同而发挥不同的功用，从而达到减负增效的目的。

（二）学业要求

“学业要求”是指学生完成一级主题的学习后应达到的学业成就，具有非常清晰、具体的内容指向。在《义务教育物理课程标准（2022年版）》中，此内容安排在每一个一级主题的“内容要求”之后，分别按照核心素养内涵四个方面所包括的各个要素，对该一级主题学完后学生需要达到的学业水平进行了依次阐述。《义务教育物理课程标准（2022年版）》首次在义务教育阶段对单个一级主题内容设置学业要求，意在加强对教师教学和学生学习的过程性监督与评价，加强了课程标准在教学过程中的指导性。

（三）教学提示

“教学提示”是针对教师的教学所提出的具有指导意义的教学建议，意在加强课程标准在教学过程中的可操作性，有很强的灵活性，且不作为教师教学活动的硬性规定。此部分围绕一级主题给出了教学策略建议和教学情境建议（实验器材建议），以及能够体现这些理念的样例，力图为教师教学提供参考。在素养导向的教学过程中，教学策略的设置也要与核心素养的四个方面紧密结合。结合物理学科特点，不但要借助鲜活的现实素材加强学生对物理来源于生活的认知，还要通过实验探究加强学生科学思维和探究能力的发展，更要借助社会性议题和物理学史等资料来对学生进行科学态度与责任的情感教育。

情境作为知识产生的源头，越来越受到教学重视。依托情境进行学科课程学习，将知识内容放置于与学生自身密切相关的背景下，就不会让学生误认为学科内容仅是干瘪的知识点，而是赋予其现实意义。与此同时，借助情境进行教学，也更能锻炼学生在错综复杂的情况中提高问题解决的能力，而这也正是培养学生核心素养的重要举措之一。结合学科特点，物理课程在情境选择上多以生产生活中的实例为主，借此完成“从生活走向物理”的过渡。在新时代背景下，为涵养广大青少年的家国情怀、强化其使命担当，在情境设置时也要将习近平新时代中国特色社会主义思想，以及中华优秀传统文化、国家安全、生命安全与健康、环境保护等重大主题教育内容与物理课程进行融合，切实把立德树人根本任务落实到具体的教育教学活动中，由此完成“从物理走向社会”的学科深化。

五、学业质量

《义务教育物理课程标准（2022年版）》首次在义务教育阶段研制了学业质量。学业质量是学生在完成课程阶段性学习后的学业成就表现，反映核心素养的要求。因此，可以说核心素养是学业质量制定的基础，而学业质量标准则是评价学生核心素养的依据。物理学科学业质量，从核心素养的14个要素出发，对学生经过阶段性学习应达到的学业表现成就的具体特征进行整体描述，以此作为学生通过物理课程学习而应达到的基本标准，从而与学生的实际表现进行对标，给予其学业水平以公正、客观的评价。学业质量的制定，加强了课程标准的可操作性，赋予了核心素养目标以实际的内涵，有助于其切实落地。在课程标准中融入学业质量，有其一定的现实意义。在新课程改革的转型期，教学的广度、深度尤其需要把控。在素养为纲的大环境下，学得过多过早、讲得过偏过难，这些现存问题都需要予以纠正。学业质量可作为一把度量之尺，对教师的教与学生的学，予以衡量并及时纠错，减去学生不必要的负担，确保其在向着核心素养发展的道路上稳步前进。同时，学业质量是依据课程内容而定的，因此也必定会成为学业水平考试命题的主要依据之一，对考试评价的模式与内容也会产生深远的影响。

六、教学建议

（一）围绕物理核心素养的发展设计教学目标

随着社会进步和对人才培养力度需要加大，教学目标从“双基”目标到“三维”目标再到核心素养目标。这是一个不断发展和完善、凝练和提升的过程。所以，不是说“双基”和“三维”目标是错的，而是它们无法再满足当前的需求了，这一点需要老师们正确理解。

（二）灵活运用多种教学方式

这里主要针对核心知识教学。要倡导情境化教学，突出问题教学，注重做中学、用中学，注重合理运用信息技术。

（三）确保物理课程实践活动教学质量

新课标的核心理念是强调突出实践性，突出学科育人。所以，要规范物理实验教学，要准确把握跨学科实践教学定位。

七、评价建议

这次课标修订重点强调评价。物理学科中的评价应以促进学生发展为本，强化素质导向，推进评价观念、评价方式和评价方法的改革，促进学习和教学的改进。强化评价与课程标准、教学的一致性，促进“教—学—评”有机衔接，提升评价质量，充分发挥评价的育人功能。

过程性评价：过程性评价有两个方面。一是评价原则，包括坚持素养立意，重视真实全面的评价，采取主体多元、形式多样的评价，增强反馈的有效性，发挥评价的激励和发展功能。二是评价实施，从时间线来看，先是课内的课堂评价，课外的作业评价，再是阶段性评价和跨学科实践评价。

学业水平考试：学业水平考试包括四方面。一是考试的性质和目的。二是命题原则，要注重导向性、科学性和规范性。三是测试规划。内容结构要平衡；题型的结构要合理；难度结构不能超标，要置于合理的区间；重视体现多维新目标。四是试题命制。要明确题目的考查内容和测试目标，考虑试题情境和问题设计，确定试题的评分标准。

八、课程资源与开发利用

①重视文本课程资源的开发和利用。比如教材、教学用书、报纸、杂志。

②加强实验室课程资源的开发利用。新课标强调以实验为基础的学科和实践性，所以实验室是必不可少的。除了专门的物理实验室，也要注意自制教具，利用生活用品做实验。

③发挥多媒体教学资源的优势。比如收集与选择音像资料，开发与使用

多媒体软件，建设互联网和数据库。尤其线上教学，对教师提出较高要求，在资源、网络等方面需要进行调整。

④注重社会教育资源的利用。比如，科技馆、博物馆、展览馆，包括相应的高校、工厂、企业、农村等。要因地制宜，充分挖掘不同地区的社会资源来开展教学。

九、跨学科实践

跨学科实践具有跨学科性和实践性的特点，旨在发展学生运用知识分析和解决问题的综合能力、动手操作的实践能力，培养学生的学习态度和乐意实践、敢于创新的精神。跨学科实践从学时来讲，占总学时的10%。要通过10%的内容，示范性地以主题为引领、任务为驱动开展教学活动，进一步撬动90%课程内容的改革。跨学科实践不仅要紧密结合物理教学内容，还要利用其他学科的知识，体现综合性和实践性，培养学生综合运用知识解决问题的能力。教师在教学实施方面要合理制订跨学科实践方案，将课题分解为若干驱动性任务；要注意科学引导，循序渐进；要重视成果的呈现和交流。另外，教师要准确把握跨学科实践的教学定位。跨学科实践相对于单一学科教学，更具综合性、开放性，教师要处理好以下关系：首先，要处理好立足本学科与跨学科的关系；其次，要处理好知识建构与知识应用的关系；最后，要处理好教师指导与学生自主的关系。

十、课标学习

（一）教师培训建议

培训要点：注重增强教师以课程标准指导教学的意识；注重体现课程育

人的思想；注重培训内容的针对性和可操作性。

培训实施：做好区域教师培训的总体规划；做好培训者的培训；做好培训内容和培训形式的设计；做好培训的组织与实施。

（二）教学研究建议

区域教研：发挥各级教研部门联动作用；建设区域教研的骨干队伍；开展形式多样的教研活动。

校本教研：立足本校实际开展具有特色的教研活动；开展以研究课程实施为专题的科研活动；立足培养学生的核心素养，不断改进教学。

教师研修：不断提升教育政策领悟力；不断提升理论水平；不断提高跨学科教学能力和共通性素养；不断提升教学实践能力。

（三）学习资源推荐

教育科学出版社组织编写了《义务教育课程标准（2022年版）课例式解读》系列丛书。对于初中物理来说，这本书上编解读了关键问题，聚焦2022年版课程标准的核心理念、重要内容以及新修订的变化点进行解读，并辅以教学片段。下编解析了典型课例，针对教师关注的教学重难点、困惑点以完整课例（或教学设计）和要点点评的方式来进行深度解读，更有助于教师直接学习、参考、借鉴。上编包含15个问题，大部分涵盖了课标整个结构；下编则是以13个单元案例来呈现的，突出了这次新课标的理念——单元设计以及知识的结构化和功能化，实现育人目标。

第二章　初中物理主要教学模式的实践创新策略

教育工作者在长期的教学实践中，总结升华出了多种不同的教学模式。如“五环节课堂教学模式”“四步骤课堂教学模式”“自学——辅导式教学模式”“探究式教学模式”“自主性教学模式”“情境式教学模式”“合作式教学模式”“发现式教学模式”“讲授式教学模式”“互动讨论式教学模式”“任务驱动式教学模式”“问题探究式教学模式”“抛辅式教学模式”等。这些形形色色、多种多样的教学模式分别是根据教学活动在不同方面的特征命名的。例如：“自主性教学模式”是根据教学主体在学习过程中的主动参与程度命名的，与之相应的学习方式是主动的有意义的学习，与之相反的学习方式是被动的机械的学习。又如，“发现式教学模式”是根据教学过程中学生获得知识的方式命名的，与之相应的学习方式是发现式学习，与之相反的学习方式是接受式学习。本文从课堂教学过程中师生活动的主要特征出发，分析研究初中物理教学实践中主要存在的教学模式——“探究式教学模式”。

第一节　“探究式教学模式”的实践创新策略

“探究式教学模式”是指在课堂教学活动中，以探究教学活动为主的教学模式。关于什么是探究和探究教学，《科学探究与国家科学教育标准——

教与学的指南》中对探究给出了这样的界定："探究是一种有多侧面的活动，需要做观察；需要提出问题；需要查阅书刊及其他信息源以便弄清楚什么是已经为人所知的东西；需要设计调研方案；需要根据实验证据来检验已经为人所知的东西；需要运用各种手段来收集、分析和解读数据；需要提出答案、解释和预测；需要把研究成果告知于人。"同时，该标准对科学探究给出了这样的表述："科学探究指的是科学家们用来研究自然界并根据研究所获事实证据作出解释的各种方式。但科学探究也指的是学生构建知识、形成科学观念、领悟科学研究方法的各种活动。"在我国，探究教学是指在教师指导下学生运用探究方法进行学习，主动获取知识、发展能力的实践活动，是一种模拟性的科学研究活动，其目的在于通过探究教学使学生能主动地获取科学知识、掌握科学方法、养成科学态度和科学精神，从而提高科学探究的能力。在探究教学活动中，知识与能力的获得不是依靠教师进行强制性灌输和培养，而是在教师指导下由学生主动探索、主动思考、互动合作、亲身体验得来的。

在初中物理教学中，探究式教学是指把科学领域的探究过程以及探究方法引入课堂，使学生通过经历类似科学家进行探究的过程理解物理概念和科学探究的本质，并培养相应能力的教学方式。其目标是让学生经历探究过程、获得理智和情感体验、积累科学知识和方法。在教学过程中，教师要根据初中物理的教学内容和要求创设情境，启发和鼓励学生自己发现并提出问题，经过收集信息资料和深思酝酿，提出设想，发表见解，引发争论，进行批判性思考和实践验证，把教学过程设计为学生主动探究知识、进行创造性思维的经历过程，从而提高学生获取信息和解决问题的能力，培养学生的创造性品质。

一、“探究式教学模式”概述

探究式教学思想的形成与发展要从20世纪初说起。20世纪初，美国教育学家杜威提出了“从做中学”的教学理论，他认为知识就是经验，而经验是在操作中、在行动中、在新的探究过程中获得的，认为在教学活动中，不是仅仅教给学生既有的科学知识，而是让学生在活动中自己获得经验。20世纪中叶，美国著名生物学家、课程专家施瓦布提出了“作为探究的理科教育”这一观点，施瓦布认为不能把科学知识当成绝对不变的真理教给学生，教学内容应该是呈现学科特有的探究方法、如何解决问题的方法等。

（一）理论基础

1. 皮亚杰的“认知发展学说”

皮亚杰认为：“真正的知识既不发端于客体，也不发端于主体，而是发端于主、客体相互作用的动作和活动中。”儿童是在与周围环境相互作用的过程中逐步建构起关于外部世界的知识，从而使自身认知结构得到发展。儿童与环境的相互作用涉及两个基本过程：“同化”与“顺应”。“同化”导致增长（量变），“顺应”导致发展（质变）。儿童的认知结构正是通过同化与顺应过程逐步建构起来，并在“平衡—不平衡—新的平衡”这样的循环中得到不断的丰富、提高和发展的。

2. 建构主义关于“教与学”的理论

建构主义者认为：①学习在本质上是学习者主动建构心理表征的过程。②教师和学生分别以自己的方式建构对世界的理解，因而对世界的理解是多元的。教学过程即是教师和学生对世界的意义进行合作性建构的过程。③建构主义学习环境由情境、协作、会话和意义建构四个要素构成，建构主义的教学策略是以学习者为中心的。

3.“合作学习”的相关理论

在一个合作型的集体中，具有不同智慧水平、不同知识结构、不同思维方式的成员可以相互启发、相互补充，产生新的认识，上升创新的水平，用集体的力量共同完成学习任务。在教与学的过程中，同学之间、师生之间的合作在其中起着重要的作用，可以说合作是探究教学的一个突出特征。

（二）教学目标

中学物理探究式教学的目标主要包括以下四个方面：

1. 科学知识与技能方面

通过探究教学，使学生能自主地建构物理科学知识并获得一定基本技能，形成自己独特的见解。使学生有能力描述、解释甚至预言一些物理现象，能将物理科学知识和技能运用于实际生活去解决一些实际问题，并能正确对一些社会科技问题作出决策。

2. 科学探究能力方面

通过探究教学，培养学生的探究能力，具体包括：发展学生观察物理现象和提出问题的能力；发展提出猜想和形成假设的能力；发展制订计划、进行实验设计和手脑并用的实践能力；发展收集信息和处理信息的能力；发展科学解释和评价的能力；发展表达和交流的能力。

3. 对科学探究过程的理解方面

通过探究教学，增进学生对科学探究过程的理解。使学生认同以下观点：探究过程充满着艰巨性和创造性，洋溢着科学精神，渗透着科学思想和方法；探究体现了科学，强调和尊重经验事实对理论的检验；科学是一个开放的系统，探究的过程证明了知识有相对稳定性并正在不断发展和进步；探究过程中时刻显现科学与技术、社会的密切关系。

4. 科学态度、情感与价值观方面

通过探究教学，使学生形成科学的情感、态度和价值观。学生热爱求知、热爱探索，对日常所接触的各种物理现象能够提出、发现、回答因好奇而引发出来的一些问题；尊重科学原理不断提高对科学的兴趣，关心科学技术的发展，反对迷信；逐步培养创新意识，敢于依据客观事实提出自己的见解，能听取与分析不同的意见，并根据科学事实修正自己的观点，养成善于与人交流、分享与协作的习惯，形成尊重别人的劳动成果的意识。

（三）基本特征

在“探究式教学模式”的实施过程中，不同教师依据不同的教学内容，会产生不同的教学设计，但这些不同的教学设计有着共同的培养目标——提高学生的科学探究能力。因此，不同风格的探究教学有着大致相同的基本特征，这些基本特征包括五个方面：首先，学生围绕着吸引他们的科学问题展开探究活动；接着，为了解释问题，学生获取需要的事实或证据；然后，学生根据证据形成解释，对问题作出回答；回答后，学生要把自己的解释跟别人的解释作比较，在比较的过程中修正自己的解释，形成新的理解；在全过程中，穿插着一个很重要的特征——交流，在提出问题、收集证据、形成解释、评价解释这些过程中都需要交流。

二、“探究式教学模式”的操作程序及实施策略

教学模式的操作程序可以说是一系列教学活动的逻辑顺序。就“探究式教学模式”来说，不同的教师根据各自不同的教学风格可能会形成不同的教学程序，但这些不同的实施程序有着共同的培养目标——提高学生的科学探究能力。关于科学探究，《初中物理课程标准》中列出了如下七个基本要素：

“提出问题、猜想与假设、制订计划与设计实验、进行实验与收集证据、分析与论证、评估交流与合作”。这七个要素的结构关系是环环相扣的，是彼此促进的。在学生的科学探究过程中，可以涉及全部的要素。一般来说，在不同的探究教学中，可能某些要素是明化的，甚至是省略的，而某些要素是凸显的，是重点实施的。具体流程有以下几个环节：创设情境，提出问题——建立假设，确定目标——制订计划，分工合作——师生互动，进行探究——分析论证，得出结论——交流与评价——归纳总结。

（一）创设情境，提出问题

当代认知心理学的研究表明，认知活动具有情境关联性。特定的“情境”或“场合”不仅能够决定我们对事件意义的理解，还能决定事件发生的可能性，同时它还能影响我们的知识内容以及我们的学习方式，并且自然会对记忆产生深远的影响。学习者进行问题解决和意义建构的平台来源于现实世界的活生生的情境，这种情境是与学习者的精神世界融为一体的。因此，在物理教学中，恰当地设置教学情境，可以激发学生的思维火花和学习动机，使学生积极主动地投入到学习中去，从而达到良好的教学效果。

创设问题情境可以有以下几种渠道：①利用演示实验创设问题情境，特别是实验效果出乎学生意料之外时效果更佳；②由旧知识拓展引出新问题，创设问题情境；③利用悖论创设问题情境；④利用现代化的电教手段创设问题情境；⑤利用物理学的人文情境创设问题情境；⑥利用观察、实验、类比、假设创设问题情境。总之，创设问题情境的方法很多，有待于我们在教学实践中不断地发现、发掘和利用。我们将探究式教学活动归纳为七个要素，其中提出问题是在教学的一开始提出对整堂课起到关键作用的、学生通过努力能完成的、富有挑战性的问题。初中学生的年龄特征和心理特征决定了有趣问题易于引起他们的注意，并能保持较长时间的关注。因此教师提出的问题一定要生动、有趣，同时还要难度适当。问题过于简单会让学生失去探究的欲望；问题过难又会让他们感觉高不可攀。可以说提出问题的质量直接影响下面探究环节的实施。由于教材的特殊地位，其中的问题多为陈述性的问题，一般很难激起学生探究的热情，教师的作用恰好要在这里体现出来，教师要创设问题情境，将学生引入他们认为值得探究的问题中。

（二）建立假设，确定目标

建立假设，确定探究目标是探究式教学的重要环节，培养学生的探究能力和思维能力主要在这一环节来实现。探究目标既可以整体呈现，也可以分步呈现，但必须是以问题的形式提出。目标要介于学生已有认知水平和新认知水平之间，目标的导向和激励作用也要贯穿于课堂教学的始终。在这一环节中教师可以根据教学过程中遇到的不同情况实施不同的教学策略。当学生提不出假设时，教师可以采用引导学生利用已有经验和知识提出假设的策略；当学生假设过于发散时，教师可以采用引导学生从个人假设转化到团体的共同假设的策略；当学生的假设不能继续深入时，教师可以采用多角度提问的策略；当学生猜想与假设不够开放时，教师可以引导学生采用逆向思维、发散思维、类比思维、等效思维等方法进行猜想。如探究影响导体电阻大小的因素，学生根据日常生活中的经验和教师对电流和水流的类比，有可能对影响的因素进行合理的猜想，如电阻与导体的材料、长短、粗细、温度等有关。

（三）制订计划，分工合作

物理课的特点决定了大多数的探究活动都需要合作完成，用集体的力量帮助个人改变自己的行为，培养正确的合作观和竞争观。在探究教学中，组建学生协作小组应本着学生自愿的原则，教师可以引导学生小组内明确分工，各自完成相关任务，从不同的信息源中寻找相关信息，充分发挥每个组员在探究活动中的作用。当然，在分工合作的过程中还应进行角色的转换，以便每位同学都能得到机会均等的全面练习，如这次汇报课是由某一位同学汇报，下一次汇报时则可以换另一位同学。

（四）师生互动，进行探究

在进行科学探究的过程中，师生之间、生生之间的相互交流与合作是必不可少的。师生之间的相互交流与影响，不仅仅是认知信息方面的，更包括情感信息的交流与互动，特别是初中学生，在他们的意志力还比较薄弱的时候，师生之间的感情因素起着相当重要的作用。在教学活动中教师的推动作用是重要的。但我们也不能忽视学生的作用，要承认有些物理现象、物理问题是由学生先发现、先提出来的。有些问题学生有更好的解决办法，教师这时要能放下架子、平易近人，这样不但能使教师自身有提高，更是对学生的肯定和鼓励，所谓教学相长正是如此。学生之间也有相互作用和影响，包括小组讨论、相互评价、相互激励、互帮互学等合作形式。初中学生在有效合作这一方面还不成熟，组织他们进行良好合作还比较困难，因此，应加强对学生之间合作能力的培养，以便在学生之间建立良好的合作与竞争关系。

（五）分析论证，得出结论

在科学探究教学中，我们不仅要重视探究过程，而且不能忽略探究结论。在学生提出问题、设计探究方案、实施探究实验之后，教师要指导学生对获得的实验现象以及数据进行分析与论证，并尝试得出自己的实验结论。对学生表述不完善或不准确的地方，教师应给予补充完善及纠正。在这一环节，要让学生充分展现自己的思维过程，使学生的思维呈发散状，师生共同剖析点评，营造一种平等协商的氛围，要注意发现与呵护学生迸发出的创造性思维的火花，从而培养学生的聚合思维、发散思维、直觉思维和想象力等。

（六）交流与评价

评价具有激励和导向作用，评价的目的是激发学生的学习愿望，增强学生学习新知识的动力。评价的形式有学生自评、互评以及教师评价。策略评价要对学生所采用的操作方式和表现出来的创造性品质等给予积极的评价，使学生体验到探索成功后的愉悦情感，并用富有个性的方式将学会的知识纳入自己的认知结构当中。在探究活动中，必须重视引导学生开展讨论和交流活动，使学生发表自己的探究成果和方法、倾听他人的探究经验。在这个过程中发现独立探究中的片面性和局限性，进行客观的比较和鉴别，从不同的角度丰富自己的学习经验，提高认识。

（七）归纳总结，引申拓宽

学生对知识初步理解并掌握后，需要进一步深化。在这一环节，我们可以重现教学目标，通过归纳总结揭示知识的内在联系，强化知识体系，形成牢固的知识结构，使学生对知识结构有一个完整的认识。通过不断变更问题情境或者改变思维角度，在知识性方面设计一定的内在联系，在思考性方面设置一定的坡度，逐步增加创造性因素。通过要求学生用自己的语言解释学会的知识和用学会的知识解释生活中的现象，不断锻炼学生的概括能力和想象能力，培养学生对问题持独立见解的个性。如在学习“声音的产生和传播”一节课后，可以让学生想象一下，如果声音的传播速度变为0.1米 / 秒，我们的世界会有什么变化？学生们各自发挥想象力，设想了很多场景：如①我们自己说话，然后快速向前跑几步，自己还能重新将原话听一遍；②教室里很嘈杂，各种回声混合在一起，听不清人们说话；③汽车遇到紧急情况鸣笛，人们很长时间才能够听到，容易发生交通事故……通过这一环节，学生的想象力得到充分的发挥，所学知识得到进一步的拓展。

案例一 《电与热》教学设计

<table>
<tr><td>课题</td><td>焦耳定律
《电与热》</td><td>课型</td><td>新授课</td><td></td><td>课时</td><td>1 课时</td></tr>
<tr><td>设计理念</td><td colspan="6">物理新课程标准的基本理念是：（1）注重学生发展，改变学科本位观念；（2）“从生活走向物理，从物理走向社会”；（3）注重科学探究，提倡学习方式多样化等。为了体现这些新的理念，本节课结合教学实际，从学生生活中熟悉的用电器及现象入手，使学生进一步认识电和热的关系，学会辩证地看问题。通过自创实验器材创设问题情境，让学生经历科学探究过程，学习科学探究方法，培养科学探究精神、创新意识和实践能力及团队合作精神。在教学过程中重要的是让学生通过观察、思考探索电流热效应跟电阻、电流大小以及通电时间的关系，使学生了解科学探究的方法。并且通过利用身边的器材也可以探究物理问题的经历，进一步增强学生的“STS”思想。</td></tr>
<tr><td rowspan="3">教学目标</td><td>知识与技能目标</td><td colspan="5">1. 通过联系生活实例，知道电流的热效应；
2. 知道焦耳定律的内容及公式表达式，能应用焦耳定律解决简单的电热问题；
3. 知道电热的利用和防止。</td></tr>
<tr><td>过程与方法目标</td><td colspan="5">通过探究，经历分析实验现象的过程，知道电热与电阻、电流和通电时间的关系。</td></tr>
<tr><td>情感态度与价值观目标</td><td colspan="5">通过分析生活实例，学会辩证地看待电热的利用和防止问题。</td></tr>
<tr><td>教学重点</td><td colspan="6">电流产生的热量跟电阻、电流、通电时间的关系。</td></tr>
<tr><td>教学难点</td><td colspan="6">理解焦耳定律。</td></tr>
<tr><td>教学准备</td><td colspan="6">多媒体课件，【以下器材各八组】电池组、带鳄鱼夹的导线、开关、滑动变阻器、250 ml 输液瓶（带瓶塞）、细塑料管、电阻圈。</td></tr>
</table>

续表

<table>
<tr><td rowspan="7">教学过程</td><td>教师活动</td><td>学生活动</td><td>说明</td></tr>
<tr><td>创景激学：
（1）灯泡发光一段时间后，用手触摸其玻璃泡，有什么感觉？
（2）你能从能量转化的角度分析一下这个现象吗？</td><td>积极思考，回答问题。</td><td>利用身边事例创设情境，激发学习兴趣，拉近物理与生活的距离。</td></tr>
<tr><td>新课引入：
一、电流的热效应
电流通过各种导体时，将电能转化为热的现象叫作电流的热效应。</td><td>学生讨论、总结。</td><td>鼓励学生大胆分析，勇敢表达自己的观点。</td></tr>
<tr><td>你能列举几个生活中利用电流的热效应工作的实例吗？</td><td>根据自己的生活经验，尝试列举利用电流的热效应工作的用电器。</td><td>联系生活，凸显“STS”思想。</td></tr>
<tr><td colspan="3">思考 1：
我们通常都把电水壶接在什么电路中呢？请联系欧姆定律，这又能说明什么？你能猜想电热与什么因素有关吗？</td></tr>
<tr><td>提示：看仔细，电壶芯的形状确有不同哟！这能说明什么呢？
</td><td>由图片对比得出电壶芯的电阻不同。并联系欧姆定律的公式：
$I=\frac{U}{R}$，总结出“电压一定时，电流与电阻成反比”。从而猜想电热可能与 U、I 有关。</td><td>创设生活情境，进行必要的引导，提出猜想。</td></tr>
<tr><td>大家都知道，要烧开一定量的水，利用不同的电水壶所用的时间也不同，这又能说明什么问题呢？</td><td>猜想“电热可能与加热时间有关”。</td><td></td></tr>
</table>

续表

	教师活动	学生活动	说明
教学过程	二、探究电热与电阻、电流和通电时间的关系 思考2： （1）要探究电热与电流、电阻和通电时间的关系，物理学中应采取什么方法? （2）在探究电热与电阻的关系时，你是怎样实现电流和通电时间相同的呢? （3）要探究电热与电流的关系时，你是怎样实现电阻和通电时间相同的呢?	小组讨论后确定： （1）本实验的方法为控制变量法。 （2）让不同阻值的电阻串联。 （3）让一电阻与滑动变阻器串联。	通过讨论分析，总结实验方法，确保实验的严密性。 引导探究实验步骤的设计。
	实验器材及工作原理介绍。 	观察、小组讨论。	通过观察瓶内电阻丝的长短及粗细来粗略估计电阻丝电阻的大小。
	说明： 我们是用通电的电阻丝来加热空气，使其受热膨胀，借助细管中水柱上升的快慢来反映所产生电热的多少。这种将不易观察到的现象通过其他直观现象再现出来的方法叫转换法。	认识原理。	方法介绍。

续表

<table>
<tr><th></th><th>教师活动</th><th>学生活动</th><th>说明</th></tr>
<tr><td rowspan="4">教学过程</td><td>探究一：电热与电阻的关系
<table><tr><td></td><td>电流</td><td>通电时间</td><td>电阻</td><td>电热</td></tr><tr><td>A 瓶</td><td rowspan="2">相同</td><td rowspan="2">相同</td><td>小</td><td></td></tr><tr><td>B 瓶</td><td>大</td><td></td></tr></table>分析你的实验现象，你能得出什么结论呢？</td><td>分组探究。
小组讨论，相互交流。</td><td>结论一：实验表明，在电流、通电时间相同的情况下，电阻越大，导体产生的热量越多。</td></tr>
<tr><td>探究二：电热与电流的关系
<table><tr><td></td><td>电阻</td><td>通电时间</td><td>电流</td><td>电热</td></tr><tr><td>A 瓶</td><td rowspan="2">相同</td><td rowspan="2">相同</td><td>小</td><td></td></tr><tr><td>B 瓶</td><td>大</td><td></td></tr></table>分析你的实验现象，你又能得出什么结论呢？</td><td>分组探究。
小组讨论，相互交流。</td><td>结论二：实验表明，在通电时间、电阻相同的情况下，通过的电流越大，导体产生的热量越多。</td></tr>
<tr><td>探究三：电热与通电时间的关系
联系你的生活经验，在电阻和电流都相同的情况下，导体产生的热量的多少与通电时间的长短有什么关系？</td><td>联系生活实际，大胆表述自己的见解。</td><td>结论三：在电阻和电流都相同的情况下，通电时间越长，导体产生的热量越多。</td></tr>
<tr><td>三、焦耳定律
电流通过导体产生的热量跟电流的二次方成正比，跟导体的电阻成正比，跟通电时间成正比，这个规律叫作焦耳定律。
公式：$Q=I^2Rt$
Q——热量——焦耳（J）
I——电流——安培（A）
R——电阻——欧姆（Ω）
t——时间——秒（s）</td><td>学生阅读教材，掌握焦耳定律的内容及公式（符号和意义）、单位。</td><td>培养学生通过资料获取知识的能力，以及阅读的能力。</td></tr>
</table>

续表

	教师活动	学生活动	说明
教学过程	说明：电流通过导体时，如果电能全部转化为热能，而没有同时转化为其他形式的能量，那么，电流产生的热量 Q 就等于消耗的电能（电功）W，即 $Q=W=Pt=UIt=I^2Rt$。	前后联系，积极拓展。	拓展说明，强化重点。
	评价练习 1. 某电热器接在 220V 的电源上，它的电阻是 55Ω，通电 10 分钟产生多少热量？	示范练习。	巩固应用，矫正提高。
	评价练习 2. 为什么电炉丝通过铜导线接到电路中，炉丝热得发红，铜导线却不怎么热？	联系实际，相互交流。	体现“STS”思想，承上启下。
	四、电热的利用和防止 电热可以给人们的生活带来方便，也可以给人们带来危害。因此使用电热器时，一方面要利用其为我们服务，另一方面也要防止其带来的危害。	列举生活实例，区分电热的利用和防止。	进一步拉近物理与生活的距离，显现物理知识的实用价值。培养利用辩证的观点看问题的习惯。
	课堂总结 通过本节课你获得了哪些知识？	学生归纳总结，说出所掌握的内容。	培养学生归纳总结的能力。

板书设计

电与热

1. 电流的热效应：

电流通过各种导体时，将电能转化为热的现象叫作电流的热效应。（Q）

2. 探究电热与电阻、电流和通电时间的关系

Q —— R 应保持 <u>I、t</u> 相同

Q —— I 应保持 <u>R、t</u> 相同

Q —— t 应保持 <u>R、I</u> 相同

3. 焦耳定律：

电流通过导体产生的热量跟电流的二次方成正比，跟导体的电阻成正比，跟通电时间成正比，这个规律叫作焦耳定律。

公式：$Q=I^2Rt$

I—电流—安（A）R—电阻—欧（Ω）t—通电时间—秒（S）Q—热量—焦（J）

4. 电热的利用和防止。（发热体）

课堂达标练习

1. 电流通过导体产生的热量跟通过导体的__________的二次方成正比，跟导体的__________成正比，跟通电__________成正比。

2. 焦耳定律的公式表达式为 $Q=I^2Rt$，其中 Q 表示产生的________，单位是__________；I 表示通过导体的________，单位是__________；R 表示________，单位是________；t 表示________，单位是________，计算时注意单位！

3. 下列电器设备中，利用电流热效应的是（　　）

A. 电动机　B. 电饭锅　C. 电风扇　D. 电视机

4. 在验证焦耳定律的实验中，为了比较电流通过两根不同的电阻丝产生的热量跟电阻的关系，实验时应同时保持相同的物理量是（　　）

A. 通过它们的电流和加在它们两端的电压

B. 通过它们的电流和它们的电阻

C. 通过它们的电流和通电时间

D. 通过它们的电流、加在它们两端的电压和通电时间

5. 有三个用电器，其中一个为“220V，60W”的电风扇，一个为“220V，60W”的白炽灯，另一个是“220V，60W”的电烙铁，都在额定电压下工作相同的时间，比较这三个用电器产生的热量是（　）

A. 电风扇最多　B. 白炽灯最多　C. 电烙铁最多　D. 都一样

案例二 《物体的浮沉条件及应用》教学设计

<table>
<tr><td colspan="2">科目</td><td>物理</td><td>教材</td><td>人教版</td><td>学段</td><td>八年级下册</td></tr>
<tr><td colspan="2">本课标题</td><td colspan="5">《物体的浮沉条件及应用》</td></tr>
<tr><td rowspan="3">教学目标设计</td><td>知识与技能</td><td colspan="5">1. 能根据二力平衡条件和力与运动的关系描述物体的浮沉条件；
2. 知道物体最后在液体中可能处于漂浮、悬浮以及沉底三种不同的状态；
3. 能通过改变物体或液体的密度大小，进而改变物体所受的重力或浮力的大小，使物体在液体或气体中处于不同的浮沉状态；
4. 知道轮船、密度计、潜水艇、气球和飞艇的工作原理。</td></tr>
<tr><td>过程与方法</td><td colspan="5">通过受力分析，利用力与运动的关系理解物体的浮沉条件并应用于生活实际。培养学生分析问题、解决问题的能力，提高学生逻辑思维，以及思维的灵活性。</td></tr>
<tr><td>情感态度与价值观</td><td colspan="5">1. 运用物体的浮沉条件解释生产、生活中的一些现象，认识浮力知识在生产、生活中的应用价值；
2. 利用家庭低成本实验激发学习兴趣，倡导动手实践，让学生对所学知识能够学以致用；
3. 通过浮力应用实例，体现我国古代劳动人民的智慧，展示我国现代科技的力量。</td></tr>
<tr><td colspan="2">教学重点</td><td colspan="5">物体的浮沉条件及生活应用</td></tr>
<tr><td colspan="2">教学难点</td><td colspan="5">物体的浮沉条件</td></tr>
</table>

教学流程	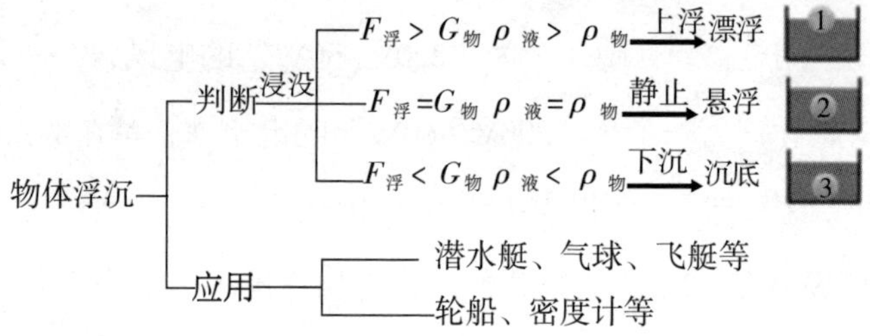

教学环节	教师活动	学生活动	教学目的
新课引入	家庭实验（一）回顾，把不同种水果放入水中，观察到有的上浮，有的下沉。 演示实验：将三个不同的小球分别浸没在水中，静止后释放。 	回顾相关现象，思考可能原因。 观察小球的运动情况，知道物体最后在液体中可能处于漂浮、悬浮以及沉底三种不同的状态。	创设情境，激发学生求知欲和学习兴趣。
进行新课	一、物体的浮沉条件 假设物体浸没在液体中，通过分析物体的受力情况，判断物体的运动情况，得出物体的浮沉条件。家庭实验（二）回顾，在清水中不断加盐，沉在水底的鸡蛋就会慢慢浮起，说明也可以通过比较物体与液体的密度来判断物体的浮沉。	结合之前所学力与运动的关系，分析理解物体的浮沉条件。	应用已有知识解决新问题。

续表

<table>
<tr><th>教学环节</th><th>教师活动</th><th>学生活动</th><th>教学目的</th></tr>
<tr><td rowspan="3">进行新课</td><td>

<table>
<tr><th>受力比较</th><th>运动情况</th><th>最终静止状态</th><th>密度比较</th></tr>
<tr><td>$F_{浮} > G_{物}$</td><td>上浮</td><td>漂浮</td><td>$\rho_{浮} > \rho_{物}$</td></tr>
<tr><td>$F_{浮} < G_{物}$</td><td>下沉</td><td>沉底</td><td>$\rho_{浮} < \rho_{物}$</td></tr>
<tr><td>$F_{浮} = G_{物}$</td><td>静止</td><td>悬浮</td><td>$\rho_{浮} = \rho_{物}$</td></tr>
</table></td><td>回顾实验现象，经历相关推导，理解用比较密度方法判断物体的浮沉。</td><td>知道解决同一问题可以有多种途径。</td></tr>
<tr><td>练习：一个质量为 400 g、体积为 500 cm³ 的物体掉入水中，物体在水中最终会_______（填“漂浮”“悬浮”或“沉底”），此时物体受到的浮力为_____N。（g 取 10 N/kg）</td><td></td><td>培养学生分析问题、解决问题的能力。</td></tr>
<tr><td>方法一：受力比较（假设物体浸没在水中）
$G_{物}=m_{物}g=0.4\ kg\times10\ N/kg=4\ N$
$V_{排}=V_{物}g=500\ cm^3=5\times10^{-4}\ m^3$
$F_{浮}=\rho gV_{排}=1.0\times10^3\ kg/m^3\times10\ N/kg\times5\times10^{-4}\ m^3=5\ N$
Q$F_{排} > G_{物}$ ∴最终物体在水上漂浮 ∴$F_{浮}'=G_{物}=4\ N$

方法二：密度比较
$\rho_{物}=\frac{m_{物}}{V_{物}}=\frac{400\ g}{500\ cm^3}=0.8\ g/cm^3$
$\rho_{液}=\rho_{水}=1.0\ g/cm^3$
Q$\rho_{液} > \rho_{物}$ ∴最终物体在水上漂浮
$F_{浮}=G_{物}=m_{物}g0.4\ kg\times10\ N/kg=4\ N$</td><td>利用物体的浮沉条件，分别练习用两种方法判断物体的浮沉，进行巩固练习。</td><td>检验所学知识，能够学以致用。</td></tr>
</table>

续表

教学环节	教师活动	学生活动	教学目的
进行新课	提问：有哪些办法可以改变物体在液体中的浮沉情况？ 明确本质：通过改变 $\rho_{液}$ 与 $\rho_{物}$ 的大小关系，来改变 $F_{浮}$ 与 $G_{物}$ 的大小关系，从而改变物体的浮沉。 举例：通过改变 $\rho_{液}$ 或 $V_{物}$ 与 $m_{物}$（增减配重），来改变物体浮沉。 二、浮沉条件的应用 引：根据盐水浮鸡蛋的原理，介绍生产中的盐水选种。 动手实验：（教材 P58 的想想做做） 把同一块橡皮泥分别做成实心球形和空心船形，使它们能在水中沉底或漂浮。 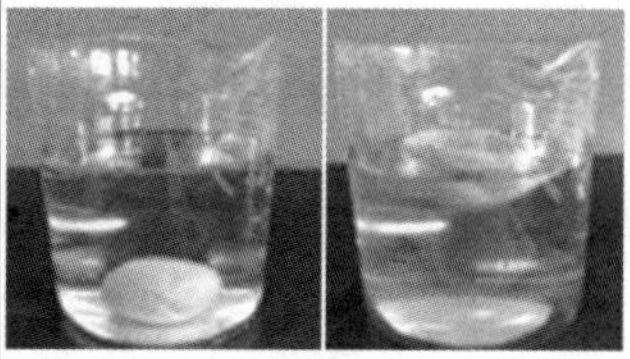 （$m_{物}$不变）增大 $V_{物}$ → $\rho_{物}$减小 → $\rho_{物} < \rho_{水}$ →漂浮 1. 轮船：做成空心，平均密度小于水的密度，实现漂浮。	思考并尝试举例说明。 观察实验现象，在老师引导下能找到解决问题的方法。 了解浮力在生活中应用。 动手实验（家里有条件的），观察同一块橡皮泥在水中沉底或漂浮的区别。 理解轮船的工作原理，并拓展了解与轮船相关的知识。	体现劳动人民智慧。 通过动手实践，增强感性体验。 认识浮力知识在生产、生活中的应用价值。

续表

教学环节	教师活动	学生活动	教学目的
进行新课	1. 排水量：轮船满载时排开水的质量。 学生创新实验：自制轮船。 练习：（教材 P58）例如一艘轮船的排水量是 1×10^4 t，表示此船载货时，货物质量和船身质量之和为 1×10^4 t，为什么？求此船满载时受到的浮力大小？ ∵船漂浮 ∴ $F_{浮}=G_{货+船}$ 而 $F_{浮}=G_{排}$，$G_{货+船}=G_{排}$ $m_{货+船}g=m_{排}g$，$m_{货+船}=m_{排}$， $F_{浮}=G_{排}=m_{排}g=1\times10^7\text{kg}\times10\text{N/kg}$ $=1\times10^8\text{N}$ 想一想：轮船从河里驶向海里，是上浮一些还是下沉一些呢？ 实质：判断 V 排的变化。 ∵船在河里、海里均漂浮 $F_{浮}=G_{物}$不变 $V_{物}=\dfrac{F_{浮}}{\rho_{液}g}$，$\rho_{海}>\rho_{河}$， $V_{排海}<V_{排河}$ ∴轮船从河里驶向海里，会上浮一些！	了解排水量的概念。 应用所学知识分析、求解相关问题。 应用所学知识分析、解释生活中的实际问题。	学习相关概念。 巩固所学知识。 培养学生知识迁移能力，提高逻辑思维能力。

续表

教学环节	教师活动	学生活动	教学目的
	2. 密度计：测量液体密度的仪器。（刻度特点：上小下大！）	了解密度计的工作原理及刻度特点。	
	学生自主实验：自制密度计 想一想：有两杯水，其中一杯是清水，另一杯是盐水，你能用今天学到的浮力知识鉴别出哪杯是盐水吗？	应用所学知识分析、解决生活中的实际问题。	用家庭低成本实验，培养学生的动手实践能力，激发学习兴趣。
	实验：用自制密度计鉴别清水和盐水		利用所学知识分析、解决实际问题。
	3. 潜水艇：改变自身重力来实现上浮下潜。 演示实验：模拟潜水艇工作	结合物体的浮沉条件理解潜水艇的工作原理。	
	拓展了解：“蛟龙”号压载铁的奥秘。	了解“蛟龙”号压载铁的作用。	

续表

教学环节	教师活动	学生活动	教学目的
	4. 气球和飞艇：内部充入密度小于空气的气体。 演示实验：做一个塑料袋热气球（参照教材 P59）。 拓展了解：孔明灯。 中国古代对浮力的应用：如“曹冲称象”“怀丙捞铁牛”等。	结合物体的浮沉条件理解气球和飞艇等的工作原理。 观察实验，思考塑料袋热气球为什么能上升，并尝试结合物体的浮沉条件解释。 了解孔明灯的制作工艺。 了解中国古代对浮力的应用。	运用物体的浮沉条件解释生产、生活中的一些现象，感受我国现代科技的力量，感受传统文化魅力。 体现我国古代劳动人民的智慧。
课堂小结	带领学生回顾课堂所学知识。	小结所学知识：物体的浮沉条件及生活中应用。	让学生感到学有所获。

教学反思

自制轮船：

学生的学习具有高起点性，即学生无需经历漫长曲折的试错摸索，就能直面人类认识成果，即这一内容的最高成就。然而人类认识成果的发现与发明过程本身，也应该是学生的认识与思考、分析与推理的对象。教师首先让学生体会人类利用浮力的漫长历史，接着引导学生亲身经历造船的过程。

在活动与体验的过程中，学生通过自己的主动活动，亲身经历，认识到轮船的原理认识到船的载重能力可以用排水量来评价。而且，在这样的过程中，学生在学习到“硬知识”之外，是能够体会到学科的思想方法和所学内容在人类发展历史中的重要价值的。

载重线的来历：

选择与社会伦理道德相关的社会性问题，为追求经济效益而使得轮船倾翻，作为情境素材，发展学生的科学态度与社会责任。接着通过演示实验使学生认识到液体密度的变化会影响轮船载重线的变化。最后，引导学生将上一环节的学习结果，应用到解决下一个真实的问题情境，即标出冬季和夏季的载重线。在这个过程中，将内化的知识外显化，将间接经验直接化。

自制密度计：

轮船载重线的不同反映出海水密度的不同，这与密度计的原理本质是一样的。课后的作业便是用自己做的密度计来鉴别全脂和脱脂牛奶、酱油和醋的密度大小。当学生发现他们自制的密度计真的可以使现象更明显，和实验室密度计原理一样时，是能够感受到知识本身的价值的。

案例三 《串联和并联》教学设计

<table>
<tr><td>课题</td><td colspan="2">15.3　串联和并联</td></tr>
<tr><td>教材内容分析及学习者特征分析</td><td colspan="2">《串联和并联》是人教版第十五章第三节的内容，是在学生已经掌握电流和电路基础上进行用电器连接方式的认识和判断，认识串、并联电路的特点是识别电路、辨别电路连接形式和进行电路设计的基础。本节教材的编排，不是仅仅让学生知道串、并联两种连接方式，而是重点让学生通过动手实验、实际连接操作的过程，分析归纳出小灯泡的连接形式——串联和并联及各自特点。辨认实际电路是串联还是并联、根据要求画出电路图或根据电路图来连接实际电路，尤其是连并联电路，对于初学电路知识的学生来说是比较困难的。因此，掌握好本节的知识和技能，对今后电路连接的研究，起着非常重要的作用。</td></tr>
<tr><td>教学策略选择与设计</td><td colspan="2">在教学中采用“生本导学”的课堂教学策略，通过学案创设问题情境，激发学生探究的积极性，营造民主、和谐、合作的探究氛围，充分发挥学生的主体作用，积极调动学生动手探究、动脑思考、讨论归纳和展示交流，让学生通过 TBL 小组合作学习模式，探究讨论、互帮互学完成本节课学习，既能帮助学生克服学习的困难，又能培养学生的主动学习方法和学习能力。强调实验体验和感受，运用恰当的 hiteach 手段和创新演示实验，优化课堂教学，提高教学效率和质量。体现了“从生活走向物理，从物理走向社会”的新课程理念，重视认知过程对学生发展的必要性和重要性，强调动手探究，注重教学方式的多元化。</td></tr>
<tr><td rowspan="3">教学目标</td><td>知识与能力目标</td><td>（1）知道串联电路和并联电路连接的特点；
（2）会连接串联电路和并联电路；
（3）会画简单串联、并联的电路图。</td></tr>
<tr><td>过程与方法目标</td><td>在动手实验、实际操作的过程中，分析归纳串、并联电路在结构、开关作用、用电期间关系等方面各自的特点，从而学习识别串、并联电路的方法。</td></tr>
<tr><td>情感态度与价值观目标</td><td>（1）激发学生认识串、并联电路的兴趣；
（2）积极主动找出串、并联电路的特点及识别方法，能联系生活中的串、并联电路，体会科学知识在实际生活中的应用及其价值。</td></tr>
<tr><td>教学重点</td><td colspan="2">连接串联和并联电路，画简单的串、并联电路图。</td></tr>
<tr><td>教学难点</td><td colspan="2">连接并联电路并画出电路图。</td></tr>
<tr><td>教学环境及资源准备</td><td colspan="2">录播室 TBL 小组合作学习，每七人为一组，各组一个平板共计 8 台；每人一个 IRS 反馈器，共计 56 个。利用 hiteach3 制作的课件《15.3 串联与并联》。
学具：两节电池组成的电源、三个开关、导线若干、两个小灯泡（带灯座）（共 8 组）。</td></tr>
</table>

续表

教学内容及教学过程				
教学内容	教师活动	学生活动	资源（媒体运用）	设计意图
创设情境	播放奥特曼的视频之后，出示教师自制的奥特曼教具（两只眼睛分别由两个灯泡制成）。	学生比对视频中奥特曼和教师自制的奥特曼教具，发现眼睛的区别。	hiteach 课件里播放插入好的奥特曼视频。	激发学生本节课学习兴趣。
合作探究	活动一： 连接电路，让奥特曼能同时睁双眼。	【学生实验】 ①学生尝试不同的连接方法； ②小组内讨论交流连接特点； ③挑选 4 个小组上讲台展示其所连接的电路。	① hiteach 课件展示实验要求； ②调用计时器，控制试验时间 4 分钟； ③计分板给展示的小组加分。	问题导学，动脑动手； 学生动手，体验连接； 学生动脑，总结特点； 计时计分，提升效率。
学生汇报	请学生对展示的实物电路进行分类。 教师将学生分类后的两种电路转化为电路图依次画在黑板上 【教师讲解】 1. 认识串联和并联电路的连接方式； 2. 认识并联电路的相关名词； 3. 发现串联和并联电路电流路径的不同。	学生讨论并区分出两种电路的区别。 学生将两幅电路图画在学案上； 学生在并联电路图中标出干路、支路、支点。	① hiteach 课件展示活动后讨论内容； ②挑人来标出串、并联电路的电流路径，并说出不同。	对串、并联电路有了初步的认识，为活动二做铺垫。 培养学生的自信，锻炼学生物理语言表达能力和分析能力。 调动学生积极主动学习的兴趣。

续表

教学内容及教学过程				
教学内容	教师活动	学生活动	资源（媒体运用）	设计意图
教师点拨	教师引导： 展示奥特曼的自制教具，通过控制支路开关使奥特曼能够独立睁眼和闭眼。提出活动二的要求。 活动二： 设计并连接电路，让奥特曼睁一只眼，闭一只眼。 学生连接完电路后，教师挑组进行展示。引导学生分析课件上的三个问题，进一步得出串、并联电路各用电器之间的关系。	学生在学案设计电路图。 学生实验：并联电路上，再分别加入开关。 学生归纳总结串联和并联的连接本质和区别。	① hiteach 课件展示活动二的要求； ②学生设计好电路图后拍照飞递到展示区； ③教师将学生飞递的作品再次推送给各小组，小组间进行比对分析； ④实验时计时器计时 4 分钟； ⑤计分板给最先完成的前四个小组及回答问题正确者加分。	培养学生积极思考并提出质疑的能力。 让学生明确串、并联连接的本质不同和串、并联电路中各用电器之间的关系。
串、并联电路特点对比总结	要求学生完成学案上的活动三：	小组比对，完成学案，飞递展示，巩固所学知识。	①小组完成学案后，拍照飞递； ②计时器计时 3 分钟； ③计分板给前四组飞递展示的小组及回答正确者加分； ④挑组进行汇报。	对学生本节课所学知识、技能和方法进行巩固。培养小组合作学习能力。

续表

教学内容及教学过程				
教学内容	教师活动	学生活动	资源（媒体运用）	设计意图
回归生活，分析电路	根据所学知识，判断生活中电路的连接方式。	学生利用IRS反馈器进行作答，小组讨论和思考。	①即问即答，学生做答。 ②数据统计，作出决策，若两个答案人数相近，则小组讨论思考30 s后，保存记录重新作答并挑选变更作答的学生来回答问题；若第二题正确人数远多于错误人数，则挑选正确作答的学生进行回答。 ③计时器计时。 ④计分板对回答正确者进行加分。 ⑤最后一题进行抢答。	对于生活中的电路，学生利用所学的本节课知识分析并进行推理。而hiteach的作用则是使学生的思考和推理更加循序渐进。
差异化教学课后延伸	针对计分板统计情况，对积分前四组推送没有提示、难度较大的题目要求其作答。 对积分后四组推送有提示、难度较小的题目要求其作答。	小组讨论设计并进行飞递展示，最终与全班同学进行交流。	①差异化推送页面给不同小组； ②小组设计电路后拍照进行飞递展示； ③计分板对前四组进行加分； ④计时器控制活动时间3 min； ⑤挑选小组来进行汇报展示。	学生本节课掌握程度有差异，教师则分层设计题目对小组进行差异化教学。

教学反思

通过创新演示实验，以“奥特曼发光的眼睛”为抓手，先引导学生自行连接电路，使两个灯泡同时亮起来，引出串并联电路的定义，接着让学生自行观察总结，串并联电路电流路径的区别，引出并联电路中的分支点、干路及支路概念，然后由问题“奥特曼发光的眼睛是串联还是并联？如何判断？”引导学生进行串并联电路特点的比较，最后展示串并联电路在生活中的应用。整节课在创新演示教具“奥特曼的眼睛”引导下，学生充满兴趣地自主探究，充分体现了学生的主体地位。

第二节 探究从课堂延伸到课外
“探究式教学模式”的实践创新

一、师生关系策略

在“探究式教学模式”的教学实践中，师生关系对模式实施效果的影响尤其重要。教师应与学生建立一种民主平等的师生关系，这样才能在课堂上营造一种宽松的学习氛围，让学生在没有过多的限制的空间里，参与到知识的学习、探索、讨论之中，畅所欲言，积极思考，相互启发，大胆质疑，使每个学生都能将主动学习的愿望转化为实际的学习行动。但是，宽松自由的课堂绝不是放任自流的课堂，我们在强调学生的主体地位的同时，也不能忽略教师的主导地位。那么，在“探究式教学模式”的课堂中，教师和学生的关系究竟应该怎样定位呢？在不同的教学思想指导下的教学过程中，师生关系的定位不同，总的来看，存在两大争议，即教师中心论和学生中心论。以德国教育家赫尔巴特为代表的传统教育派持教师中心论的观点，以美国教育家杜威为代表的现代教育派持学生中心论的观点。长期以来，两派之间的论争没有能够达到一个令人满意的结果，在教师中心论和学生中心论之间来回摆动，成为一种钟摆现象。

关于师生关系的定位问题，目前国内比较流行的看法有以下几种：①主导主体论：认为教师是主导，学生是主体；②双主体论：认为教师和学生都是教学的主体；③交互主体论：认为在不同的教学阶段，教师和学生交互成为教学的主体。在“探究式教学模式”中，交互主体论的观点可以很好地解释探究教学过程中的师生关系问题。为了形象直观地说明这一问题，在这里引入椭圆模型，用椭圆模型来隐喻探究课堂的教学环境。在这一模型中，师生分别处于椭圆的两个焦点上，同为探究课堂环境的主体，在探究活动进行的不同阶段，交互成为探究课堂的主体。例如，在探究活动的初始阶段，为了激发学生的探究欲望，首先需要教师为学生创设一定的问题情境，将探究活动启动起来。在这一阶段，显然教师对课堂的主导作用尤为显著，可以认为教师在这一阶段的教学过程中处于主体地位。又如，在明确了探究目的之后，接下来的探究活动主要由学生制订探究计划、去实施具体探究，教师在这一阶段的任务是辅助学生完成探究活动，学生才是这一阶段的活动主体，因此可以认为学生在这一阶段的教学过程中处于主体地位。

“探究式教学模式”对教师的思想观念提出了新的要求。教师作为探究的合作者，思想观念要转变，在传统教学中，往往认为学生是接受者，把学生当作了被动的客体地位，而探究教学由于向学生赋权增能，学生不仅变成了教学的主体之一，而且更具有创造性与协作能力。因此，教师必须要转变自己的思想，学生不再是以灌输为主的教学中被认为的很不成熟的个体，他们可以承担起发现知识和创新知识的重任。在探究教学中，教师作为顾问、咨询者或合作伙伴而存在。在学生的探究活动中，教师不能过度介入他们的探究过程，更不能代替他们做探究。要充分相信学生，相信学生在一定程度上有能力去主动地探索世界、揭示世界的奥秘，发现并创造出知识。教师要尊重学生的人格、尊重学生的思考方法，营造宽松、和谐、民主的教学氛围。当学生的思维结果正确或有创新性时，要及时强化；当学生的思维结果错误的时候，要能容忍学生，并鼓励学生大胆发言。在探究教学中，教师不是“知识权威”，不能仅仅是让“学生倾听教师”，更要做到“教师倾听学生”，因为倾听可以了解学生初步的感受、分析和理解，发现学生理解上的偏差与疑惑，发现学生经验背景中已经拥有和仍然缺乏的东西，从而积极引导学生在探索中不断进行自我完善。

另外，“探究式教学模式”对教师的综合素质提出了更高的要求。作为学生学习活动有力的促进者和示范者，教师应该明白在探究教学中，自己所面对的不仅仅是依据本门学科知识就能解答的问题，知识的整合性要求教师应具备多学科的、丰富而渊博的知识。如“热机”一节的探究教学中，就要求教师了解各种不同的热机的工作情况（汽车、飞机甚至火箭），以及各种传动装置的机械原理。同时，探究活动涉及广泛的科学内容和方法，教师还必须对科学、知识等的本质有清楚的了解，对科学探究的方法有明了的系统把握，才能在帮助学生进行探究的过程中把握正确的方向，引导学生不断深入。在“热机”的教学中要使热机能利用活塞吸气又要能排气，则可以引导学生从日常生活中简单的设备入手，找到能满足要求的装置（如针筒）。探究教学也是一种反思性与创造性的教学方式，它要求教师具有敏锐的眼光和积极进取的创造精神，在与学生的合作中能接纳学生的独到见解，引导学生进行深刻的反思和勇敢的创造。

二、探究课题的选择策略

新课程倡导探究教学，但并不意味着每一堂课都需要探究，对于那些不适合探究的教学内容采用探究式教学，只能是事倍功半，甚至是白白地浪费教学时间。那么，究竟什么样的教学内容适合采用“探究式教学模式”呢？实践表明，适合采用“探究式教学模式”的教学内容应具备以下特点：

（1）引进的知识要素应具有重要意义（普通教育、世界观教育、品德教育等方面）。即通过对新知识的探究学习，能够提高学科能力，并在世界观形成、品德修养等方面产生深远的影响。

（2）新知识与已学过知识之间应具有高度的相关关系。如当课堂上引进的新概念与已经学过的概念之间没有相似的特征或便于对照的差异时，试图在认知独立的水平上组织探究教学是不适当的。因为在这种场合，学生不可能在已知知识的基础上解答问题或进行分析，这时学生只能通过尝试错误的途径对新概念的本质特征进行独立探索，何况大部分的尝试还带有偶然性，这样的猜谜游戏不仅不利于学生掌握知识，甚至不利于对知识的简单记忆，因为大量错误的中间解答会使学生的注意力脱离解答的基本方向。

（3）知识各要素之间具有足够的联系。当所学的教学内容中包含大量分散的、相互之间很少联系的事实时，则不适宜用“探究式教学模式”。

（4）联系的性质是间接的和多阶段的。所学新知识与各要素之间的联系应是间接的和多层次的，只有各要素之间的联系呈阶梯状分布，才能保证探究学习的顺利进行。例如“动与静”“水能和风能的利用”等教学内容，由于包含了许多零散的概念或了解性的内容，因此，是不适合采用“探究式教学模式”的教学内容。相应地，如“光的折射规律”“电流跟电压、电阻的关系”等内容不仅是初中物理的重点知识，而且内容本身具有较强的逻辑联系，因此是适合采用“探究式教学模式”的教学内容。

三、问题情境的设置策略

（一）探究教学对问题情境的要求

第一，在探究教学中所设置的问题必须能引起学生学习新知识的动机和需要，能促使学生创造力的发展，即根据所设置的问题情境提出的问题要具有一定的程序性，必须通过周密的思考，借助某些特定的有效程序，经过主观努力才能完成。“探究式教学模式”的组织中，只有尽量减少具有陈述性和简单性的问答式问题，增加具有程序性和复杂性的探究性问题才能在课堂上加大学生的思维力度，促进探究的深入进行。

第二，在探究教学中所设置的问题必须指向明确、清晰。如果教师备课的时候在设置问题方面思考得不够，预设得不够，创设的情境指向性不清楚，学生在探究时就会显得有些茫然，从而导致教学时间的浪费，使得探究流于表面的形式。

第三，在探究教学中所设置的问题要体现发散性和开放性。一般说来，多使用开放性的问题，能使课堂氛围更加活跃，使探究的气氛更加浓厚，从而加大学生探究的广度和深度，促进学生创造性思维的发展。

总之，在探究教学中所设置的问题应该具备以下特点：有趣，能够吸引学生，激发学生的学习动机；能够促进学生的进一步思考；能够激发学习者之间的积极交流；能够促进学习者完成学习任务。

（二）创设问题情境的方法

在探究教学中，我们可以通过多种渠道、多种手段创设恰当的问题情境，例如：利用演示实验创设问题情境。物理学是一门实验科学，通过创设一些奇特、新颖、有趣的实验引入教学，会使教学有意想不到的收获。实验能顺应学生的“好奇、好动、好玩、好胜”的心理，大大刺激学生的感官，激发学生的学习兴趣。因此，教学中可以运用演示实验的直观教学手段，巧设疑问，促使学生认知冲突，诱导学生进入质疑思维状态。例如，在学习《大气压强》时，我们可以做瓶“吞”鸡蛋的实验、覆杯实验以及利用可口可乐瓶制作的气球实验，这些实验现象使学生不解：“瓶口小，鸡蛋怎么进去的呢？水为什么不会流出来呢？气球为什么吹不起来呢？”带着这些疑问，学生就会以极大的兴趣和强烈的求知动机投入到学习中去。

通过播放多媒体资料来创设问题情境：例如在学习“阿基米德原理”时，首先通过多媒体介绍“曹冲称象”这一有趣的故事，然后根据故事的情节让学生思考“曹冲称象”的原理，猜想船的吃水深度、排水量、船的总重量（船与石头或船与大象）之间有什么特定联系，从而将学生引入“阿基米德实验”的探究活动中去。

利用悖论创设问题情境。通过揭示悖论，可以使学生处于思维矛盾状态。在悖论中往往包含两种不同的结论，它们的推导似乎逻辑严密，论据充足，但结论又互不相容，有矛盾、分歧或根本对立，比较中必然产生疑问，从而产生了迫切解决思维矛盾的求知动力。另外，我们还可以利用现代化的电教手段创设问题情境；利用来源于现代科技、生产生活中的实例创设问题情境；利用旧知识拓展引出新问题创设问题情境；利用物理学的人文情境创设问题情境；利用观察、实验、类比、假说等物理学方法创设问题情境。总之，创设问题情境的方法很多，有待于我们在教学实践中不断地发现、发掘和利用。

四、评价策略

评价体系是“探究式教学模式”的重要构成因素，它一般包括对教师的教学效果和学生的学习效果两方面的评价，即从教和学两方面分别对教师和学生进行评价。这里主要讨论在“探究式教学模式”中如何对学生的学习进行评价，有效的学习评价应起到诊断、激励、反馈、调节等作用。评价的内容应包括知识与技能，过程与方法，情感、态度与价值观三个维度，具体应包括以下三个方面：①中学物理知识与方法（含世界观）的掌握程度；②中学物理能力，主要是实验能力和思维能力（特别是创造性思维能力）的发展水平；③优良的情感、意志和性格等非智力因素的形成程度。针对“探究式教学模式”的目标、操作程序等具体特点，在该模式中应采用过程性评价方法。

（一）充分发挥过程性评价的积极作用

有效的过程性评价对探究目标的最终达成起着至关重要的作用。然而，在探究教学实践中，教师对学生的评价往往存在几个方面的不足。第一个方面，教师对学生的回答有时会出现置之不理的现象。实际上教师不是故意不理，而是因为学生的回答跟教案上面写得不一样。所以，教师为了节省时间，就迅速地进入下一个问题的教学。第二个方面，教师对学生的评价有时候不够到位。如学生回答问题的时候，教师简单地说“好”“很好”等，而没有把好在什么地方明确地点出来。甚至对于存在问题的回答，教师仍然笼统地说“好”。这样“慷慨”的表扬不仅起不到评价的正向引导作用，甚至还会误导学生。当然，对于学生的问题，教师可以不直接讲出来，而是通过引导让别的同学发现他的问题，经过不断地引导，使评价逐步到位，最终使学生对问题的认识能够主动地趋于实质化。如果教师对问题的评价不到位，就会造成课堂教学中教师的评价失去应有价值。

过程性评价究竟指的是什么呢？我们这里的过程性评价指的是在探究教学过程中进行的评价，即在探究教学过程中，教师通过对学生的观察，根据学生的所做、所讲对学生学习过程进行的评价。实际上，教师进行课堂教学的过程性评价，主要是看学生对所探究的内容能不能跟已有的知识发生联系，如果能够跟已有的知识之间发生联系，老师要去考查学生这种联系是不是正确，如果不正确，教师要通过评价、通过引导来促进学生建立正确的联系，同时能够形成正确的解释，最后得出正确的结论。因此，在这个过程中教师的评价是十分重要的。同时，我们还要注意到在探究课堂上，学生之间、合作小组之间的相互评价也是非常重要的。

在探究教学实践中，进行有效的过程性评价应注意以下几个问题：

第一，必须明确教师的评价目的是要帮助学生，让学生明确自己在探究过程中所要努力的方向。

第二，教师的评价要能激励学生进一步进行探究活动，即激发内驱力。教师的评价，要能够有意识地去发现学生在学习过程中的疑问，同时帮助学生发现自身思维的不足。教师的评价，还有很重要的一点是要发现学生的潜能，激发学生的潜能，同时，还要促进学生良好的学习情感的达成。实际上，有效的评价根本上就是要通过评价来促进学生的发展。

第三，教师对学生进行评价的时候，注意不能伤害学生的积极性和自尊心，要正确地鼓励学生。我们经常会发现在上课过程中，当学生的一些回答和教师原来设计的教案不一样的时候，教师常常很武断地否决学生的一些观点，这样会使学生很伤心。即使情境创设得很好，学生也有探究的欲望，但是，如果探究出成果以后，教师没有有效地利用学生提供的这些资源来促进学生进一步探究，往往会使探究流于表面的形式。

第四，教师在课堂上对探究活动要进行即时评价。在物理教学中教师要采用口头表扬、体态语言或奖励等方式进行即时鼓励评价。如：小组实验、课堂小组讨论、小组知识竞赛等都适宜即时评价的形式。这样的评价和鼓励，使学生体会到合作学习的快乐，一次认可也是一次成功，成功可使学生产生自信、自我肯定等一系列良好情感体验，这种良好体验的不断实现，能激起学生强烈的内在学习动机。

第五，教师要组织好同学之间、合作小组之间的相互评价，包括合作小组组内成员的自评、互评以及小组自评、组间互评等评价形式。在这里，教师要做好对评价的指导工作，设计好各项评价表格，使学生从对自己和他人的评价中提高合作学习的能力和技巧。小组与小组之间的竞争，更能促使小组成员间相互团结，使自己的能量最大限度地发挥出来。明确“优秀小组”

的评价标准，使学生形成相互赶超、在竞争中共同提高的局面。

（二）注重课后的综合评价

在探究教学评价中，我们不仅要重视探究过程中的评价，而且要重视课后综合评价的重要作用。在每次探究过程结束后，可以让学生填写完成探究报告记录表，通过个人评价、小组评价及教师评价，使学生对自己的探究成果有所认识，同时教师也对探究学习的效果有所了解，以便及时调整教学。总之，探究评价要做到结果评价与过程评价相结合，同时侧重于对过程的评价；做到教师评价与学生互评相结合，同时侧重于学生间的相互评价；做到小组评价和个体评价相结合，同时侧重于对小组的评价。探究教学评价既要使评价成为学生进一步探究的动力，又要使学生在评价过程中发现个人的不足，认识自己的长处和短处，明确改进的方向，促进学生之间更好地合作，从而提高学生的合作能力与探究能力。

五、循序渐进提高探究能力的策略

科学探究能力的发展是在多次经历探究的过程中逐渐提高的，因此，教学时需要遵循循序渐进的原则慢慢加大探究的难度。为此我们有必要把课程标准中的能力目标分解细化，排列出具体的内容要求，分层次合理规划，统筹安排，以便在教学中根据学生的认知规律全面培养学生的探究能力。以“提出问题”的能力为例，初中物理课程标准对“提出问题”能力的基本要求是：“能从日常生活、自然现象或实验现象的观察中发现与物理学有关的问题。能书面或口头表述这些问题。认识发现问题和提出问题对科学探究的意义。”根据初中物理教学内容的整体安排，可以对“提出问题”能力的培养进行五次凸显，同时，对学生“提出问题”的能力要求循序渐进、分层次地提出相应的具体要求。

六、把握教师指导与学生自主程度的策略

学生的课堂探究不同于科学家的探究，为了使他们顺利达到探究的目的，适当的指导是必要而且是必需的。正如一位物理教师所说的那样，我们的学生不是法拉第、不是牛顿，他们需要老师的指导与帮助。显然，在探究教学中离不开教师的指导，这一点是肯定的，事实上，多数教师在探究教学实践中也都不会忽略这一点。但是，所有这些指导都是有效的吗？据了解，在一些探究课堂中有关教师指导的有效性问题主要存在以下几方面的不足：第一，由于缺乏有效的指导，学生不知道该如何进行探究；第二，教师引导过度，学生没有思考的空间；第三，由于教师引导不够明确，导致学生的思维经常出现混乱状态，探究不能进入思维的实质。

那么，在探究教学中，应该怎样把握教师的指导和学生的自主程度呢？探究过程中学生的自主探究有不同程度。在探究教学中，要根据教学内容、课时、学生本身、教师本身以及学校的设备条件等因素仔细斟酌、慎重选择探究的自主程度。在学生各方面能力还不够高的情况下，如果盲目强调“放手”“自主”，就容易出现“课堂上热热闹闹，结果却是既没有学会知识又没有弄明白方法”的现象。为了适应学生的学习能力，平衡教学的难易水平，我们可以对出现在九年级的探究，采取适当提高要求以及“放得多些”的策略，而对出现在八年级的探究，采取适当降低要求以及“指导得多些”的策略。

例如，在人教版八年级教科书中“探究固体的熔化特点”和九年级教科书中“探究重力的大小跟什么因素有关系”中，都要用图像的方法处理数据。实际教学中，对于九年级的“探究重力与质量的关系”，可以让学生自己设

计纵、横坐标，自己利用实验测得的数据，自己分析重力与质量的关系，得出规律；而对于八年级的“探究固体的熔化特点”，虽然也需要用图像的方法处理数据，但由于这时学生刚刚在物理课堂接触图像，教师可事先在方格纸上将纵轴和横轴以及标度均标出，只让学生根据表中各个时刻的温度在方格纸上描点即可。

案例一 《光的折射》教学设计

课题		光的折射
设计理念		建构主义认为“离开了学习主体有意、积极的建构就不可能有新知识的获得，新知识的获得必须建立在原有知识结构的基础之上，必须纳入原有的知识结构之中，或者对原有知识结构进行改造”。因此，在进行本节课教学设计时，我以生活现象中的问题为起点，以光的直线传播和光的反射为基础，以活动为主线、以建构为核心，给学生提供充足的学习材料、时间和空间。在教学中落实自主、合作、探究的学习方式，让“研究性学习”走进课堂，走进物理教学，让学生在活动中思考，在思考中感悟，在问题的解决中自主地建构起新的知识体系。
教学分析	教材分析	光的折射是重要的光学现象，是理解透镜成像的基础，有着承上启下的作用，同时又是解释日常生活中许多光现象的基础。通过对折射现象的分析，可以培养学生密切联系实际、运用科学知识来解释一些自然现象的习惯和能力，更重要的是激发学生学习兴趣，提高科学素质，让学生从小崇尚科学，立志献身科学。
	学情分析	学生在学习本节知识之前，已经学习了光的直线传播和光的反射，对光的现象已有一些简单的认识，具备了学习光的折射的基础知识，同时学生的好奇心和求知欲望较强也为上好本节课打下基础。但学生对光的折射的生活积累和感性认识比直线传播和反射要少得多，见过“叉鱼”的学生不多，因此在折射现象的呈现环节必须充分、直观。由于学生学习物理的时间不长，动手实验有一定的模仿性，在这一阶段需作必要的演示指导。学生有对光的反射探究的经验，只要引导学生处理好光路的可视化问题，折射规律的探究操作就不困难了。

续表

<table>
<tr><td>课题</td><td colspan="4">光的折射</td></tr>
<tr><td>教学目标</td><td colspan="4">知识与技能：
1. 了解光的折射现象；
2. 探究并了解光从空气射入水中或其他介质时的偏折规律；
3. 了解光在发生折射时，光路的可逆性。
过程与方法：
1. 能在学习光的传播和反射的基础上提出新的问题，培养提出问题的能力；
2. 通过实验观察认识折射现象，培养学生初步观察的能力；
3. 使学生进一步了解科学探究活动过程，培养学生初步的探究能力。
情感态度与价值观：
1. 有与他人交流和合作的精神，敢于提出自己不同的见解；
2. 逐步领略折射现象的美妙，获得对自然现象的热爱、亲近的感觉。</td></tr>
<tr><td>教学重点</td><td>光的折射规律</td><td>教学难点</td><td colspan="2">1. 光线进入不同介质中，折射角和入射角的关系；
2. 用光的折射解释自然现象。</td></tr>
<tr><td>关键</td><td colspan="4">折射现象中折射光路方向的确定</td></tr>
<tr><td rowspan="2">教学策略</td><td>教法</td><td>发现探究、启发</td><td>学法</td><td>分组探究、类比法</td></tr>
<tr><td>教具准备</td><td colspan="3">演示用：多媒体课件、激光笔、水槽、光的折射演示装置。
学生用：激光笔、背板为毛玻璃透明玻璃水槽、矩形和半圆形玻璃砖、玻璃杯、适量的水、硬币、铅笔。</td></tr>
<tr><td>教学流程</td><td colspan="4">教学活动</td></tr>
<tr><td>引入新课</td><td colspan="4">【视频导入】播放“海市蜃楼”（视频课件）。
【实验引入】分组观察：观察玻璃杯中的两枚硬币，制造悬念，创设问题情境，引起学生的注意，激发学生的兴趣。</td></tr>
</table>

续表

教学流程	教学活动
新课教学	一、光的折射 【教师活动】启发：杯中没有水时只看到一枚硬币，为什么有水时就看到两枚硬币？看到水中的硬币，光是如何传播的？ 【学生活动】1. 讨论猜想：光在空气和水中的传播特点。 2. 探究实验：光从空气射入水中与从空气射入半圆形玻璃中是如何传播的？并绘制看到的光路图。 师生归纳：光从一种介质斜射入另一种介质时，传播方向发生偏折，这种现象叫光的折射。 二、探究光的折射规律 【教师活动】提出问题：上面实验中光折射时好像有什么规律，类比反射规律，你能猜测并概括一下吗？ 【学生活动】类比归纳：共面，异侧，折射角小于入射角。 【师生活动】光发生折射时光路遵循什么规律呢？请各小组依据我们准备的器材设计实验方案探究光的折射规律。 鉴于光的折射现象的实验可见度不大，安排为分组实验，分组探究内容： 1. 探究光从空气进入水、玻璃的规律； 2. 探究光从玻璃进入空气时的折射规律； 3. 光的折射现象中光路可逆吗？ 对于实验做以下几点要求： （1）认真观察，光进入另一介质，光线将沿什么方向行进？如果改变方向，是向界面偏折呢，还是向法线偏折？明确观察目的和观察对象。 （2）实验时，应至少改变三次入射光线的方向，每次都让学生说明入射光线怎样改变，使学生注意观察水中折射光线的方向。 （3）关于折射光路可逆性的探究，可以请学生先猜想，并用光路图把自己的猜想表达出来，然后设计实验。可启发学生借助玻璃砖的两次折射设计实验，记下入射光线、入射点、折射光线的位置，再让光线逆着折射光线方向射入，让学生观察光线是否逆着原入射光线方向射出。把观察到的现象用图标出，总结出光折射时光路的可逆性。

续表

教学流程	教学活动
新课教学	各小组进行实验，根据实验现象，讨论分析，得出初步结论。 【师生归纳】 1. 光从空气斜射入水或其他介质中时，折射光线向法线偏折； 2. 光从水或其他介质斜射入空气中时，折射角大于入射角。 熟悉性练习：加深对光的折射现象的理解，巩固和强化所学的知识，同时教师获得反馈信息及时纠正。 做三棱镜的折射光路，熟悉折射定律。 三、用光的折射规律解释现象 【师生活动】用光路图解释折射成虚像。 【启发】光是由哪种介质斜射入哪种介质？光路满足哪种折射规律？人眼如何看物体？ 现象一：插入水中的筷子为什么会变弯？ 现象二：我们看见河水的深度（视深）跟河水的实际深度哪个深？为什么？ 拓展：若从水中看岸边的物体，位置是变高了还是变浅了？作图说明。
巩固提高	1. 分析、讨论，解释看到玻璃杯中两枚硬币的现象。 2. 解释海市蜃楼的形成原因。
课堂小结	（1）今天你学到了什么？ （2）请你说说你在本节课中实验探究的过程中的收获。 采用学生回忆反思的方式进行，培养学生的归纳、概括能力，以及对科学的实验探究的评价反思意识。
布置作业	（实验中学编制）物理学案的相应习题。
教学反思	本节课很好地发挥了学生的能动性，通过探究、观察、讨论、思考教师提出的一系列问题，达到了预期的教学目标，但是在将探究所获得的规律应用于问题及现象分析时学生表现出融合的仓促与机械。综合运用多种光学常识和规律的能力不能急功近利，需要在认识和理解的过程中反复磨合，才能达到应有的深度。

续表

教学流程	教学活动
板书设计	四、光的折射 1. 光的折射 光从一种介质斜射入另一种介质时，传播方向发生偏折，这种现象叫光的折射。 2. 光的折射规律 光从空气斜射入水或其他介质中时，折射光线向法线方向偏折。 3. 光的折射成虚像。

案例二 《探究凸透镜成像的规律》教学设计

课题：《探究凸透镜成像规律》教学设计
一、教学内容分析
探究凸透镜成像规律是《光现象》的重点，是体现课程基本理念“从生活走向物理，从物理走向社会”的一个很好的范例。上一节课学生对透镜成像的情况已获得感性认识，以此为基础，让学生带着问题，用探究的方法学习，既使学生了解凸透镜的成像规律，又使学生初步了解科学探究的方法，强化学生学习的独立性、主动性。
二、教学目标
1. 理解凸透镜的成像规律。 2. 能在探究活动中，初步获得提出问题的能力；通过探究活动，体验科学探究的全过程和方法；学习从物理现象中归纳科学规律的方法。 3. 让学生参与观察、实验、制作等科学实践。引导学生提出问题，进行猜想与假设，从而设计实验并进行实验，再通过分析与论证进而得出结论，从而使学生完整地体验科学探究的过程，培养学生提出问题、分析问题，观察实验、总结归纳的能力。

续表

三、学习者特征分析
初二年级的学生虽然接触物理学习的时间不太长，但通过“光的折射”“透镜”和“生活中的透镜”的学习，已经知道了光的折射规律，了解了凸透镜、凹透镜及其对光的作用，了解了透镜在日常生活中的应用，初步了解了照相机、投影仪、放大镜的成像特点，能简单描述实像和虚像的特征，已经初步体验了科学探究的基本环节，初步学会了小组合作学习。但由于初二年级的学生认知能力还比较低，对探究活动的设计、动手操作、规律的归纳概括有一定的困难，所以独立完成凸透镜成像规律还比较困难。
四、教学策略选择与设计
通过给学生创设问题情境，让学生提出问题，教师进行简单的分析，点明本节课要研究的内容，让学生动手设计实验方案，动手做实验，从而让学生成为课堂的主人翁，突出学生的主体地位。在学生探究有困难时，教师及时点拨，以通过让学生亲自动手实验，营造民主、和谐、合作的探究氛围，给学生主动探索、自主学习和提高能力留有充足的空间，整节课让学生多动手、多操作，突出学生的主体地位。教师成为学生学习的合作者、引导者、参与者。通过使用多媒体技术，帮助学生掌握凸透镜成像规律，优化课堂教学，提高课堂教学效率和质量。
五、教学重点及难点
重点：凸透镜成像规律采用边实验边记录边总结的方法，学生通过自己演示实验、观察实验、分析实验、记录数据、分析讨论、归纳总结，从而得出规律，进而加深学生对知识的认识。 难点：探究凸透镜成像规律的过程采用同学之间互相交流和共同动手实验，分析引导，从而将像的倒正、虚实、大小的判别难点各个击破，又通过对成像的性质改变过程引导分析，猜想出可能影响凸透镜成像的因素，并分析条件和动手实验突破实验过程中物距的划分、仪器的调节并引导学生设计表格，从而确定观察对象、记录数据。

续表

六、教学过程		
教师活动	学生活动	设计意图
体验一：教师手持一张精美的中央电视塔图片在教室内前后走动 体验二：让学生用另一个焦距不同的凸透镜，与前一透镜竖着并排放置，同时观察图片	用凸透镜观察图片，思考并回答："你观察到什么性质的像，是在什么情况下观察到的？" 通过对比，得出所观察到的像是不同的。	让学生在老师创设的情境中进行自主探究，亲身感触到凸透镜成放大的像还是缩小的像与物距有关，引发对凸透镜成像规律的猜想。 引发学生对凸透镜的成像可能与透镜焦距有关的猜想。
凸透镜不仅能成像，还能成各种不同情况的像。有正立的、倒立的，还有放大的和缩小的像。那么关于凸透镜成像大家想知道什么呢？ 给一定的时间让学生小组讨论思考，并将学生提出的各种问题写在黑板上。 介绍物距和像距的概念。	学生讨论并可能提出各种问题： 1. 什么情况成缩小的像？什么情况成放大的像？（或者：像的大小与哪些因素有关？） 2. 什么情况成倒立的像？什么情况成正立的像？（或者：像的倒正与哪些因素有关？） 3. 成不同像时物体到凸透镜的距离和像到凸透镜的距离有什么关系？ 4. 物和像在凸透镜的同侧还是异侧？等等。	创设问题情境，培养学生由生活现象发现问题、提出问题的能力。
组织学生对提出问题进行猜想。	学生小组讨论并猜想：可能与物距有关，当物距大时，成缩小的像，当物距小时，成放大的像。	学生猜想有多种多样，有正确的，也有不正确的，但需给予肯定与鼓励。教师可以创设适当的猜想情境，引导学生猜想，并明确猜想的理由是什么，体现学生主体地位。

续表

教师活动	学生活动	设计意图
介绍光具座的作用以及用法。 在使用光具座时，像的位置和光屏的位置具有不同的含义。如果移动光屏使它得到清晰的像，这时光屏的位置就是像的位置。	学生认真听讲。	
请同学们用点燃的蜡烛作为成像的物体，自行选择其他器材，制订实验计划，探究凸透镜成像的大小与物距的关系。请同学们在小组内积极讨论，制订研究方案。	学生小组讨论。	培养交流合作精神、制订计划能力、创造能力、表达能力、评估能力、勇于发表见解的意识。
巡视指导，参与学生讨论，并强调：在设计实验时要明确目的，理清思路。目的是要探究成像的情况与物距是否有关，所以实验思路就是，让一发光物体通过凸透镜成像，然后改变物距，观察像的情况；或是让一发光物体通过凸透镜成不同的像，比较物距。	小组代表交流所选器材和实验方案。	教师指导，让动手能力较强的学生示范实验过程，是为了使所有学生明确实验目的及方法，强化对物距、像距概念的理解，从而突破难点，起到教师的引导作用。
组织学生对各小组的方案进行评估，兼顾研究其他问题，确定最佳方案。	对各小组的方案进行评估，兼顾研究其他问题，确定最佳方案。	

续表

教师活动	学生活动	设计意图
要求学生完成实验前的准备工作： ①将 f=10cm 的凸透镜固定在光具座的中间位置，在光具座的刻度尺上的一倍焦距处和二倍焦距处贴上小红点标记； ②将蜡烛和光屏分别放在凸透镜的两侧，点燃蜡烛，调节烛焰的中心、透镜的光心、光屏的中心大致在一条直线上。 巡视指导，强调实验中应注意的事项。	按教师要求动手进行操作 第一至第七组的同学移动蜡烛和光屏直至光屏上出现清晰的缩小的像，第八组至第十五组的同学移动蜡烛和光屏直至光屏上出现清晰的放大的像。 按要求进行实验。	培养动手能力、观察能力、科学探究精神、实事求是的科学态度、交流合作精神、创造意识。激励学生的自我表现意识与成功感。
让小组代表上前将物、像的位置在屏幕上用不同颜色的点标出来。 引出实像的概念。 由图像引导学生分析成倒立缩小实像时的条件并板书：u 大于 2f 倒立缩小实像。由图像引导学生分析成倒立放大实像时的条件并板书：f 小于 u 小于 2f 倒立放大实像。要求学生将蜡烛移到 u 小于 f 处，观察成像的情况。 不能呈现在光屏上的像是虚像，怎样才能看到此时的虚像呢？板书：u 小于 f 正立放大的虚像。 我们的猜想能得到验证吗？与焦距是否有关？同学们的问题都得到了答案吗？在实验中你还发现了什么新的问题？	多位学生代表上前将物、像的位置在屏幕上用不同颜色的点标出来。 小组分析讨论，得出结论。 实验并汇报：在光屏上观察不到像的情况，从光屏这一侧透过透镜就能观察到正立的放大的虚像。 实验并汇报观察到的情况。 学生思考并回答。	启发学生从实验数据中找出规律。数据较多，要加强引导。让学生自行总结出凸透镜成像规律，加深了对知识的认识和理解，突破了难点，培养了分析归纳的能力。

续表

教师活动	学生活动	设计意图
用多媒体动画再现凸透镜成像规律。演示凸透镜成像的规律。 请同学们再认真观察，能不能发现新的规律呢？ 移动动画中点燃的蜡烛从左向右逐渐靠近凸透镜。	学生观察将知识内化。 学生再次观察后总结出新的规律：一倍焦距处是成虚像和实像的分界点，二倍焦距处是成放大和缩小像的分界点；成实像时，物近像远像变大，成虚像时，物近像近像变小。	利用Flash动画提高了学生的学习兴趣，同时体现了新技术在教学中的运用，加强对凸透镜成像规律的理解。
现在请同学们解释一下，为什么用凸透镜近距离看课本上的图片和文字是正立、放大的？ 有一天边喝水边看书，不小心一滴水滴到课本上，看到如屏幕所示的现象。 请大家用提供的玻璃片、水和滴管动手操作并观察解释。	回答：因为这时书上的字位于一倍焦距以内成正立放大的虚像。 小组实验，用滴管将一滴水滴到玻璃片上，然后观察玻璃片下的字。 学生回答：水滴相当于凸透镜，当字位于它的一倍焦距以内时就能起到放大的作用。	让学生运用所学知识，解决实际问题。
教师引导学生回顾这节课的收获。 教师布置课外作业。	学生代表积极发言，畅谈这节课的收获。	帮助学生梳理本节课的知识体系。

续表

<table>
<tr><td colspan="3">七、教学评价设计</td></tr>
<tr><td colspan="3">教师引导学生对学习过程、知识和方法进行总结，梳理所学知识，并完成《学生自评项目表》。</td></tr>
<tr><td>评价项目</td><td>分数</td><td>评价标准</td></tr>
<tr><td>1. 是否能够根据所创设的情境，提出探究问题</td><td>10</td><td>能根据教师所提供的一些情境素材，提出所要探究的问题</td></tr>
<tr><td>2. 是否能够积极参加实验探究活动，增强合作意识</td><td>10</td><td>小组成员之间通过相互讨论能够进行实验设计，实验中分工合作并且通过探究实验得出结论。</td></tr>
<tr><td>3. 是否能够运用清晰准确的语言表达陈述</td><td>10</td><td>能够与组内成员交流并能运用清晰准确的语言描述实验现象和结论。</td></tr>
<tr><td>4. 是否得出凸透镜的成像规律</td><td>25</td><td>通过实验得到凸透镜的成像规律，并能分析一些问题。</td></tr>
<tr><td>5. 是否初步认识科学探究的意义和基本过程</td><td>25</td><td>初步认识科学探究的意义和基本过程，能提出自己的观点，设计实验，进行探究活动。</td></tr>
<tr><td>6. 是否能够学以致用，解决一些实际问题</td><td>20</td><td>运用所学的知识，分析和解决生活中的一些简单的实际问题。通过联系实际，将所学物理知识运用在生活中，体会物理从生活中来到生活中去的学习价值。</td></tr>
<tr><td colspan="3">评价说明：
对学生的评价标准如上 6 个方面。得分在 40 分以下课堂效率较低，40~60 分为一般，60~80 分非常好，80 分以上为优秀。</td></tr>
<tr><td colspan="3">八、板书设计</td></tr>
<tr><td colspan="3">探究凸透镜成像规律
物距范围　成像性质　应用
u 大于 2f　倒立、缩小、实像　照相机
2f 大于 u 大于 f　倒立、放大、实像　幻灯机
u 小于 f　正立、放大、虚像　放大镜</td></tr>
</table>

续表

九、教学反思
1. 物理新课程标准提出：学生是课堂的主体，课堂是真实的生活。教学应以人为本，注重学生的发展。故本课设计时破除以往物理教学中过分强调知识传承的习惯，以学生的活动为主，让学生在活动中经历探究过程，在活动中接受物理知识，在活动中培养团队合作和交流的能力。 2. 学生是有情感的个体，教学中应关注每一个学生，关注每一个学生的情感，让学生在该课中体会教师真心的关注，体会教师的爱，从而学会用所学的物理知识为社会作贡献。同时在师生共同营造的和谐、民主的氛围中，学生感受到知识的美好和力量，增强学习的信心，并能使学生获得积极、愉快、成功的体验，为学生今后的人生打下基础。 3. 教材中对于实验探究是这样安排的：先给出或测出凸透镜的焦距，再让学生观察 u 大于 2f、2f 大于 u 大于 f、u 小于 f 凸透镜的成像特点，把观察结果记录在表格中，分析得出结论，也就是直接给出成放大缩小、虚实像的分界点。对于学生来说，就会对探究时为什么选取一倍焦距和二倍焦距作为分界点产生疑问，有的学生会进一步提出当物距等于一倍焦距或二倍焦距时会成什么像呢？针对学生实际情况我是这样处理教材的：先不交待透镜的焦距，让学生动手实验观察一组不同性质的像，同时记录物距和相距。再把使用同焦距透镜得到的几组数据用 excel 表格进行排序处理，得到成虚实像的分界点、成放大缩小像的分界点。这样做可以使学生感到探究更加完善，且通过探究得到的规律更真实更可信。

案例三 《熔化和凝固》教学设计

设计思路

指导思想：

贯彻以学生发展为本的教学理念，以新课程标准为指导思想。

设计理念：

基于学生特点，本节课从熔化和凝固图片引入课题，激发学生的探究欲望，同时指出探究的课题。学生分组探究海波和松香熔化和凝固实验，各组通过汇报实验数据总结交流有关熔化和凝固的知识。学生利用图像分析整理实验数据，通过观察比较熔化凝固的图像得出结论，在此过程中掌握分析处理实验数据的方法。在整个教学过程中以学生为主体，分组合作探究，让学生体验探究的乐趣、合作的乐趣。

教材分析（教材内容的地位及作用）：

本节教材内容属于物态变化的基础章节之一，而熔化和凝固是物质最基本的特性之一，其物态变化的现象是生活中最常见、最熟悉的。学好本节内容对学习其他物质的特性有迁移作用。同时，本节课也是初中物理学习过程中第一次接触到的具有探究内容的课，对学生的探究能力的培养起到的作用是显而易见的。通过这节课的学习为今后探究性课题的学习打下坚实的基础。

学情分析：

八年级学生已经具备一定的观察、动手能力，形象思维比较好。学生喜欢动手，并可以提出一些问题，但归纳总结的能力有待进一步提高，对于较为抽象的知识理解比较困难。

教学目标

知识与技能：

1. 通过实验探究知道物质的固态和液态之间是可以转换的；

2. 通过实验探究知道熔化、凝固的含义；

3. 通过比较海波与松香的熔化和凝固过程，知道晶体和非晶体熔化与凝固过程的区别；

4. 会用图像描述熔化和凝固的过程；

5. 会查物质熔点表。

过程与方法：

1. 通过探究感知固体发生熔化都需要吸热；

2. 通过对海波、松香熔化过程的探究，知道判断固体有没有固定的熔化温度是区别晶体与非晶体的一种方法；

3. 通过探究活动中对数据的处理，了解图像是一种比较直观的表示物理过程的方法；

4. 通过探究活动体会一种新的学习方式，并感知探究的过程。

情感与评价：

1. 通过教学活动，形成对自然现象的关心和乐于探究自然现象的情感；

2. 通过探究实验过程，提高观察和实验能力，在实验过程中形成实事求是的科学态度；

3. 在探究过程中提高协作能力和团队精神；

4. 通过记录交流产生将自己的见解和他人交流的愿望，认识交流的重要性。

现代教学手段：多媒体课件展示。

教学重点

晶体熔化和凝固的规律，晶体的熔点和凝固点。

教学难点

用图像法进行数据处理、分析，区别晶体和非晶体。

教学准备

铁架台、酒精灯、石棉网、大烧杯、温水、大试管、海波、松香、温度计、搅拌器、火柴、放大镜，多媒体课件。

教学过程

教学过程			
教学环节	教师活动	学生活动	设计意图
引入新课	展示熔化和凝固图片 引导说出熔化和凝固的概念： 1. 熔化——物质从固态变成液态的过程。 2. 凝固——物质从液态变成固态的过程。	观察 理解	激情引趣，引出探究的课题。

续表

教学过程			
教学环节	教师活动	学生活动	设计意图
进行新课 一、观察松香和海波	1. 引导学生观察松香和海波的外形，找出区别。	学生通过放大镜观察海波和松香，指出区别。 海波：有规则的外形。 松香：没有规则的外形。	了解常见的晶体、非晶体。
二、分组实验：海波、松香的熔化和凝固规律 三、汇报实验数据，总结实验结论 四、讲解	2. 实验：探究海波、松香的熔化和凝固规律 （1）教师利用投影展示实验装置，指出“水浴法”加热海波的目的。 （2）投影实验中应观察的现象及注意事项。 教师巡查各组实验情况，帮助同学解决实验中的困难。 学生实验后，教师指出：表格中记录的实验数据较为杂乱，如何直观形象地体现实验的成果，组织各组汇报实验成果。 （3）说出海波在 AB、BC、CD 各个阶段所处的状态： AB 段：固态。 BC 段：固液共存态。 CD 段：液态。	实验：探究物质熔化的规律。小组分工合作，观察实验现象，记录实验数据。 讨论：可以利用图像描述实验数据，更加形象直观。 1. 海波熔化曲线 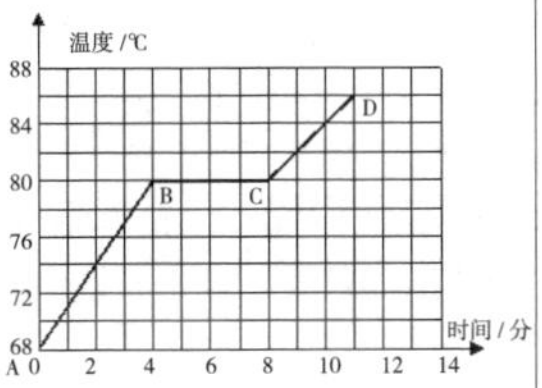 2. 松香熔化曲线 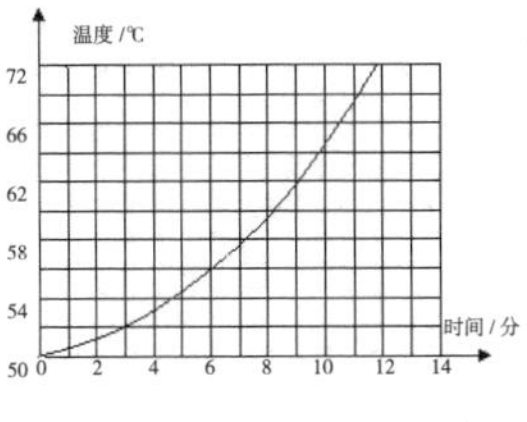	了解海波、松香熔化时的现象，以便总结物质熔化的规律。 学生在合作中交流，提高学生的实验探究能力、观察能力，使学生具备一定的实验数据处理的能力，掌握数据处理的方法。

续表

教学过程			
教学环节	教师活动	学生活动	设计意图
五、几种常见的晶体和非晶体 六、小结	总结：海波熔化时吸收热量，但温度不变。松香熔化时吸收热量，温度不断升高。 3. 固体物质分类 （1）晶体：在熔化过程中，尽管不断吸热，但温度却保持不变，即有固定熔化温度的固体。 （2）非晶态：在熔化过程中，只要不断吸热，温度就会不断升高，即没有固定熔化温度的固体。 4. 熔点——晶体熔化时的温度。 5. 晶体凝固时也有一定的温度，叫作凝固点。 6. 同种晶体的熔点和凝固点相同，而非晶体同样也没有凝固点。 7. 师生共同合作，大致描绘物质凝固曲线。 几种常见晶体： 明矾、石膏、水晶、食盐、铜矿石等。 几种常见的非晶体： 玻璃、蜂蜡、沥青、松香、塑料、橡胶等。 组织学生回顾本节课所学的主要内容。	学生利用图像整理实验数据。 小组汇报交流。 3. 熔化规律 熔化规律 晶体 非晶体 有固定熔点 没有一定的熔点 熔化过程中处于固液共存状态 熔化是慢慢软化的过程 熔化过程都需要吸收热量 4. 晶体熔化的条件 （1）达到熔点 （2）继续吸热 5. 晶体凝固的条件 （1）达到凝固点 （2）继续放热 观看课件：认识几种常见晶体和几种常见的非晶体。	体验合作的乐趣，学生在合作交流中掌握海波、松香的熔化规律。 识记熔化和凝固的概念，掌握晶体熔化和凝固的条件。

续表

教学过程			
教学环节	教师活动	学生活动	设计意图
七、学以致用	1. 请同学解释“下雪不冷化雪冷”这句俗语中包含的科学道理。 2. 现在某种物质，在 25 ℃时开始熔化，但直到 75 ℃才熔化完全。请问：这种物质是晶体还是非晶体? 3. 同学们请看下面这副对联，上联是“杯中冰水，水结冰冰温未降”；下联是“盘内水冰，冰化水水温不升”。对联包含的物质变化是____________________，反映一个共性是________________。 4. 联系生活：北方的冬季很冷，为了妥善保存蔬菜，都在菜窖里放几桶水，可以利用水结冰时放出热，窖内温度不致太低，保护菜不被冻坏。 5. 前沿科技：现在人们研制出一种聚乙烯材料，在 15℃ ~ 40℃的范围内熔化或凝固，而熔化或凝固时，温度保持不变。把这种材料制成颗粒状，掺在水泥中制成储热地板或墙壁，天气热时颗粒熔化，天气冷时又凝固成颗粒，能调节室内的温度。		
八、板书设计	第三节 熔化和凝固 一、熔化和凝固的概念 1. 熔化：物质由固态变成液态的过程。2. 凝固：物质由液态变成固态的过程。 二、探究固体熔化时温度的变化规律 1. 海波在熔化过程中继续吸收热量，温度保持不变； 2. 松香在熔化过程中继续吸收热量，温度逐渐上升； 3. 认识固体熔化曲线。 三、熔点和凝固点 1. 晶体：有一定熔化温度的固体。2. 熔点：晶体熔化时的温度。 3. 非晶体：没有一定熔化温度的固体。4. 凝固点：晶体凝固时的温度。 5. 同种物质的熔点和凝固点相同，不同物质的熔点不同。 四、熔化吸热、凝固放热 任何物质熔化都要吸收热量，凝固都要放出热量。		

教学反思

1. 本堂课充分体现了学生的主体地位，从知识学习、交流表达，到探究实验都是在教师的指导下有序地自主完成，在探究的整个过程中学生是主角，所有的内容都是由学生来完成的，将新课程的理念融入教学过程之中。

2. 条理比较清楚，每一个知识点的提出都能非常的自然，学生也比较能接受，将探究活动和知识点的掌握有机地结合在一起，在探究的过程中不忽视知识点的讲解，既达成了能力目标——科学方法的掌握，也达成了知识目标——知识点的掌握。

3. 整堂课侧重于科学方法的掌握，把学生的能力目标放在首位，有效地结合多媒体，较好地发挥多媒体的作用。

4. 为了解决凝固放热，设计了将海波和松香的凝固实验在空烧杯中完成，最后烧杯变得温暖，学生很自然地了解了凝固放热的特征。

5. 学生根据实验数据做曲线图时较困难，应加强指导。

6. 时间还是显得有些仓促，整节课显得比较匆忙。怎么样的实验才能既节省时间，又能较好地保证实验效果，有待探讨。

案例四 《二力平衡》教学设计

整体设计说明

本节课注重生活实际，是“牛顿第一定律”的深入学习，同时较好地渗透了“力与运动”的关系。通过复习“牛顿第一定律”和“相互作用力”，展示生活现象，再设计实验探究“二力平衡”的条件。这样不但充分表达了物理源于生活而用于生活的特点，而且能很好吸引住学生的注意力，教学目标也自然能达到了。

教材分析

本节课安排在学习《牛顿第一定律》之后，学习《摩擦力》之前。

教材的地位和作用：

1. 本节课是在学习了牛顿第一定律和惯性之后，对力的平衡进行研究，包括其定义和探究二力平衡的条件。

2. 这一节课内容是对牛顿第一定律进一步的诠释（不受力和受平衡力），也为后面学习摩擦力、压强和浮力奠定了重要的根底，二力平衡或说力的平衡是分析力学问题不可缺少的理论和方法，所以本节课是整个九年级物理的重点。

3. 科学探究是初中物理教学的重要内容，它是一种以问题为载体、以主动探究为特征的学习活动，是学生在教师的指导下，在学习中自主地发现问题、探究问题、获得结论的过程。本节课还安排了《探究二力平衡的条件》，让学生在自我探究过程中培养创造性思维的能力，激发探究意识，有利于充分发挥学生的主体作用，挖掘学生的潜能，培养其创造性思维能力。本次探究还为学生提供了一种研究问题的新方法，即忽略次要因素，抓住主要因素。

教法建议

本课有三个内容：平衡状态；二力平衡的条件；二力平衡的应用。一些学生对“牛顿第一定律”中的“物体不受力”的理解，停留在死记硬背，且不能够运用该定律来解决碰到的问题。对物体的运动状态而言，物体“受平衡力”与物体“不受力（合力为0）”是等效的。从而加深对“力与运动”的理解。所以本节课教师要根据学校的条件，灵活设计实验，让学生在动手实践中掌握。探究过程表达了教师的指导作用、学生的主导作用，培养学生在复杂情形下，通过分类的方法使思路清晰起来，并逐步总结出规律的能力。

学情分析

学生已经有了初步的画力的示意图的能力，了解了“牛顿第一定律”，知道力是改变物体运动状态的原因，但对物体受力时，物体的运动状态是否改变及如何改变并不清楚；同时对一些比较陌生的情境下物体受力分析还很模糊。本节课培养学生根据物体所处的状态来进行受力分析，突破相关的疑点。

学法引导

放手让学生动手做实验，认真观察，同时深入思考，然后小组同学之间相互讨论交流，归纳总结。这样来学习，既满足了学生的好奇心，也锻炼了学生的动手能力、沟通能力，自然也加深了对内容的理解。

教学目标

1. 知识与技能

（1）知道平衡状态是指物体处于静止或匀速直线运动状态；

（2）知道物体处于平衡状态时所受的力叫平衡力，最简单的平衡情况是二力平衡；

（3）理解二力平衡条件；

（4）能利用平衡条件解决简单的平衡问题。

2. 过程和方法

（1）通过实验探究二力平衡的条件，培养学生的概括能力；通过二力平衡的条件的应用，培养学生应用物理规律解决实际问题的能力。

（2）学法指导：研究物理问题，常从最简单的事物入手，逐渐对复杂事物进行研究，本节课是从多力平衡中最简单的二力平衡入手进行研究。

3. 情感、态度与价值观

（1）具有对科学的求知欲，乐于探索自然现象和日常生活中的物理学知识，有将科学技术应用于日常生活、社会实践的意识。

（2）通过探究与交流，使学生有将自己的见解公开并与他人讨论的愿望，认识交流合作的重要性，有主动与他人合作的精神。

重点难点

重点：（1）二力平衡条件；（2）根据平衡状态分析物体的受力情况。

难点：区分“二力平衡”与“相互作用力”。

课时安排

1课时。

教学过程

一、新课引入（约3分钟）

情景创设：（静止在桌面上的花瓶，正在匀速起吊的物体，正在匀速直线前进的汽车等）。

教师：刚刚我们所看到画面里的物体的运动有些什么特点?

学生：保持静止状态或在做匀速直线运动状态。

教师：它们为什么会保持静止状态或做匀速直线运动状态呢？回忆复习牛顿第一定律的内容。

学生答复：……

教师：既然物体在不受外力作用时，要保持静止状态或匀速直线运动状态，那么，我们能不能说保持静止状态或匀速直线运动状态的物体就不受外力的作用呢？生活中有没有受到两个力的作用且又能保持静止状态的物体呢？有没有受到两个力的作用匀速上升的物体呢？或者一个物体受到多个力的作用也能保持静止或匀速直线运动状态呢?

学生小组讨论、举例。

教师从同学们举例中选出两个实例：

①静止在桌面上的花瓶，受到重力和支持力的作用而保持静止。

②正在马路上作匀速直线运动的汽车。

请两名同学上台画出上述两例中物体的受力示意图。

实验证明：物体在受到外力作用的时候，也能够保持静止状态或匀速直线运动状态。

【设计意图】课始，通过对上节课内容的回忆，提出新的问题，引发学生的思考，通过学生讨论相互启发，引出本课课题。

二、新课讲解

1. 平衡状态与二力平衡（约2分钟）

教师：如果物体受到力的作用的时候，也能够保持静止状态或匀速直线运动状态，我们称之为“平衡状态”，物体在受到几个力作用时，如果物体保持静止或匀速直线运动状态，我们就说这几个力相互平衡。如果物体只受两个力的作用，使物体处于平衡状态，这就是二力平衡。

2. 探究二力平衡的条件（约20分钟）

实验设计讨论：

（1）需要选什么器材？

（2）如何改变小车两端拉力的大小？

（3）如何改变小车两端拉力的方向？

（4）如何根据小车的状态来判断“二力平衡”？

（5）表格设计。

引导学生分组讨论：

（1）小车、钩码等；

（2）通过改变钩码的数量来改变两端拉力的大小；

（3）通过扭转小车，改变拉力的方向；

（4）当小车处于静止状态时，那么就认为这两个力平衡了。

（5）表格设计：

小车在水平方向所受二力的情况			小车运动状态是否改变
大小	方向	是否在一条直线上	
不相等			
相等			
相等			
……			

活动一：研究在改变物体受力大小的情况下，物体在水平方向上的运动状态。

实验过程：学生分别用手使小车静止在桌面上，先后改变钩码的个数，放手后，请同学观察小车是否还静止不动？假设运动，小车向哪个方向运动？

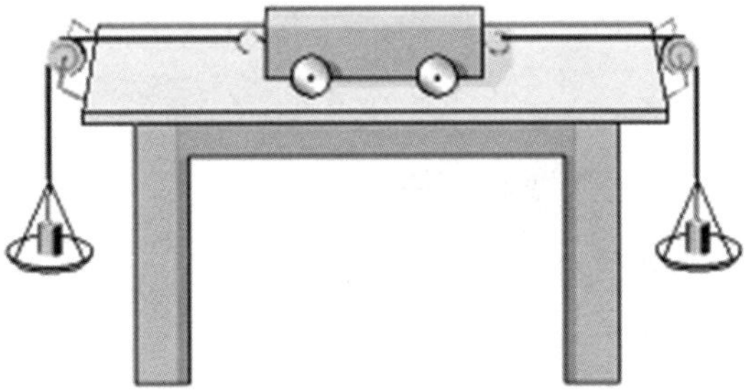

学生边做实验，边填写实验记录单。（内容包括：实验现象、得到结论）

学生汇报观察到的实验现象和所得到的结论。

师生互动：分析二力平衡的条件——两个力的大小关系。

得到结论：要使两个力相互平衡，两个力的大小必须相等。

活动二：研究在改变物体受力方向的情况下，物体的运动状态。

实验过程：将小车扭转一定的角度后，拉力的方向发生改变了，且不在同一直线上。观察小车的运动状况，并注意两根棉线最后在不在同一条直线上。

学生边做实验，边填写实验记录单。（内容包括：实验现象、得到结论）

学生汇报观察到的实验现象和所得到的结论。

师生互动：分析二力平衡的条件——两个力是否需要作用在同一条直线上。

得到结论：要使两个力相互平衡，两个力必须方向相反，且作用在同一条直线上。

综合讨论：

教师：作用在同一个物体上的两个力，需要满足哪些条件就是二力平衡了呢？

学生：作用在同一个物体上的两个力，必须大小相等、方向相反，且作用在同一条直线上，二力才能平衡。

教师：本实验中，对该装置有没有要改进的地方？请同学们讨论一下实验方案。

学生开展探究活动的实验方案。

教师对学生汇报的实验方案进行点评，并从中选出一个最优方案。

【设计意图】通过实验探究，小组合作实验、讨论交流，总结得出“二力平衡”的条件，注重知识的生成过程。

教师：力的作用是相互的，“作用力与反作用力”的关系与“二力平衡”有哪些异同点？

学生：

<table>
<tr><th colspan="2">比较</th><th>二力平衡</th><th>相互作用力</th></tr>
<tr><td rowspan="3">相同点</td><td>（1）大小</td><td colspan="2"></td></tr>
<tr><td>（2）方向</td><td colspan="2"></td></tr>
<tr><td>（3）是否共线</td><td colspan="2"></td></tr>
<tr><td rowspan="2">不同点</td><td>（1）是否同体</td><td></td><td></td></tr>
<tr><td>（2）同时性</td><td>一个力消失，另一个力________</td><td>同时________________</td></tr>
</table>

3. 二力平衡的应用

教师：受两个力的物体，如果处于静止状态或匀速直线运动状态，那么这两个力有什么特点?

学生：这两个力是一对平衡力。这个物体上的两个力大小相等、方向相反、作用在同一直线上。

教师：如果两个力为平衡力，那么物体的运动状态会发生改变吗? “力一定会改变物体的运动状态”这句话对吗?

学生：受平衡力作用的物体，运动状态不会发生改变，物体一定处于静止状态或匀速直线运动状态；所以物体受到了力的作用，它的运动状态不一定会发生改变。

教师：二力平衡条件对我们有什么用处? 你可以利用这些知识解决哪些问题?

学生合作讨论。归纳：改变其中一个力的大小、改变其中一个力的方向、让二力不是作用在同一条直线上或作用在同一个物体上，就能改变物体的运动状态。

【设计意图】通过提出需求，引导学生讨论“二力平衡”的应用，加深对“力与运动”的理解。

三、课堂小结（约2分钟）

让学生归纳这节课学到的知识。

四、课堂例题（约5分钟）投影

1. 一辆重为1.5×10^4 N的小汽车，当它以60 km/h的速度在水平路面上匀速行驶时受到牵引力为2 000 N，那么汽车受到的阻力为________N；当它停在水平路面上时，它受到的支持力为__________N。

2. 在“探究二力平衡条件”的活动中，主要是通过探究力对物体的作用效果来实现探究目的。如以下列图所示是可供选择的两种探究方案。

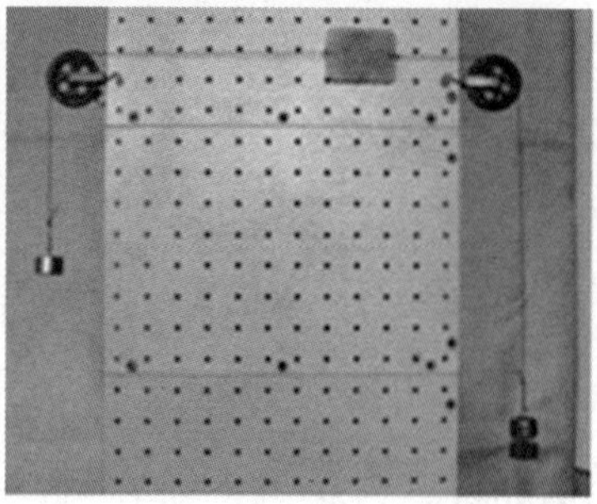

A

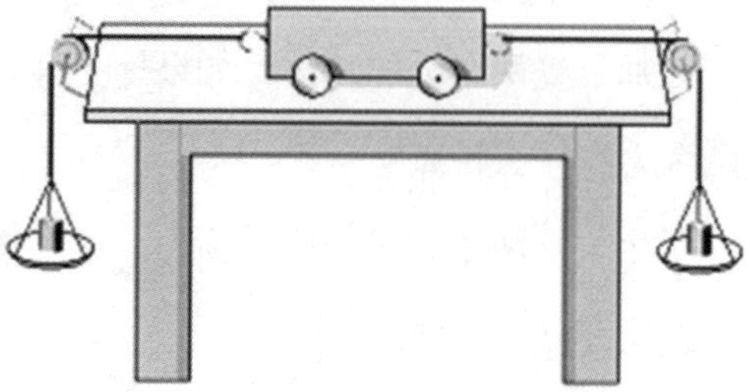

B

（1）图 A 的探究方案中研究对象是小卡片，图 B 的探究方案中研究对象是______________；

（2）小光选择了图 A 所示的探究方案。他将系于小卡片两对角的细线分别跨过左右支架上的滑轮后，就在两线端挂上钩码。这是用于探究两个力的________和________对物体平衡的影响；

（3）探究活动中还要求要把小卡片转过一个角度，然后再松手。这样做的目的是用于探究不在__________上的两个力对物体平衡的影响。

（4）两个探究方案相比较，你认为哪个方案的探究过程对实验结论的影响小一些？为什么？

五、布置作业

【设计意图】通过学生自己总结和归纳，以及达标测试演练、课后作业等方式，是运用不同的方法来考核评价学生这节课所学的知识技能与思想方法的掌握情况。

板书设计

一、平衡状态：物体处于静止或匀速直线运动状态

二、二力平衡

1. 作用在同一物体上的两个力，如果大小相等、方向相反，且作用在同一条直线上，那么这两个力相互平衡。

记忆：同体、等值、反向、共线。

2. 二力平衡与相互作用力的主要区别：是否同体。

三、二力平衡的应用

举例说明。

教学反思

本节课通过观看视频、演示实验和学生分组实验，把要研究的物理现象生动地展现在学生的面前，使学生通过平常熟知的生活现象，了解其背后的物理规律。使其感到惊奇，产生疑问，引起思考，激发兴趣。为了化解本节课的难点突出重点，在教学过程中设计学生实验，让学生经历“提出问题——实验探究——交流评估”这一个性化的过程，去主动突破教学重难点，通过与“相互作用力”的比照，剖析易错点，使学生不仅知其然，而且知其所以然。

第三章　初中物理大单元教学设计的实践创新策略

《义务教育课程方案（2022年版）》指出“探索大单元教学，积极开展主题化、项目式学习等综合性教学活动，促进学生举一反三，融会贯通，加强知识间的内在关联，促进知识结构化”。大单元教学以发展学生核心素养为目的，以学科各章为内容基础，以任务、主题为线索统领，创设真实情境、解决真实问题，促进学生通过完成一系列学习活动来建构知识、提升能力、发展素养。积极探索大单元教学设计与实践，是进一步深化课堂教学改革的关键切入口。本文将初步阐述大单元教学的意义和内涵，明确大单元教学设计的要素以及具体的实施策略。

一、大单元教学的意义

当前，多数物理教师都是按照教材的编排顺序，以课时为单位进行教学设计并组织教学活动。教师在备课时，教学目标的制订、教学内容的选择、教学手段及方法都围绕着课时内容来展开。教师精力聚焦在每节课内容上，对各个知识点、章节之间的内在联系重视程度不够，导致物理知识繁多而碎片化。同时，实际教学涉及的情境往往是教师将生活中的某类物理现象、某个研究对象进行“初步模型化”的处理。学生观察的现象、思考的问题并不是来自真实世界的实际问题，学生所做的课后练习也偏重于模型化、简单化，这就造成学生解决真实问题能力不足，影响核心素养的发展。课时教学设计过于碎片化、模型化，很难将物理知识及知识中隐藏的思想、方法融合成有机的整体。

因此，为落实发展学生核心素养的课程目标，实际教学设计过程要在课程目标与课时目标之间建立桥梁，跳出微观视角，从中观层面架构物理教学，也就是从单元或更大的范畴进行整体设计。教师要提高教学设计站位，立足于大单元，上接核心素养，下联物理知识，聚焦单元目标、内容、结构分析，挖掘育人价值，将课时教学中体现较弱的思维方法、态度情感目标纳入单元整体结构中，从而破解“只见树木、不见森林”的困境。教师要在深度分析新课标，研究教材核心内容，分析基本学情的基础上组建大单元、确定主题，明确目标、设计任务与活动，完善作业设计与评价。对课程内容进行“大单元整体设计”是培养核心素养、深化课程改革的重要途径。

二、大单元教学的内涵与构成要素

单元教学设计首先应明确大单元教学的内涵及构成单元教学设计的要素。

（一）大单元教学的内涵

华东师范大学崔允漷教授认为“单元就是将素养目标、课时、情境、任务、知识点等要素按某种需求和规范组织起来，形成一个有结构的整体”。北京师范大学郭华教授认为“单元是指学科课程实施的单元，选择有利于培养学科核心素养的教学内容和情景素材进行教学，通常以主题为中心”。物理学科的“大单元”往往以教材中的“章”或物理知识体系的“领域”等来划分。根据目前教学现状，新授课尽量用好教材资源，按教材的“章”来规划单元，根据学生实际进行必要的“拆”与“和”；复习课则按照知识体系进行部分“章”的重组与整合，可以按照力（声）、热、光、电知识体系或物质、相互作用及能量三大主题进行单元教学设计。大单元教学立足发展核心素养，按照单元教学目标，综合利用各种教学形式和策略组织并展开系列教学活动，学生会经历相对完整的知识单元学习。进行单元教学设计，教师需要了解初中物理教材的基本内容、知识体系、结构特点及各知识之间的内在逻辑关系；再结合学情和具体教学内容选择合适的单元主题，以任务或问题等方式设计学习活动。

（二）大单元教学设计的构成要素

大单元教学设计主要由单元主题、目标、策略、活动、过程和评价六个基本要素构成。单元主题是根据新课标、单元学习内容、学生认知特点而设定的，主题要结合生活实际，反映学生身边常见事例，激发学生的学习热情与动力。单元目标要在仔细研读新课标内容标准的基础上，从物理观念、科学思维、科学探究以及科学态度与责任四个维度来制定。教学策略是为了完成教学目标、教学任务所采用的方法、媒体和组织形式等教学措施构成的综合性方案。教学活动要结合单元主题、问题或任务的具体内容来设定不同类型的活动，活动要围绕着发展学生核心素养、锻炼技能、启迪智慧、体验积极情感、形成正确价值观来设定。教学过程要将单元设计的大任务或大问题分解为若干小任务或小问题，教学过程则是按照系列小任务或小问题进行课时设计。教学过程要凸显学生主体地位，围绕学生素养的发展而展开系列关键核心问题或任务。在整个单元教学设计中，教学评价贯穿单元教学的始终，是依据教学目标对教学过程及结果进行价值判断的活动，是对教学活动现实的或潜在的价值作出判断的过程。基于单元教学设计的教学评价强调过程性评价和形成性评价，实现持续性评价。

三、大单元教学设计的实施策略

（一）优选单元教学主题，契合核心概念规律的建构与应用

单元教学主题由课程标准、教材所呈现的单元教学内容决定，单元教学主题是单元教学内容结构化、情境化的体现。对教师而言，确定单元教学主题是一项新的挑战与研究。在以往的教学过程中，教师的备课立足点局限在课时设计，围绕着核心物理概念或规律，教师能够较为游刃有余地组织教学资源进行新知建构。而将立足点从微观层面移至中观层面，需要教师对整个单元的知识结构有系统的认识，并能够准确把握主干知识，找到顺应知识结构展开的适切的教学主题。单元教学主题的确立不仅包含有逻辑的教学内容，还要符合学生的认知规律，从而统筹安排。

例如，人教版八年级上册第四章《光现象》主要介绍光的直线传播、反射和折射三个传播规律，可以围绕“光的传播径迹”来展开探究学习；第十七章《欧姆定律》，可以围绕“谁在操纵电流”这一接地气的主题来展开探究。单元教学主题还可以从学生前概念中挖掘，以澄清前科学概念为任务的单元教学，为学生建构经历认知冲突的、具有挑战性的探究情境，通过由朴素认识向科学认识深入或者由错误概念向科学概念转变的过程，实现高阶思维的培养。

（二）制定单元教学目标，搭建课程目标与课时目标的桥梁

《义务教育物理课程标准（2022年版）》提出的课程目标是要培养和发展学生的核心素养，具体表现在物理观念、科学思维、科学探究、科学态度与责任。这是从课程宏观层面提出高度概括的目标表述。而教师在日常备课

中往往从课时角度来制定教学目标。课时教学目标围绕某一具体课时的知识内容制定。教师更关注知识与技能层面的目标，而忽视学生正确价值观及关键品格等的培养。单元教学目标在细化素养目标的同时又能够关注课时教学目标，有效搭建起课程目标和课时教学目标之间的桥梁。教师要拓宽教育教学视野，站在育人为本、发展学生核心素养为导向的新教学高度上，系统而全面地对课标、教材及学情进行有效分析，完成从整体到单元再到每节课的设计。

例如，人教版八年级上册第六章《质量和密度》主要从物质的存在、分类及守恒三个维度来发展学生的物质观。物理学的研究对象是客观世界中的物质，从微观尺度的粒子到整个宇宙都是物理学的研究范围。物质观的建立，决定了学生对物理学研究对象的理解，是建立其他物理观念的基础。如果从每节课时的角度，教师会聚焦在“质量”“密度”“密度的测量”等具体内容的教学上，学生头脑中会形成一个个零散的概念，但很难形成初步的物质观念。因此，教师需要从单元教学目标视角上，打破知识与知识间壁垒，以“鉴别物质”“为材料做标签”等整体任务引领，从完成任务本身所需要的知识、技能、思维方法等要点出发，引领学生在“做中学”。这就要求教师要从全局视角、核心素养的具体维度来审视教学内容，制定单元教学目标。

（三）以任务或问题驱动，促进学生真实问题解决能力提升

基于单元教学主题、目标及内容，具体教学展开要以大任务、大问题为索引将单元学习内容有机整合；再以课时为单位，将大任务、大问题再分解为若干子任务、子问题。这里，单元大任务或大问题是指基于单元核心内容和关键问题，具有真实情境且有一定意义和价值的表现性任务或问题。单元大任务或大问题能够承载单元核心知识和原理、方法观点等，能够促进学生

形成结构性、系统性的知识网络，形成物理观念，形成物理思维，掌握物理方法，实现课程所蕴含的物理育人价值。

例如，人教版九年级第十八章《电功率》这一章，结合学生生活经验，可以创设“为家里挑选合适电饭锅”这一大任务，将单元中“电能”“电功”“电功率”这些重要物理概念整合在大任务中。学生在讨论任务时会生成一系列的子问题。例如，学生对老师展示的各种型号电饭锅的“铭牌”比较困惑：额定电压是不是常说的家庭电路电压？额定功率是什么意思？如何选择电饭锅的容量？怎么判断哪种电饭锅省时或省电？额定功率小就能省电吗？如何测量电饭锅实际使用过程中的电功率？带着“选择合适电饭锅”的大任务及一系列子问题，学生开始电功率单元的学习实践活动。在实际教学中，问题与问题之间的逻辑关系会因为不同学生思维方式的不同呈现复杂化。教师需要引领学生将知识内在的有机联系贯穿于完成大任务当中。可以说，单元教学设计中的任务或问题作为学习的桥梁，驱动学习的发生。这和实际生活中解决问题的过程相近，有利于激发学生学习动机。在“做中学”，在“用中学”，能够引领学生全面深入理解知识的内涵，帮助学生形成物理观念。

总的来说，大单元教学设计是以“核心素养”为索引制定教学目标；以“真实情境”来确定大单元主题，从学生亲身参与完成大任务、解决大问题的过程中具体规划系列子任务或子问题，将子任务或问题放到单元内部的课时内容中，从而系统有机地规划设计单元教学。从大单元的视角来创新性地设计教学活动，有利于减少以往学习过程中过多的“坐而论道”，而真正带领学生从生活、生产实际当中思考、解决真实问题，这样有利于学生在建构学习过程中高效而充分地理解知识、知识间的联系及知识的应用，有利于学生核心素养的发展。

案例 《透镜及其应用》大单元教学设计

核心素养导向下的“大单元教学设计”，要求教师建立好学科核心素养与学科核心内容之间的关系，依据课程标准和教材，选择有利于培养学科核心素养的教学内容和情境素材，制定学习目标、选择学科内容、设计学习活动、开展课堂教学、进行学习评价，环环紧扣，使学科核心素养具体化，可培养、可干预、可评价。“大单元教学设计”是指以大主题或大任务为中心，对学习内容进行分析、整合、重组和开发，形成具有明确的主题（或专题、话题、大问题）、目标、任务、情境、活动、评价等要素的一个结构化的具有多种课型的统筹规划和科学设计，而实践研究则是教师将“大单元教学设计”在课堂上落地实施与呈现的过程。

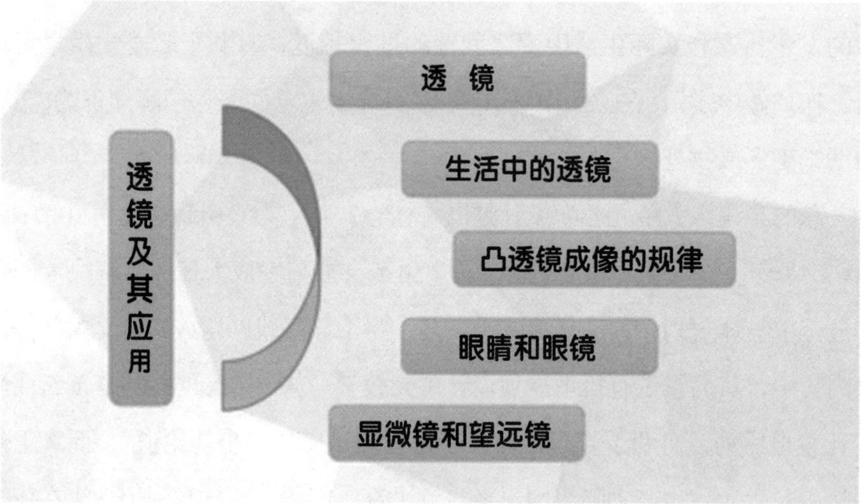

一、提炼单元主题

（一）课标要求

1. 认识凸透镜的会聚作用和凹透镜的发散作用。探究并知道凸透镜成像的规律。了解凸透镜成像规律的应用。2. 了解人类探索太阳系及宇宙的历程，知道对宇宙的探索将不断深入，关注探索宇宙的一些重大活动。

（二）教材分析

透镜是上一章“光的折射”知识的重要应用。通过本章和上一章的学习，学生将对经典物理学的古老分支——几何光学的基本概念和基本规律形成初步认识，能够解释生活中常见光学仪器的成像原理，了解近视眼和远视眼的成因及矫正方法，经历猜想与假设、分析与论证等探究过程并掌握相应的科学方法，为后续学习奠定基础。教材在内容安排上诠释了课程标准“注重科学探究”“从生活走向物理，从物理走向社会”的基本理念。第一节：介绍透镜的基本知识，使学生对透镜的分类及其对光的作用有所认识。第二节：通过介绍照相机、投影仪和放大镜的成像特点使学生获得具体、生动的感性认识，为提出探究问题埋下伏笔。第三节：“凸透镜成像规律”是本章的核心内容，既有过程性要求，又有终结性要求，即学生要通过自己的实验探究活动学习这个规律，同时也要知道规律的结论，并了解这个规律在实际中的应用。第四节、第五节：是对透镜成像规律的实际应用，不仅帮助学生巩固了所学知识，而且使学生进一步体会物理与生活的密切联系。

（三）学情分析

1. 已有相关知识经验：①对光的折射现象有一定的知识基础。②对生活中的透镜以及成像特点有一定的感性认识。③已经经历过完整科学探究过程，具有初步的科学探究能力。2. 可能存在的学习困难：探究凸透镜成像规律是一个相对比较完整的探究活动，而且有较大难度。难点一，学生进行探究时缺乏猜想的基础。第2节介绍生活中的透镜以使学生对生活中常用的凸透镜及其成像特点在头脑中形成初步的、具体的感性认识，以此为基础引导学生对凸透镜成像规律作出一些初步的合理的猜想。难点二，本实验对“进行实验与收集证据”和“分析与论证”两个环节能力要求较高。实验探究过程要让学生的主要精力用于收集实验数据并对其进行比较和分析，据此总结出凸透镜成像的规律。

根据以上三个方面的分析提炼大单元主题并构建单元任务框架：

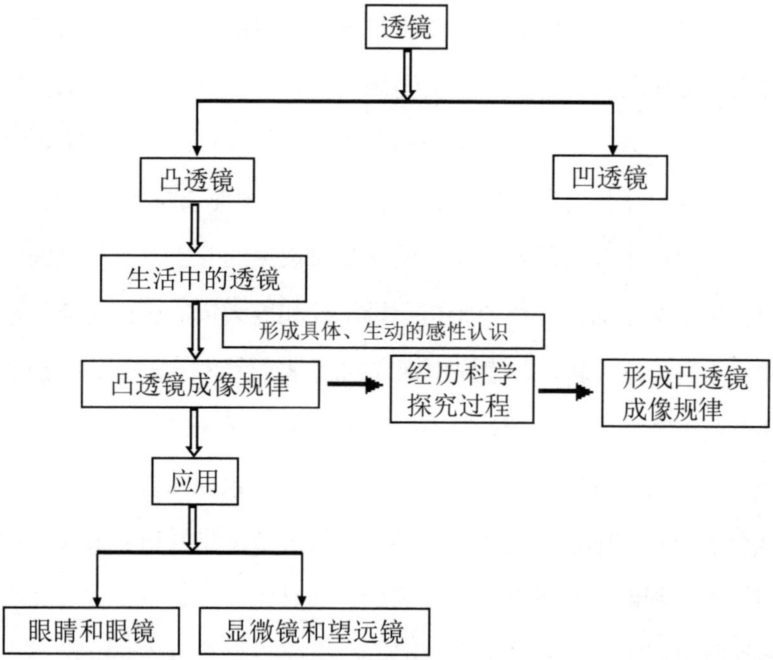

二、建构单元课程

（一）课时安排

课时设置	课时内容	课时目标
第一节	透镜 （新授课）	1. 认识凸透镜和凹透镜，了解透镜的主轴、光心、焦点和焦距。 2. 通过观察，认识凸透镜的光的会聚作用和凹透镜对光的发散作用。 3. 能画出特殊光线经过透镜后的折射的光路图。
第二节	生活中的透镜 （新授课）	1. 了解放大镜、照相机、幻灯机和投影仪的成像特点。 2. 通过模拟照相机和幻灯机的使用，学会调节成像大小的方法。 3. 了解实像和虚像的形成特点。 4. 初步形成将科学技术应用于实际的意识。
第三、四节	凸透镜成像的规律 （新授课）	1. 通过实验探究，得到凸透镜成像的规律。 2. 用凸透镜成像的规律解释一些生活现象。 3. 画光路图，理解凸透镜成像的原理。 学习凸透镜成像的应用，加深对“生活中的透镜”的理解。
第五节	眼睛和眼镜 （新授课）	1. 了解眼睛的构造，知道眼睛是怎样看见物体的。 2. 通过模拟眼睛成像活动，经历、体验眼睛成像的原理。 3. 了解眼镜是怎样矫正视力的。 4. 具有眼保健意识。
第六节	显微镜和望远镜 （新授课）	1. 认识光学显微镜和开普勒望远镜的主要结构。 2. 能说出显微镜、望远镜的物镜和目镜成像情况。
第七节	复习与小结	典型例题分析，归纳总结。

（二）教学活动设计

活动设计	设计意图	活动评价	评价任务样例
活动 1： （1）凸透镜和凹透镜哪个能使太阳光会聚在一点上？ （2）什么是凸透镜的焦点，如何粗测凸透镜的焦距？	1. 体会凸透镜对光的会聚作用； 2. 尝试粗测凸透镜的焦距，培养学生动手操作与语言表达的能力。	评价方法： 现场评价。 评价指标： ①能通过操作判断凸透镜和凹透镜哪个能使太阳光会聚在一点上；②能粗测凸透镜的焦距；③能有效组织语言进行交流展示。	基础巩固： 早在 1600 多年前，晋代学者张华就在《博物志》中写道：“削冰令圆，举以向日，以艾承其影，则得火。”这就是冰透镜取火的典故。此时的冰透镜相当于凸透镜，对光有会聚作用，艾草放在冰透镜的焦点处很容易燃烧。 拓展提升： 小明想利用太阳光测量凸透镜的焦距，于是找来了一个凸透镜和一张白纸，请你帮他设计实验方案。 （1）还需要的测量工具：________。 （2）实验步骤：____________。
活动 2： 自制照相机、剖析投影仪、使用放大镜，总结成像特点。	通过动手操作、观察分析、对比总结，体会凸透镜在三种仪器上所成像的不同，初步形成对凸透镜成像特点的感性认识。	评价方法： 现场评价。 评价指标： ①操作规范有序、现象明显；②活动中组内能有序组织、互相配合与交流，属于有效合作。	基础巩固： 凸透镜是许多光学仪器的重要元件，可以呈现不同的像。应用凸透镜，在照相机中成______、______立的像；通过投影仪成______、______立的______像；用凸透镜做放大镜时，成______、______立的______像。 拓展提升： 手持一个凸透镜，在室内的白墙和窗户之间移动（离墙近些），在墙上能看到什么？这个现象启发我们，阴天怎样估测凸透镜的焦距？为使估测结果更准确，操作时应注意什么？

续表

活动设计	设计意图	活动评价	评价任务样例
活动 3： 探究凸透镜成像的规律。	经历科学探究的过程，提升猜想与实验操作的能力、提升对证据的分析与论证的能力，体会实验探究活动在认识事物过程中的重要意义。	评价方法： 现场评价。 评价指标： ①操作规范有序、注意数据收集；②数据收集完成后，围绕主题，进行分析与论证，总结出凸透镜的成像规律，并进行交流表达。	基础巩固： 在探究“凸透镜成像规律”的实验中。 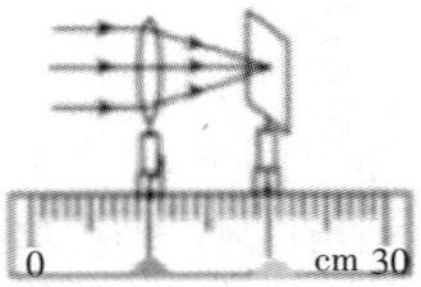 甲 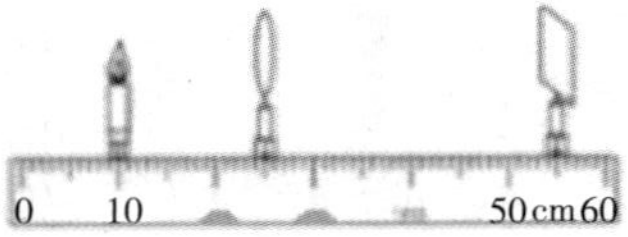 乙 （1）如图甲，平行光正对凸透镜照射，光屏上出现一个最小最亮的光斑，则凸透镜的焦距 f=_____ cm。 （2）实验前要调整烛焰的焰心、透镜的光心、光屏的中心在同一高度，目的是__________。 （3）如图乙所示位置时光屏上恰好得到一个清晰的像，生活中的（选填“照相机”“投影仪”或“放大镜”）就是利用此成像原理工作的。 （4）实验过程中蜡烛由于燃烧而变短，则光屏上烛焰的像将向______（选填“上”或“下”）移动。

续表

活动设计	设计意图	活动评价	评价任务样例
活动 3： 探究凸透镜成像的规律。	经历科学探究的过程，提升猜想与实验操作的能力、提升对证据的分析与论证的能力，体会实验探究活动在认识事物过程中的重要意义。	评价方法： 现场评价。 评价指标： ①操作规范有序、注意数据收集；②数据收集完成后，围绕主题，进行分析与论证，总结出凸透镜的成像规律，并进行交流表达。	（5）当光屏上出现清晰的像时，用遮光板挡住透镜的上半部分，我们观察光屏时，光屏上会看到_______。 A. 蜡烛像的下半部分　　B. 蜡烛像的上半部分 C. 蜡烛成完整的像，像的亮度变暗 D. 蜡烛成完整的像，像的亮度不变 拓展提升： （6）如图乙，光屏上呈现清晰的像，如果将蜡烛和光屏的位置对换，发现在光屏上仍能成一清晰的像，此时像的性质是倒立、_______（选填“放大”或“缩小”）的实像。 （7）如图乙，若用“p”字样的发光体替代蜡烛作为光源，又用同样的白色方格板做成光屏，光源“p”放在 0cm 处，所成像的形状为______。 A.q　B.p　C.d　D.b

续表

活动设计	设计意图	活动评价	评价任务样例
活动 4: 自制水透镜探究近视眼和远视眼的成因与矫正办法。	进一步体会实验探究活动在认识事物过程中的重要意义。	评价方法: 现场评价。 评价指标: ①操作规范有序、能对比归纳总结出结论；②活动中组内能有序组织、互相配合与交流，属于有效合作。	基础巩固: 下图表示近视眼或远视眼成像特点及矫正情形，下列说法正确的是（ ） 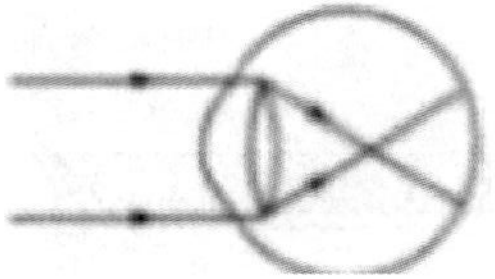 表示近视能看清远处的景物 A 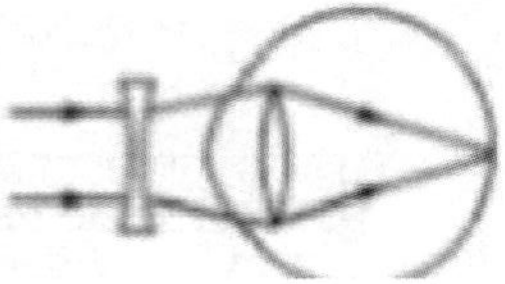 表示可用凹透镜矫正近视 B 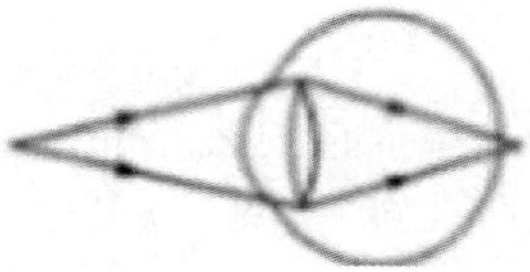 表示近视的成像特点 C 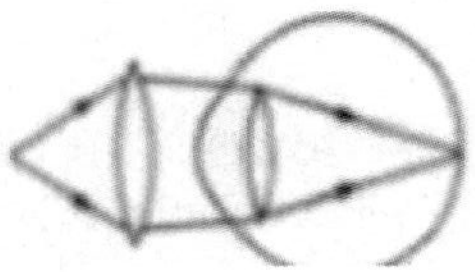 表示配戴凸透镜后，远视眼晶状体的焦距变小 D

续表

活动设计	设计意图	活动评价	评价任务样例
活动 4： 自制水透镜探究近视眼和远视眼的成因与矫正办法。	进一步体会实验探究活动在认识事物过程中的重要意义。	评价方法： 现场评价。 评价指标： ①操作规范有序、能对比归纳总结出结论；②活动中组内能有序组织、互相配合与交流，属于有效合作。	拓展提升： 在探究“近视眼的矫正”课外实验中：（1）调整烛焰（模拟远处所示物）、水凸透镜（模拟人眼晶状体，并与注射器相连，其凸起程度可通过注射器注入或吸取水来调节）、光屏（模拟人眼视网膜）在光具座上的位置，如图所示，此时在光屏上得到了烛焰清晰的像，该像是倒立、________的________像。 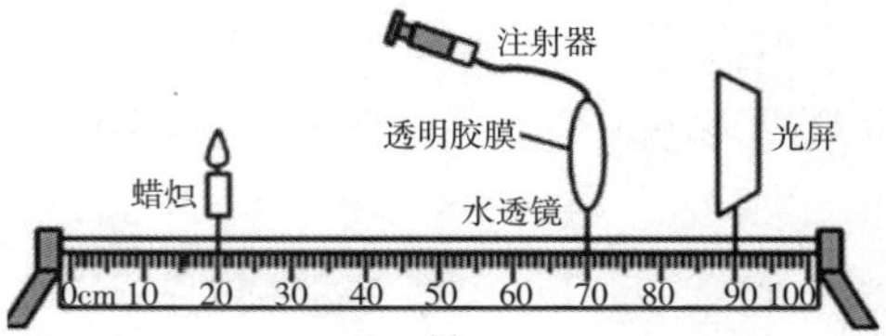 甲 向水凸透镜内________（选填“注入”或“吸取”）适量水来模拟近视眼，发现光屏上原来清晰的像变模糊了；若将光屏向靠近透镜的方向移动适当距离，再次得到清晰的像，说明近视眼将远处的物体成像在视网膜________（选填“前”或“后”）方。

续表

活动设计	设计意图	活动评价	评价任务样例
活动 5： 小组为单位交流展示拓展性学习，如反射望远镜、折射望远镜、哈勃空间望远镜、郭守敬望远镜、500 米口径球面射电望远镜等。	引导学生了解望远镜与显微镜的发展历程，关注人类探索宇宙重大活动，体会科学技术对社会和人类生活的影响，增强社会责任感和民族自豪感。	评价方法： 现场评价。 评价指标： 表达清晰正确。	基础巩固： 用显微镜和开普勒望远镜观察物体，下列说法中正确的是（ ） A. 显微镜和望远镜的物镜作用相同，都能得到物体倒立、放大的实像。 B. 显微镜和望远镜的目镜作用相同，都能将物镜成的像放大。 C. 用显微镜和望远镜所观察的像与物体比较都是放大的。 D. 用显微镜和望远镜观察物体时，都得到缩小的像。 拓展提升： 收集人类探索宇宙历程的资料，自拟题目就你喜欢的相关问题写一篇科学小短文，积极分享给小伙伴们。

（三）单元作业设计

1. 单元作业形式

（1）基础巩固

以真实情境为依托，以教学目标的达成为依据进行阶梯式设计，发挥作业的诊断功能，注意避免重复和机械化的训练，切实减轻学生课业负担。

（2）拓展提升

注重对知识的应用，设置具有一定的综合性、实践性和开放性的任务。注意控制任务布置的难度，要符合维果斯基的“最近发展区理论”，起到调动学生积极性的作用，最大限度地发展学生的潜能。

2. 作业分层策略

新课程理念下，多元化的作业除了要落实和巩固知识目标外，更需要落实能力目标、学科素养目标等，最终达到学会学习的目标。

在实施“双减”这一前提下，物理作业不应是重复地刷题，而应该是让学生形成学科理念、提高学科素养的基本途径。

基于此，每个课时的作业可以从以下两个角度进行设计：

（1）针对学生兴趣设置多种套餐供学生选择，教师做好作业的合理搭配工作。

（2）根据学生的学情差异，布置不同标准的作业，学生可以根据自己的实际情况选择不同层次的作业包，教师要对同一知识点进行不同层次的细化。有兴趣的学生也可以自主选择层次更高的作业来挑战自我。

（四）单元教学反思

在大单元教学设计中加入习题课这一课型的设计，目的是给学生搭建平台，鼓励他们主动学习，勇于表达，积极讨论，使学生真正做到集中精力、全情投入、活跃思维、互学互助，从而实现提升与创新，建构生生互帮互促的良性教学环境。

第四章　初中物理实验教学创新策略

第一节　创新物理实验，提升科学思维

科学思维是物理课程核心素养的重要组成，在物理教学过程中，有时教师可以依据某些物理原理，或物理规律，构建物理模型，进行创新性实验，让学生亲身体验，引导学生理性思维，从而提升学生的科学思维素养。本节以初中物理教材中几个常见实验为例，探讨学生模型建构、推理论证、质疑创新能力的培养。

科学思维是建构物理模型的抽象概括过程，是从物理学视角对物质世界的本质属性、内在规律以及相互联系的认识方式，是推理论证等方法在物理教学中的具体应用，是激发学生智慧火花后，促使他们大胆质疑，形成创新思维的高度体现。实验又是发展学生科学思维的有效抓手，实验是物理学科实践的典型方式，新课程新课标特别强调要强化学科实践，因此，在具体教学中，通过实验创新培养学生科学思维，显得尤为必要。

一、通过实验创新，培养学生的模型建构能力

创新实验1：杠杆的模型建构

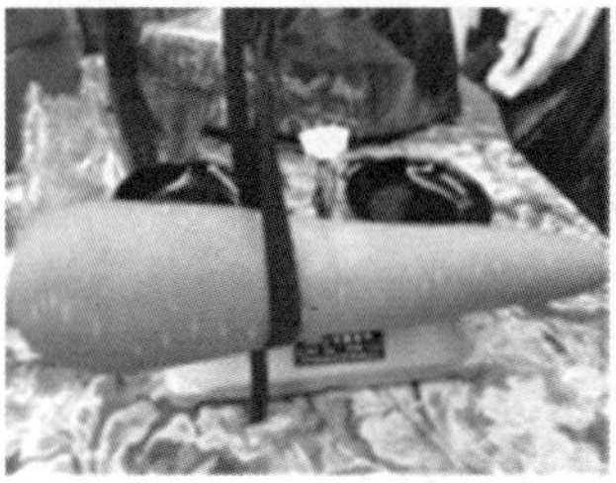

图 4-1-1　用线悬挂萝卜

图 4-1-2　测量两段萝卜

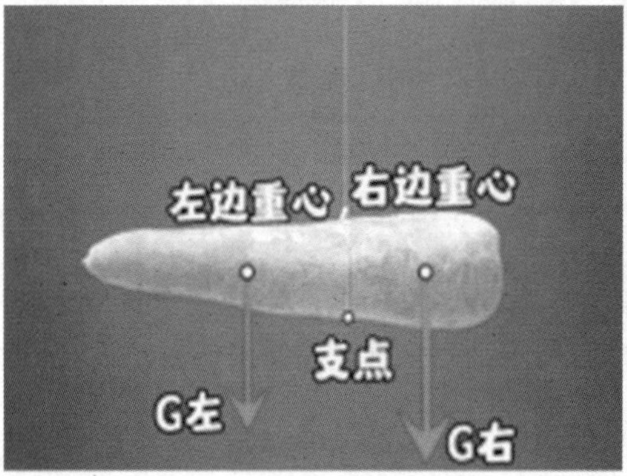

图 4-1-3　杠杆受力情况

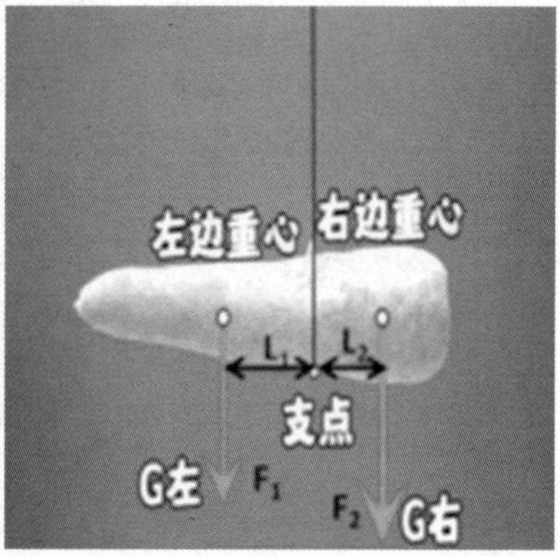

图 4-1-4　杠杆受力情况分析

模型建构是科学思维的重要组成，它包括情境、问题和过程，杠杆模型是初中物理教材中的典型模型，下面以杠杆为例，阐述模型建构的重要性。构设情境：如图4-1-1，将一粗细不均匀的胡萝卜用细线竖直悬挂，当胡萝卜处于水平位置平衡时，发现悬挂点距粗的一侧端点距离近，距细的一侧端点距离远。问题呈现：老师给出问题，如果从悬挂点处切一刀，是左侧粗的半段胡萝卜重还是右侧细的半段胡萝卜重？学生们议论纷纷，有的说细的那

段重，还有的说两段一样重。如图4-1-2，老师说，眼见为实，让我们测一测吧。于是用天平把两段萝卜分别做了测量，结果发现是粗的那段重，细的那段轻。多数学生显得很诧异，他们认为细的一侧那么长，应该是细的一端重啊，还有学生认为萝卜悬挂后达到水平位置平衡，悬挂点就是它的重心，从重心处分割，左右两段应该是一样重。通过现实情境和问题呈现，原有的认识概念与真实的实验现象对比，使学生产生了认知冲突。学生在争论中激发出思维的火花，在思维碰撞中深度思考：这究竟是什么原因？老师顺水推舟：如图4-1-3，对此状态下杠杆的受力等情况进行分析，标出支点、动力、阻力三个要素，进而引出动力臂和阻力臂（如图4-1-4），杠杆的模型建构基本完成，为后续研究杠杆平衡的条件做好了铺垫，打下了基础。通过经历杠杆模型建构历程，我们发现情境是模型建构的基础和载体，问题质疑是模型建构的助推器，过程是模型建构需要强调学生经历体验、强化认知。实施实验创新，针对典型模型进行合理模型建构，对于发展学生科学思维至关重要。

二、通过实验创新，培养学生的推理论证能力

推理论证是核心素养中科学思维的主要组成部分，在《义务教育物理课程标准（2022年版）》中，关于核心素养的质量标准中明确指出，“在归纳或演绎中会引用证据，养成使用证据的习惯”。这就要求我们要创造条件，引导学生去尊重证据、寻找证据，进而会使用证据进行解释。实验创新，就是典型的创造条件获得证据的主要方式。

创新实验2：马德堡半球实验

图 4–1–5　马德堡半球实验

如图4–1–5，我们在课堂教学中演示马德堡半球实验多数情况是采用这种方式，先将两铜半球边缘涂抹凡士林合在一起，增强气密性。然后用抽气机抽尽球内的空气，再关闭进气阀，两队同学以拔河的方式反方向用力拉半球上的两根绳，结果是震撼人心的：学生们看到了两队同学用了很大的力气都没有将两个铜半球拉开。老师发问：铜半球为什么不能被拉开？学生思维碰撞，发表见解：有学生认为，反方向的两个力足够大时，两个半球完全可以被拉开，因为力可以改变物体的运动状态；还有学生认为，之所以两半球不能被拉开，很有可能是两半球外侧空气对两半球向内有挤压，与人的两个拉力形成了抗衡之势。老师顺势引导，同学们的观点是正确的，就是两半球周围的空气产生的压强顶住了两半球，两半球难以被拉开。但有学生产生了质疑：空气能产生这么大的压力将半球顶住吗？通常老师会顺水推舟，将半球上的进气阀打开，让空气进入球中。再重复以上的操作，学生发现，两半球很轻易被拉开了，老师引导学生分析：球内空气被抽去，内部气压很小，是外部的空气产生的压强挤压两半球不能被拉开。这种常规式马德堡半球实验现象明显，能很好验证大气压强的存在。有学生反问：如何更直观地证明，就是球外空气的作用使两半球紧紧合在一起？

创新实验：如图4-1-6、图4-1-7、图4-1-8，将两吸盘（相当于马德堡半球）相对挤压，排尽盘内的空气，发现两吸盘很难被拉开。把合为“一体”的吸盘一端竖直挂在真空罩内，然后逆向思维操作，用抽气机抽取吸盘外的空气，让学生观察实验现象。学生们惊奇地发现，在抽气过程中，下面的吸盘慢慢与上面的吸盘脱离并脱落下来。老师发问，下面的吸盘为什么会脱落？有了以上证据呈现，学生不难作出推理，吸盘内近似真空，吸盘外也

图 4-1-6　两吸盘紧紧吸合

图 4-1-7　下面吸盘已有脱落趋势

图 4-1-8　下面吸盘完全脱落

近似真空，下面的吸盘没有了空气为施力物，吸盘的内外都没有了空气的作用，下面的吸盘脱落是因为受到重力而改变了运动状态。这样便得出就是大气压的作用，让我们看到了类似马德堡半球实验的震撼画面。以上实例，将传统实验与创新实验有机结合，步步为营，分析综合，给学生创新思维发展搭梯子，以期实现培养学生科学推理能力的目标。

创新实验3：做功改变物体的内能

如图4-1-9、图4-1-10、图4-1-11进行创新实验设计，器材：喷水壶，自制小风扇，PT100温度传感器。

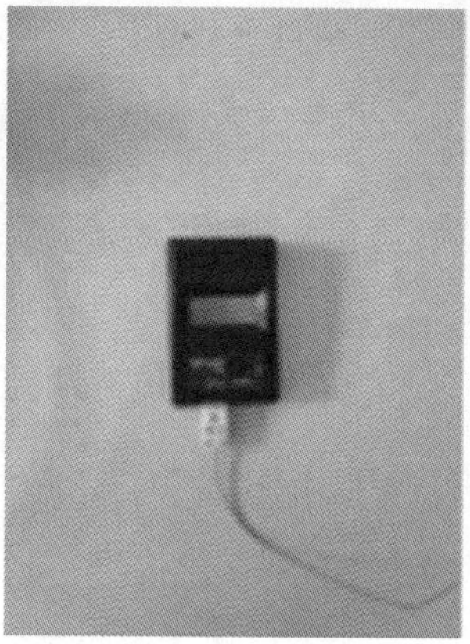

图 4-1-9　喷壶打气装置 图 4-1-10　PT100 温度传感器 图 4-1-11　壶身与自制小风扇

制作，如图4-1-12：将传感器探头内置于壶内，自制小风扇固定在喷壶喷嘴口正前方，一个做功改变物体内能的简易器材制作完成。

图 4-1-12　做功改变内能演示器

首先，如图4-1-13，向壶内打气，活塞对桶内气体做功，活塞的机械能转化为压缩空气的内能，桶内气体内能增大温度升高，PT100温度传感器可以显示温度的升高，即外界对物体做功，物体内能增大，温度升高。如图4-1-14，然后放气，桶内气体对小风扇及周围气体做功，可以直观看到小风扇被气体推动而转动起来，同时看到温度传感器显示温度下降，即物体对外界做功时，物体内能减小，温度降低，PT100温度计传感器让实验呈现的证据可信度更高，对推动培养学生的科学论证能力起到了关键作用。

图 4-1-13 打气

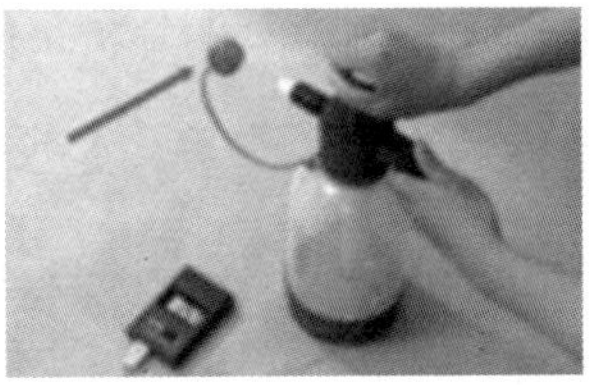

图 4-1-14 放气

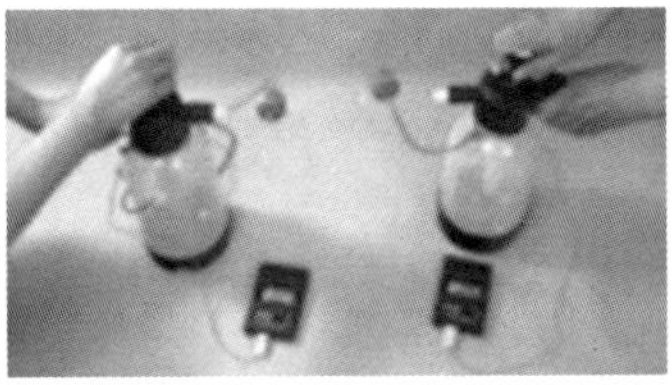

图 4-1-15 对照组

问题又出现了，由于热传递的存在，在进行打气过程后，停止打气，但不放气，即物体不对外做功时，温度也会下降，传感器温度示数也会有变化，这个问题该如何解决？如图4-1-15：制作两组简易器材，采用对照组进行实验创新：将两壶内的空气压缩至两温度传感器显示温度相同时，然后一组放气，一组不放气，让学生观察温度的变化情况。可以发现，放气的这一组温度下降得更快，不放气的那组温度下降得很慢。这充分说明，除热传递外，做功也是改变内能的另一种方式。以上实验改进，逐步引领学生思维的进阶，由感性认识上升到理性认识，用“证据”说话，数据真实可靠，在对比中比较获取的不同信息，让科学论证思维提升了高度，拓展了宽度和深度。整个设计提倡了“证据物理”的学与教，通过“寻找证据”“解释证据”的过程来发展学生的科学思维，用生活中的简易器材制作出做功改变内能的演示器，帮助学生获得说服力强的证据，使学生在“寻找证据”的过程中成长，启发学生解释证据，培养学生掌握科学方法，升华了科学推理与归纳，让学生充分经历知识（证据）诞生的过程，进而具备提出创造性见解的品格和能力，这不正是发展学生科学思维所必需的吗？

三、通过实验创新，培养学生的质疑创新能力

创新实验4：干冰的升华

在盒里放入适量的干冰，然后在盒中倒入热水。学生观察实验现象，仙

气袅袅，吸人眼球，感叹道好美啊。启发学生分析：此现象形成的原因？学生分组讨论，发表各自的见解：倒入热水后，干冰迅速升华并吸热，降低了周围水蒸气的温度，使水蒸气液化成小水滴，出现雾状，形成壮观的“冰瀑现象”。学生赞叹冰瀑的美，老师要抓住时机发问：你如何让它变得更美？你有哪些创新？有学生说，我给白雾打上彩色灯光，利用光的色彩更好地呈现冰瀑的壮丽，红光照射可以看到红瀑，绿光照射可以看到绿瀑……然后学生亲自操作，用光源打出各种色光，让全体同学不仅感受到了冰瀑更美地呈现方式，也感受到了物理之美，创造之美。老师继续启发：除此之外还有什么好办法？有小组展示：配音乐。配音乐让画面更具有意境，在音乐中享受物理的美，跨学科的思想和意识也融入到创新实践之中。这样做不只是让学生惊叹实验现象之美，更是让学生在做中学，用中学、创中学，去创造美，不是让学生只看到“满汉全席”，而是给学生呈现了“原材料”，启发学生去加工、去创造，把它们变成思想创造的盛宴。最终美丽的冰瀑的形成，是学生集体讨论的智慧成果，学生在质疑中发展了创新思维，提升了创新能力。

总之，在初中物理课堂教学中，要特别重视实施实验创新，做到迁移应用，培养学生科学推理思维；证据归纳，培养学生科学论证思维；点拨启发，培养学生质疑批判思维。科学推理和论证相辅相成，紧密相连，构建“证据”要做到两点：一是充分获得证据，二是对证据有效表述。实验改进创新后，能帮助我们获得的证据更充分，这些证据更具有明确的价值取向——数据准确，支持主张，证据的有效表述是构建科学论证的关键，学生条理清晰地表述证据，才能将问题说清楚。做到了这些，我们才能更好地发展学生科学思维，让培养核心素养的种子落地生根。

第二节　基于核心素养，实施初中物理实验教学创新

科学思维是物理学科核心素养之一，落实初中生科学思维培养的侧重点可放在实验教学创新上。这就需要在实验器材选择与创新改进、实验教学设计创新、重视实验数据分析进行科学论证等方面深入研究与实践，以期达到培养学生物理核心素养的目标，促进学生的高阶思维能力发展，提出指向科学思维的初中物理实验教学的创新策略。

科学思维是基于生活中的经验事实，通过创新、归纳和演绎合理建构物理模型的抽象概括过程，合理建构模型是一种重要的科学思维方法，让学生用物理模型来解决生活中遇到的实际问题，收集有用的数据信息，基于证据和逻辑作出科学推理。在初中物理实验教学中，既要发挥实验教学的价值，还要创新改进、灵活使用各种实验器材，使得学生的实验操作更简单快捷。重视实验教学设计创新的研究，在实验教学创新实践中，培养学生物理核心素养。

《阻力对运动的影响》和《动能大小的决定因素》是两个比较相近的实验，结合这两个实验，来谈谈具体的做法。

一、实验器材的创新

（一）两个实验的现状分析：

1.“阻力对物体运动的影响”实验

利用课本上所提供实验器材：斜面，小车，毛巾，棉布。

该实验存在的问题和缺陷：实验器材操作不便捷，小车作为研究对象，在从斜面向下运动过程中，运动方向容易发生改变。小车的车轮容易出现故

障与损坏，导致运动不顺畅，操作极为不方便。斜面与平面连接处较陡，小车容易在运动到水平面时发生碰撞板面改变方向，甚至出现“翻车”的现象，从而影响实验效果。

2.“动能大小的决定因素”

现有大多实验装置是采用斜面、铁球和木块。

该实验存在的问题缺陷：和上面的实验情况相似，小球运动的方向容易发生偏离，小球撞击木块的撞击点容易改变，往往出现木块被撞飞的现象，效果不佳。

（二）两个实验器材的创新改进

1. 实验装置的改进

（1）斜面的改进

如图4-2-1，设计制作斜面。制作材料：小木板，密度板等。斜面倾斜约30度。尺寸大小：斜面高4 cm，斜面宽约20 cm，斜面长约23 cm，斜面板面用薄光滑密度板，厚约0.3 cm，将斜面板与桌面接触部分加工成如图4-2-2所示的楔形薄面，约1 mm厚，这样可使接触面紧贴在桌面上。在斜面到两侧板同一高度处切割小豁口形成卡槽，放置挡板。在同一斜面的不同高度创

图 4-2-1　改进的斜面正面

图 4-2-2　改进的斜面反面

设出两处卡槽，分别叫“低卡槽”和“高卡槽”，用来放置挡板，挡板前放置钢管。

（2）研究物体的改进

如图4-2-3，将原来的小车、小球等物体更换成圆钢管，两个粗细不同的钢管。尺寸大小：细钢管直径约为3 cm、粗钢管直径约为4 cm，长约10 cm，质量大小不同。

（3）转化物的改进

如图4-2-4，制作三个小旗子，分别标注“1”“2”“3”。用三个小旗子摆放的位置，反映两个实验所呈现的“数据”，被撞击木块的尺寸3 cm × 4 cm × 10 cm。

图 4-2-3　粗、细圆钢管

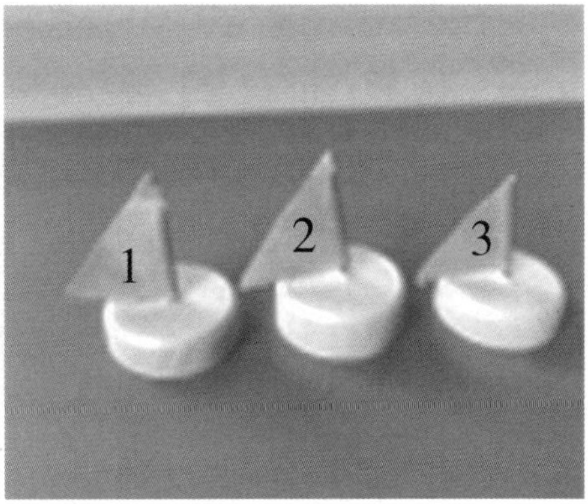

图 4-2-4　小旗子

（三）两个实验的创新策略点

1. 两个实验共用一个斜面，做到了一套器材多次利用，提高了利用率，本套实验器材很好地解决了两个实验在实际操作中的问题与缺陷，攻克了实验操作不便捷等难题，提高了实验效果。

2. 实验器材改进后，利用了改装后的精致斜面，并用钢管替代了小车和钢球，保证了钢管的运动方向不变，运动平稳，效果极佳。同时，学生操作起来失误率大大减小，提高了学生的学习效率。

3. 斜面板口部分的楔形薄化处理，可谓匠心独运。不论将斜面放在平板桌面上，还是在斜面下铺毛巾、棉布，都能使斜面口与水平面相吻合。钢管运动到此处，避免了之前因斜面板太厚造成的接触面有凸起，造成了物体下滑时的阻力过大，影响实验。

从以上两实验的器材选择及改进创新来看，选择制作设计适宜的实验器材为培养学生的物理核心素养打下了基础，“工欲善其事，必先利其器”，适宜的实验器材和设备是优化实验操作的前提，以上实验器材的创新设计与改进制作是在现有器材的基础上的加工处理，实验操作选用易操作、效果佳的器材和设备，是一种很好的实现实验效果最大化的有效方式。教师在创新改进设备和器材时，能结合具体的教学内容和学生动手操作的具体情况，灵活运用，满足了学生的个性化学习需要。

二、实验教学设计的创新

1.“阻力对物体运动的影响”实验设计

如图4-2-5是该实验改进后的装置：自制斜面、细钢管、毛巾、棉布、

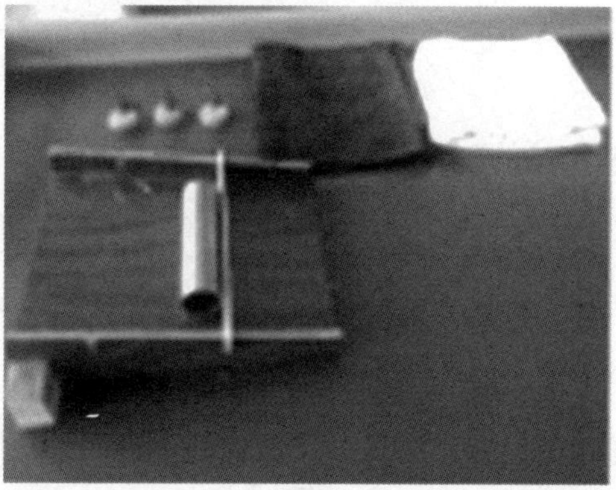

图 4-2-5　改进的阻力对物体运动的影响实验装置

三个小旗子。

（1）实验数据表格

实验次数	接触面情况	所受阻力大小	钢管在各个“面”上通过的距离
1	毛巾面		
2	棉布面		
3	桌面		

（2）实验操作过程：第一次将挡板放在低卡槽处，细钢管放在挡板前，将毛巾铺在斜面下并压平铺展。用手压住斜面，另一只手迅速提起挡板，让细钢管自由滚动下落，在细钢管运动到毛巾面最终停止的位置上方，放置小旗子“1”，作为第一次实验的数据标记。第二次实验，将“毛巾面”换成“棉布面”重复以上的操作，在细钢管运动到棉布面最终停止的位置上方，放置小旗子“2”，作为第二次实验的数据标记。第三次，重复以上的操作，让细钢管直接从斜面滚落到桌面上，在桌面上运动到比第二次实验运动距离长的某位置挡住细钢管，在细钢管的上方放置小旗子“3”，作为第三次实验的数据标记。依据三次小旗子的位置，收集“数据”并填写实验表格。

2.“动能大小的决定因素”实验设计

如图4-2-6实验改进后的装置：小木块、三个小旗子、自制斜面、粗细钢管各一个。

图 4-2-6　改进的动能大小的决定因素实验装置

（1）实验数据表格

实验次数	实验条件	实验现象（木块被撞距离远近）
1	细钢管放置于低卡槽处 从斜面上由静止自由滚下	
2	细钢管放置于高卡槽处 从斜面上由静止自由滚下	
3	粗钢管放置于高卡槽处 从斜面上由静止自由滚下	

（2）实验操作过程：第一次将挡板放在低卡槽处，细钢管放在挡板前，小木块放在斜面口处，用手压住斜面，另一只手迅速提起挡板，让细钢管自由滚动下落，撞击小木块，在小木块最终停止的位置上方，放置小旗子"1"，作为第一次实验的数据标记。第二次实验，将挡板放在高卡槽处，细钢管放在挡板前，重复以上的操作，细钢管撞击小木块，在小木块最终停止的位置上方，放置小旗子"2"，作为第二次实验的数据标记。第三次实验，将挡板放在高卡槽处，粗钢管放在挡板前，重复以上的操作，粗钢管撞击小木块，在小木块最终停止的位置上方，放置小旗子"3"，作为第三次实验的数据标记。

从以上实验设计方案中可以看出，教师科学严谨的实验设计，能让学生在操作中构建一个完整的物理模型，使学生潜移默化在后续学习中明确方向。优化实验设计的过程，就是学生能力培养和经验积淀的过程。

三、重视实验数据分析进行科学论证

实验数据一

实验次数	接触面情况	所受阻力大小	钢管在各个“面”上通过的距离
1	毛巾面	大	短
2	棉布面	较大	较长
3	桌面	小	长

启发学生进行数据分析：通过对表格中钢管在各个“面”上通过的距离大小的比较，更换不同的接触面，接触面变得越来越光滑，受到的阻力越来越小，物体运动的距离越来越长，可见，物体运动速度减小得越慢。顺水推舟，启发学生大胆推理，若接触面绝对光滑，物体在水平面上不受阻力，物体的运动情况会怎样呢？牛顿第一定律结论的得出，可谓水到渠成。

实验数据二

实验次数	实验条件	实验现象（木块被撞距离远近）
1	细钢管放置于低卡槽处 从斜面上由静止自由滚下	近
2	细钢管放置于高卡槽处 从斜面上由静止自由滚下	较远
3	粗钢管放置于高卡槽处 从斜面上由静止自由滚下	远

启发学生进行数据分析：通过对表格中木块被撞击后通过的距离大小的比较，进行对比分析。对比实验1和2的现象，可以看出：1、2两次实验都用的是细钢管，它们的质量相等，从斜面的不同高度处自由释放，钢管运动到水平面的初速度是不同的，钢管所处位置越高，运动到水平面的初速度越大，木块被撞的距离越远；对比实验2和3的现象，运用相同的方法进行数据分析。由此，总结动能大小的决定因素及决定关系，就成为轻而易举的事了。

从以上两实验的数据分析环节可以看出，数据分析真的很重要。其核心是在学生亲身经历数据的收集整理及分析的前提下，通过对比总结激发数据分析的意识，实验数据分析就是要把数据分析观念植根于学生的思维体系之中。我们要引导学生边动手边动脑，引导学生关注对实验所得的数据进行科学的分析与总结，促进学生的思维在批判性、严密性、深刻性等方面的发展，逐步培养学生的科学思维能力，将科学论证落到实处。

总之，在初中物理实验教学中，教师需要大胆创新改进实验器材，要在教学方式、教学理念上不断创新，巧动脑，多动手，制作和改进适宜的实验器材和装置；深入研究创新实验教学设计，将科学思维的内容与具体的实验教学做到有机融合；重视实验数据分析进行合理的科学论证；做好实验反思和质疑，实现学生高阶思维创新。提升学生科学探究能力的同时，实现完成物理核心素养培养目标。通过科学建模、质疑、科学推理促进中学生科学思维的形成，打破学生原有认知观念，落实指向科学思维实施初中物理实验教学创新实践，提升学生的物理核心素养。

第三节　初中物理实验教学的改进和创新案例

1	声音在液体中的传播	1. 用细线系好三把旧钥匙，放入盛水的大饮料瓶内并上下抖动细绳，会听到钥匙碰撞的声音。 2. 手机放入密封袋包装好，放入水中，听声音。
2	声音的特征 声波的显示	改用吉他的琴弦，长度相同，粗细不同的音调不同；同一根弦按压不同位置，音调不同。同一根弦力度不同，响度不同。 用示波器显示声波的变化。
3	光的传播	1. 大的干燥的透明饮料瓶，用蚊香加注烟雾后加盖。用激光笔照射时，可以很清楚地看到光的传播路径。还可以用加湿器或者粉笔灰制造烟雾。 2. 光在不均匀介质中传播的演示：在清水中注入海波溶液，观察到光在不均匀海波溶液中传播路线发生偏折，搅拌均匀后光在海波溶液中沿直线传播。
4	平面镜成像	可以从以下几个方面改进： 1. 用方格纸或棋盘铺在桌面上，再将平面镜立放于棋盘中轴线上。 2. 用茶色玻璃板代替无色透明玻璃板，或者在透明玻璃板一侧粘贴透明薄膜，减少透光。 3. 用两个相同的透明小药瓶，其中一个内装上一个 Led 小灯珠代替蜡烛。
5	光的折射	1. 如图所示，用眼睛可以观察到石块，但用竹签穿过细管却碰不到石块，改用激光笔通过细管照射，石块可以被照亮。直观说明了光的折射。调整细管角度，把石块改为容器壁上的记号，再次做实验，演示“池水变浅”现象。 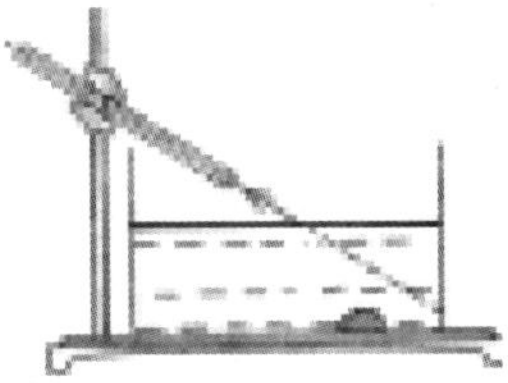 2. 用防水摄像头和木桶模拟下雨前后青蛙坐井观天的视野变化。倒水前桶中摄像头观察到天花板上两盏灯，倒水后出现三盏灯。

续表

6	凸透镜成像	1. 准备两张同样大小的硬纸板，在其中一个上按一定形状（如三角形）扎几个小孔，嵌入手电筒上的Led灯珠，连接好电路，立于光具座上，代替蜡烛进行实验。 2. 在另一张同样大小的硬纸板上，用笔标记出对应的灯珠位置，实验时用来比较物像是否同样大小。
7	近视眼远视眼的成因与矫正	自制水透镜向其中注水和抽水改变水透镜的焦距，研究近视眼和远视眼的成因及矫正。
8	练习使用温度计	让学生用热水和冷水混合配比适当温度的温水，例如37摄氏度，再进行测量，看谁配制的水温最接近要求。
9	汽化吸热	1. 烧不坏的布： 将两份酒精和一份水兑在一起，将布放到兑了水的酒精里浸湿。将布从杯子里取出，稍微拧一下，然后将布挂在铁丝上。用火柴将布点燃，由于有水，燃烧后的布完好无损。 2. 将一只气体打火机的开关按下，吹熄火焰，过一会儿，让学生摸打火机的外壳变得冰冷。
10	升华和凝华	1. 人造雪景： 在一个烧瓶内放入少许樟脑丸粉末，再将树枝放入，塞紧瓶塞。用酒精灯加热，樟脑丸逐渐升华消失，稍待会儿冷却后，在树枝上凝华成雪花状粉末，闪闪发光，非常好看。 2. 凝华： 冰盐混合物放入不锈钢盆里，不断搅动，观察到盆外壁结霜。
11	压缩空气做功	取一根火柴，用小刀刮下火柴头粉末，倒入引火仪的玻璃管底部，先用力下压活塞一次（以便升高一些温度，起到预热作用），温度提升后换气并用力迅速压下活塞，粉末被压燃，效果很好。
12	探究不同物质吸热能力	在大烧杯中装入一定量的水。在两只相同的大试管中分别放入等质量的水和煤油，再分别放入温度计。将两只大试管分别放入大烧杯的热水中进行实验。

续表

13	摩擦力	通过毛刷演示摩擦力的方向及产生条件。将毛刷放在表面粗糙的木板上，在毛刷上方施加压力，并向后拖动毛刷。毛刷的毛会发生弯曲，从而判断摩擦力产生的条件和方向。
14	大气压强	1. 将传统的吞蛋实验中的鸡蛋，改为一个装了水的气球，扎上口，留一段绳子即可进行实验。 2. 拿一个空饮料瓶，倒入少量热水，轻轻摇晃，使瓶内空气受热后倒掉热水，然后盖紧瓶塞。稍待一会儿，伴随着咔咔声，瓶子慢慢变瘪。 3. 大气压随高度的变化。
15	浮力	1. 浮力产生的原因。将可乐瓶去盖去底后倒置，放入乒乓球，先按住乒乓球缓缓加水，到水完全淹没乒乓球才能放手，并继续加满水，乒乓球并不上浮；再将整套装置放入有足够水位的水槽或大烧杯中，看到乒乓球又向上浮出。 2. 物体在液体中的四种运动状态。配制适当浓度酒精和水的混合液，分别将橘子、装水的气球、鸡蛋放入液体中，观察四种运动状态。
16	定滑轮	在一根细线上，穿几个废中性笔芯的笔筒，用一张较厚的软布搭在其上，当两边对齐时，软布静止不动，当一边长一边短时，软布滑落。
17	静电演示	让实验者站立在一块较厚的（最好在 5 厘米以上）干净干燥的泡沫塑料上；用一只手与放在桌子上干净干燥的泡沫塑料块摩擦数下，人体就带了电，用带电的手去接近放在桌面上的乒乓球，球就向手滚过来，并能追随着手运动。
18	电荷间的相互作用	将两个乒乓球用细线悬挂起来，用毛皮摩擦过的橡胶棒接触，它们会被吸引，说明带电体能吸引轻小物体。再用毛皮摩擦过的橡胶棒同时接触两个乒乓球，使两个乒乓球带上同种电荷，仔细观察它们在同种电荷情况下的运动情况。
19	短路	用锡箔纸代替熔丝，锡箔纸在 5 mm 左右，用鳄鱼夹夹住，将电源电压降为 3 V，短路时可看到锡箔纸燃烧，效果很好。

续表

20	探究导体和绝缘体	用电池、小灯泡、开关、导线组成一个简单电路，将铅笔木质部分或铅笔芯串联在电路中，看灯泡是否发光，从而可演示导体与绝缘体的区别。
21	保险丝的作用	如果直接用保险丝把220伏短路，保险丝烧断瞬间会产生很大的声音和强光，也很危险。改进后用锡箔纸代替保险丝，锡箔纸在5毫米左右，且注意鳄鱼夹与锡箔纸保持良好的电接触，使用交流3伏能提供较大的电流，短路时可看到锡箔纸燃烧，效果很好。
22	探究影响电热的因素	将镍铬线和铜线串联，接通电路。研究电热和电阻的关系。增大镍铬线电流，研究电热和电阻的关系。
23	研究家庭电路中灯的亮度与实际功率的关系	将自制电路接入家庭电路中，观察灯的亮度。
24	研究通电螺线管外部磁场	自制螺线管，标明绕制方向，通入电流方向，研究通电螺线管外部磁场，以及两端磁极极性与电流方向之间的关系。
25	磁悬浮	1. 用漆包线绕制一个直径20 mm的圆形线圈，并将线头的漆用砂纸打磨掉。将线圈套在磁铁上，把线圈的条引线分别与电池的正、负极相接，调整正负极，线圈就跳起，并悬浮在磁铁的正上方。 2. 找几个废旧喇叭上的环形磁铁，套在合适粗细的笔杆上，调整好南北极，可以看到磁铁悬浮起来。
26	密度与温度的关系	自制仪器，研究风的形成。
27	动能和势能	探究影响动能大小的因素。 将斜面和平板全部标上刻度，记录小球位置和木块被推动的距离，进行比较。
28	质量是物体的属性	分组测量橘子破开前后的质量，水加糖前后的质量，冰融化前后的质量，鸡蛋在一楼和五楼的质量，进行比较。

下面是部分实验改进与创新片段：

1. 霜的形成（图4-3-1）

用冰盐混合物搅拌观察到金属盆外壁结霜，课堂演示效果明显。

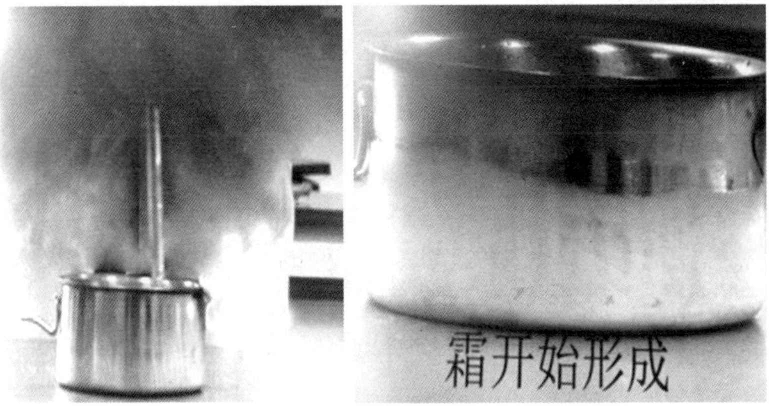

图 4-3-1　霜的形成

2. 光在不均匀介质中的传播（图4-3-2）

将海波溶液倒入清水中观察到光的传播路径发生偏折。此实验是初中物理实验的难点，不易做成功，但经改用海波溶液后实验成功率大大提高。

图 4-3-2　光在不均匀介质中的传播

3. 风的形成（图4-3-3）

图 4-3-3　风的形成

烟雾从塑料桶上方喷出，空气受热膨胀密度变小向上升，冷空气流过来补充，形成风，在课堂上让学生直接观察到风的形成，教学效果极佳。

4. 液体压强与质量无关（图4-3-4）

通过自制仪器分别将等深度的水倒入装置中粗细不同的软管中，观察到中间的橡皮膜是平的，说明液体压强与液体质量无关。克服此处学生的错误认知。

图 4-3-4　液体压强与质量无关

5. 通电螺线管两端磁极与电流方向的关系（图4−3−5）

仿制螺线管绕制方法，结合动画效果，帮助学生认识螺线管的绕线，磁极与电流方向之间的关系，为理解安培定则做铺垫。

图 4−3−5　通电螺线管两端磁极与电流方向的关系

6. 物体在液体中的四种运动状态（图4−3−6）

通过观察四种运动状态，进一步理解浮沉条件。

图 4−3−6　物体在液体中的四种运动状态

7. 透镜（图4–3–7）

用于研究近视远视的成因。

图 4–3–7　透镜

《自制频闪摄影》《气体对外做功》《家庭电路新版》《家庭电路旧版》《电磁铁》《示波器显示声波的改进》《电流热效应演示》《家庭电路中白炽灯亮度变化与实际功率量化研究的示教板》《家庭电路中白炽灯串并联的亮度》。

下面是其中的一部分：

1. 家庭电路旧版

用于满足课本对此部分的教学，示教板上包括机械电表、闸刀开关、保险盒、拉线开关、两孔插座、三孔插座、螺口灯。

2. 家庭电路新版（图4–3–8）

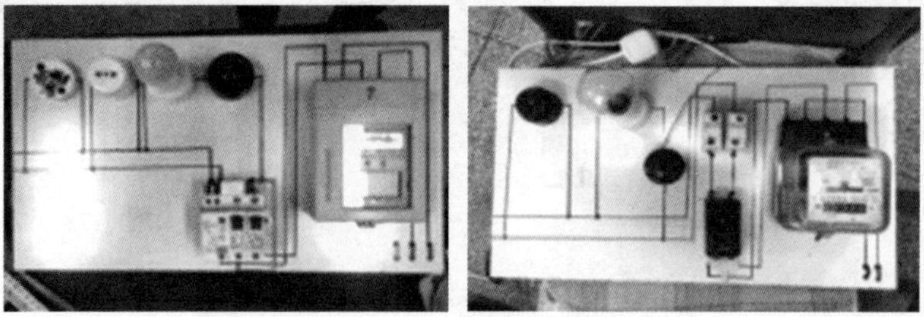

图 4–3–8　家庭电路

用于满足现今生活实际的教学，示教板上包括电子式插卡电能表、空气开关、漏电保护装置、拨动开关、三孔插座，两孔插座。

3. 家庭电路中白炽灯串并联的亮度（图4−3−9）

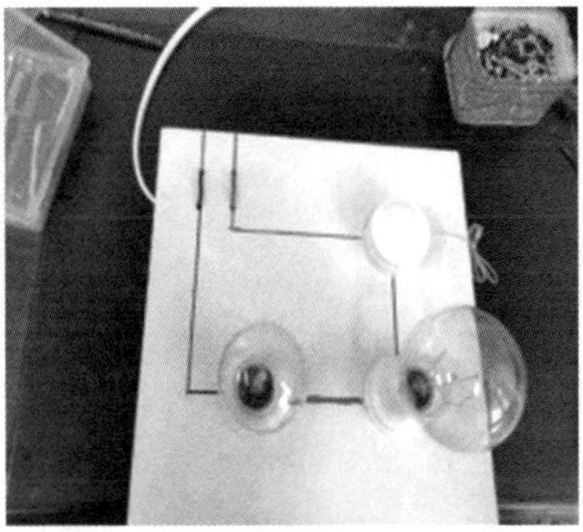

图 4-3-9　家庭电路中白炽灯串并联的亮度

4. 水透镜（图4−3−10）

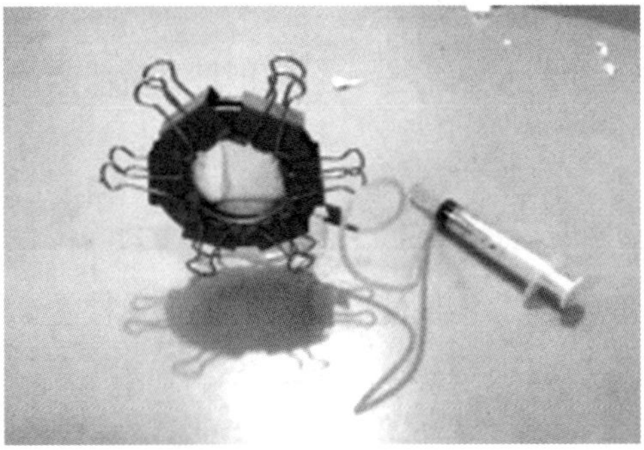

图 4-3-10　水透镜

5. 对外做功（图4-3-11）

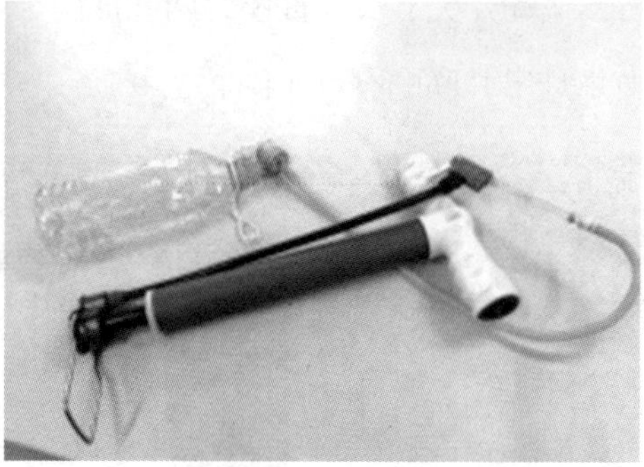

图 4-3-11　对外做功

在学生实验这一块，课题组重点研究了课后小实验的开发，引导学生参与完成一些实验和教具制作。

爱因斯坦曾经说过："为了满足人类的需要而找出已知装置的新的组合的人就是发明家。"同样，为了达成某一实验目标而对现有的实验仪器（有时可以使用代用品）进行重新搭配或组装也是有价值的创新活动。所以创新和改进并不是深不可测、遥不可及，我们培养学生有创新的欲望，从最简单的实验做起，通过改进实验方法或实验仪器来达到简化、改进的目的，从生活中寻找替代仪器的物品，不仅能完成仪器缺乏学校的实验目的，还能使学生树立环保意识，废物利用，实验成本降低。

课外小实验需要学生自己设计、动手、动脑来完成，往往要经历多次失败后才能成功，这有利于启发学生的思维，培养学生分析问题和解决问题的能力，培养学生的实践能力和创新能力。课题组提出了一些课外小实验让学生开发，典型的有水火箭、鸡蛋撞地球、激光笔、水果电池等实验。以下是部分实验及作品展示：

①放飞氢气球，加深对浮沉条件的理解（图4-3-12）

图 4-3-12　放飞氢气球

②摩擦起电气球吸引流水（图4-3-13）

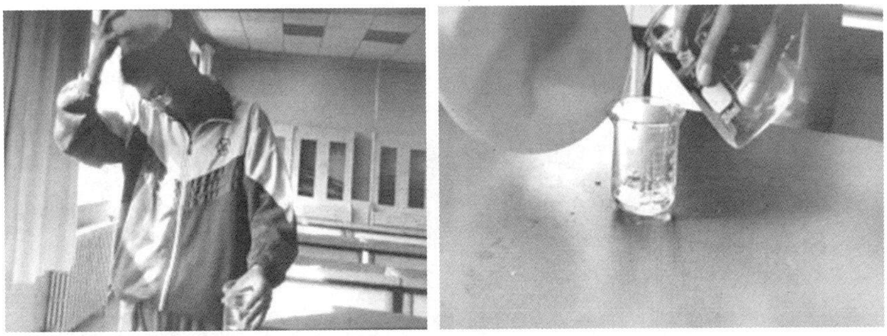

图 4-3-13　摩擦起电气球吸引流水

③学生小制作

小孔成像，吸尘器（图4-3-14）。

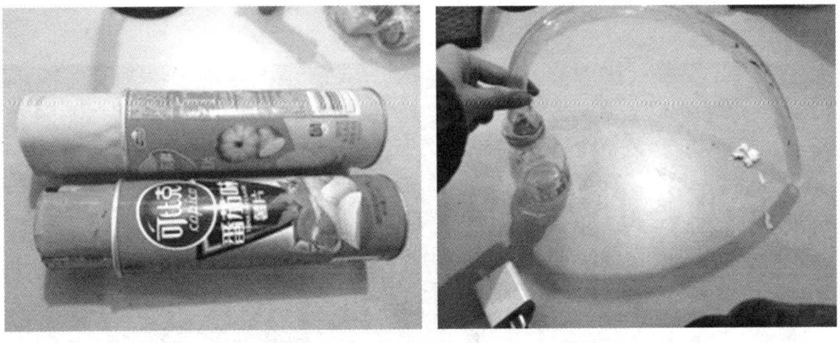

图 4-3-14　小孔成像，吸尘器

电动机、皮筋琴（图4–3–15）。

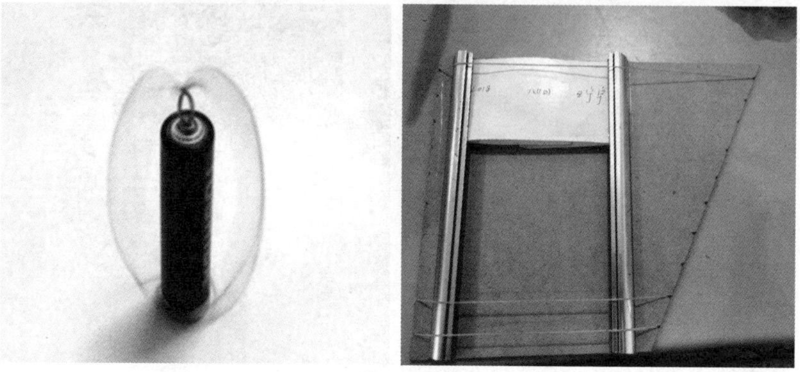

图 4–3–15　电动机、皮筋琴

浮沉子、斜拉桥（图4–3–16）。

图 4–3–16　浮沉子、斜拉桥

水火箭、弹力小车（图4–3–17）。

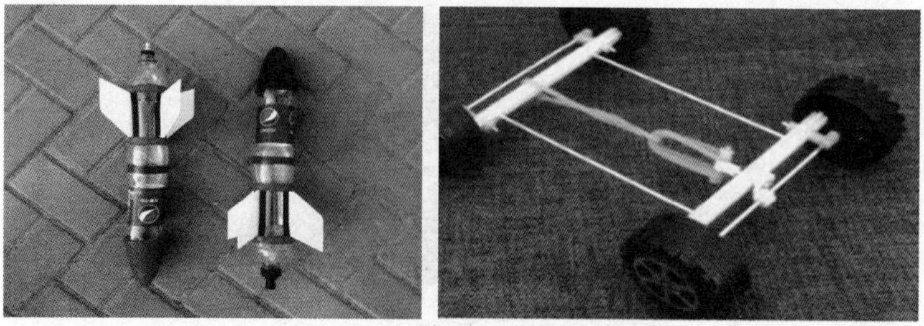

图 4–3–17　水火箭、弹力小车

第四节　初中物理开发与应用低成本物理实验的实践创新策略

一、问题的提出

20世纪70年代以来，对于探究式教与学的理论研究和实践探索在西方发达国家蓬勃发展，探究思想更受到了各国科学教育界的重视，纷纷以探究学习为基础重构基础教育课程。为了实现科学教育的目标，低成本实验不仅被列入实验室资源，以支持教师开展贴近学生生活、丰富多彩的探究活动，而且被赋予联系学生生活、激发学生的兴趣、发展学生的实验探究技能、培养学生的创新意识等教育功能。大批科学教育工作者、科普工作者及科学家开发了丰富的低成本实验资源，科技馆、博物馆、学校能够为学生进行探究活动提供全方位的支持。在课内外如何应用低成本实验已经形成了比较成熟的教学模式和教学策略，并且致力于应用低成本实验把科学内容与学生的兴趣和个人生活、社会议题及学校的其他课程联系起来。

20世纪70年代后，各国对才能的组成与结构的研究越来越重视，这类研究渐渐朝着“智力的广义化”和“广义化的人格”两个方向平行地进行着。前者的杰出研究成果有斯腾伯格提出的“智力三元理论”（1985）和加德纳的“多元智能理论”（1983）；后者则有兰祖利的“三环天才理论”（1978）。兰祖利提出：创造力和执着精神在实践及探究活动中才能互相刺激、共同发展。因此要通过系统而具体的策略将各种社会资源整合到课程、学科和学校的组织形式中去，为学生提供丰富多彩的探究活动，最终达到充分发展学生创造才能的目的。关于创造能力的理论与实践进一步促进了低成本实验的应用与研究。

在我国科学教育实践中，早在20世纪80年代，朱正元先生就提倡“瓶瓶罐罐做实验”，这一思想对我国的实验教学产生了深远的影响。但长期以来，“瓶瓶罐罐做实验”主要用于弥补学校实验器材的严重不足，主要用于解决重点知识和难点知识的教学问题。

新课程改革后，越来越多的教师认识到使用生活物品、人体或人体局部、儿童玩具等做物理实验，更能激发学生的兴趣，更能引起学生参与学习的主动性和积极性，更有利于促进学生手脑并用、发展学生实践能力、探究与创新能力。中学物理教材中也开始重视低成本实验，对低成本实验的教育功能也有一些专题研究，但还缺乏系统的理论与实践探索。课内外开展科学探究活动仍遇到诸多困难，贴近学生生活实际的科学探究资源仍严重不足，学生普遍缺乏探究学习的技能和相应策略。在此背景下，针对教学实践中的问题，探讨开发与应用低成本物理实验的策略以及支持学生科学探究活动的途径与策略。

二、研究思路

（一）概念界定

低成本物理实验，是国际物理教育界所倡导的一种物理教学方式。是指利用学生熟悉的生活易得物品、材料、器具、人体或人体局部以及儿童玩具等开发的一类体现自创性、体验性、趣味性、简易性、生活化的物理实验教学活动。基本特点是因地制宜，成本低廉，实验装置简单、实验现象清楚、体现科学原理和方法明显。其宗旨是：

（1）为学生自己动手、自主探究、亲身体验和感受提供机会和条件，促进学生主动建构知识和发展科学探究技能；

（2）创设源于生活的真实的探究情境，加强科学、技术和社会的联系，培养学生解决实际问题的能力；

（3）满足学生创造需要，激发学生兴趣和探究欲望，培养学生的科学态度、科学情感和创造能力。

（二）基本观点

（1）“创造能力”不是某种固定的与生俱来的资质，而是在实践体验中确立起来的知识、技能、态度、特质、心理定势等的混合体，在具体的探究、制作等实践过程中创新能力才最终得到显示。产品对特定受众的影响是创造的基本动力，学生对产品的期待可以为创造活动注入动力、激情和执着不渝。

（2）将学习内容和过程设置在一个现实问题中，会使学习更有意义，更富乐趣。教学应致力于学生个体的内部环境和学习的外部环境的良性互动。一方面最大限度满足学生的个性化需要，充分调动学生的学习兴趣；另一方面，为学生的兴趣、才能、特长的发展提供实践机会和专业支持。

三、开发低成本物理实验的策略

我们围绕低成本物理实验的宗旨，进行了三年的实践探索，总结了开发低成本物理实验的策略，主要有如下几个方面。

（一）以教材中的实验和实验室资源为基础开发低成本物理实验的策略

1. 改进教材中现有的演示实验和学生实验的策略

现行中学物理教材中安排了大量的演示实验和学生实验，但不少实验存在现象不清楚、效果不好、难以操作、过于复杂等问题，直接影响了实验教学的效果。为此，我们在原有实验的基础上进行改进，使其在科学性、新颖性、实用型、经济性等几个方面得到改善。基本程序是首先根据教学经验筛选效果不好的实验，然后应用缺点列举法逐条列出该实验的缺点，逐条分析缺点产生的原因，针对缺点提出克服缺点的方案或措施，对改进的方案进行试验和评估，根据试验和评估结果进一步改进方案。

案例1　自制电子礼炮

（1）创意

内能转化为机械能的实验较多，用酒精灯加热试管中的水将塞子顶出的实验做起来耗时、所用器材较多。如何制作一个小巧易操作的类似实验呢?

（2）所需材料

胶卷盒或密封较好的牙签盒一个、废旧的一次性打火机或打火机的打火开关一个、铜导线、电工胶布。

（3）制作方法

①拆开一个废旧的一次性打火机，取出其中的打火装置（某种压电陶瓷，市场有售，几毛钱一个）。

②用铜导线焊接在其两端线上，并引出到塑料盒内，调整两导线末端距离到合适位置（0.5 cm 左右）。

③用电工胶带或硬塑料管将其外端固定。

（4）产品的操作方法

打开塑料盒盖，只要用蘸了酒精的棉花在内部轻抹几下，盖上盖子，按下压电陶瓷的开关，电打火引燃内部的酒精气体，对外做功，随着一声响，将盒盖冲出去。注意，在涂抹酒精时不可以涂得太多，以免酒精燃烧太久而烧坏装置。盖上盒盖后可稍等几秒钟让酒精在盒内充分汽化后再按动打火开关。

（5）教学方法及教学效果

在讲解内能和其他形式能之间的转化时，可以展示内能转化为机械能的效果。让学生看到飞出的盒盖同时又听到一声巨响。学生“哇——”的感叹之余，更有兴趣想去探究其中的奥秘。

本器材不仅体积小，携带方便，而且操作非常简单，很容易就能说明问题。我们管它叫“电子礼炮”。

2. 开发和利用实验室资源的策略

实验室设备和器材是教师进行实验教学及研究的基本物质资源。根据新课程标准要求，实验室应该不断增加和更新设备，为开展足够的学生实验和演示实验、为学生的科学探究活动创造可靠的物质条件。在开发和利用实验室资源的过程中，主要开发途径有以下三种。

（1）功能挖掘。即挖掘原器材单一的使用功能，使之“一物多用”。利用现有的装置，进行尽可能多的实验；根据现有的仪器和材料的性能，设计新的实验方案，充分提高装置和实验器材的利用效率。例如实验室常见的条形磁铁，既可演示磁极的相互作用，也可演示力的相互作用，还可以演示磁感线的分布。

（2）旧物新用。即将现教材已经删去的实验配套器材或者已经废弃的器材重新加以开发利用，使它发挥新的功效。例如量热器筒原来是用来做热学中测量物质比热容的实验，可以经过巧妙加工，变成演示浮力产生原因的实验设备。

（3）学科资源整合。即把化学、生物等实验器材用于物理教学中。例如试管是化学实验室常用器材，可用来观察大气压产生原因及离心现象等。

案例2　浮沉于稀盐酸中的鹌鹑蛋

【实验目的】演示物体在水中的浮沉，让学生了解物体的浮沉条件。

【实验过程】在玻璃容器（如量筒）中注入一定量的水，用长颈漏斗将少量浓度较高的盐酸注入容器底部静置片刻后，将一只鹌鹑蛋（或鸽子蛋）放入溶液中，可以看到小蛋下沉到溶液底部。片刻后在蛋的周围有气泡产生，随后就开始上浮，露出水面，接着下沉，又上浮。如此反复，十分有趣。

【总结】该实验中有化学反应和物理变化。将盐酸注入水的下层使溶液的密度由下至上逐渐减小。鹌鹑蛋的外壳含碳酸钙与盐酸反应产生二氧化碳气体。反应中生成的二氧化碳气体附着在蛋壳上，使蛋的浮力加大而上升。上升过程中，由于溶液的密度减小，浮力减小，鹌鹑蛋部分露出液面后，蛋壳上的气体释放于空气中，从而造成浮力小于重力，因此鹌鹑蛋下沉。沉至溶液底层时，化学反应加剧，蛋壳上的气泡增加，于是它又上浮。

（二）根据教学需要开发新低成本物理实验的策略

虽然教材是新课程实施中最重要的资源之一，但仅仅依靠教材则无法满足不同地区、不同学校的教学需要，也难以完成课标规定的“三维”教学目标。还需要教师根据本校的办学条件和学生实际情况开发必要的资源，以支持多样化教学。为此，我们组织部分骨干教师根据不同的教学需要开发了系列低成本物理实验，并总结了相应的策略。

1. 开发新低成本物理实验的常用方法

“可观察、可测量、可重复检验”是物理学遵循的基本原则。在探索自然的过程中，为了能够观察、测量、重复检验，大量科学家解决了无数的难题，创造了丰富的科学方法。在开发低成本实验的过程中，也要尽可能体现这些方法，从而为学生学习科学方法创设真实的环境和条件。常用的方法有：

（1）放大法。因视觉的局限性，很多物理现象用肉眼观察不到，需要应用科学方法间接观察到。从教学角度，实验现象应该清晰，便于学生观察、分析和比较。

在现象、变化、待测量很微小的情况下，可以采用放大的方法，根据放大对象的不同，放大的方法也各不相同。可以从机械放大、光放大、声放大、电放大、投影仪放大等角度来考虑。例如，振动的机械放大，固体微小形变的放大，游标卡尺、螺旋测微器、杠杆对力和位移的放大等都是机械放大的实例。又如，我们可以采用实物投影仪、幻灯机、放大镜、显微镜等装置放大便于观察。也可采用光点反射放大法，用这一方法可显示桌面微小形变。著名的卡文迪许测量万有引力常量的扭秤实验，就是利用光点的反射法，该实验也被评为最美的实验之一，这些经典的实验在给予我们炫目的美的同时也给予我们深刻的思想和方法的启迪。

探究物理量的放大方法，有助于我们对科学方法的应用，掌握了科学方法，在设计低成本实验时，我们要把科学方法自觉地渗透到设计中，提供高可见度的实验，获得更好的实验效果。

（2）转换测量法。在实验中，有很多物理量，难以用仪器直接测量，或因条件所限，无法提高测量的准确度，就可以根据物理量之间的定量关系、各种效应，把不易测量的物理量转化成易于测量的物理量进行测量，这种方法就叫转换测量法，简称转换法。

由于物理量之间存在多种关系和效应，因此将会有多种不同的转换法，这恰恰反映了物理实验中最具启发性和开创性的一面。其他的转换测量方法有热电换测、压电换测、磁电换测等。

2. 低成本物理实验的表达交流策略

广大教师在教学实践过程中，创造了很多低成本实验的经验，这些实验简单易做，能有效解决教学问题。其他教师可以根据自己的教学需要，在这些经验的基础上再造低成本实验。但这些低成本实验的经验，除少数发表在杂志上外，多数经验没有表达出来，直接影响了交流，也无法使更多的教师借鉴。为了解决这一问题，我们在开发低成本实验的同时，也把开发的过程方法表达出来。为了能够让其他教师更好地掌握方法、开拓思路，我们制定了一个表达的基本框架，由以下五部分组成。

（1）创意。该部分要说明针对什么教学问题，形成哪些解决问题的想法。（2）所需材料。该部分要说明制作产品所需要材料的名称、规格及来源。（3）制作方法。该部分要说明制作产品的步骤和技术要点，用照片表现成品的外部结构。（4）产品的操作方法。该部分要说明产品的操作方法和安全注意事项。（5）教学方法及教学效果。该部分要说明产品能解决什么教学问题，在教学过程中如何使用，教学效果如何。

案例 3　发声齿轮的改进

1. 创意

实验室配备的发声齿轮存在三个问题：

（1）外形尺寸小，可见度低；

（2）手动不易控制转动速度；

（3）同时操作转动和发声时二者不易兼顾。

由此萌生了改进发声齿轮的想法，本装置的改进体现在以下三个方面：a. 制作可见度较大的发声齿盘；b. 用电扇电机带动齿盘运转以代替手动，保证齿盘转动的稳定性；c. 变多轮分别发声为单轮变速发声，使用调压器进行调压以达到调速的结果。

2. 器材

尺寸为300 mm × 300 mm × 5 mm 的塑料板一块，电风扇一台，接触调压器一台，硬纸板（衬衫衬板）一块。

3. 制作方法

（1）在塑料板上画出直径为300 mm 的圆，将圆周等分为32份，并将每一份画成锯齿状，画出一个齿盘；

（2）用锯（电锯）对塑料板进行加工，最终切成齿轮状，然后用锉刀进行打磨；

（3）将电风扇的扇叶取下（紧固扇叶的螺旋一般是反扣），根据扇叶的安装情况对发声齿盘进行安装处理，并将其固定在扇叶所在的位置。

4. 产品的操作方法

（1）将风扇的电源线与接触调压器输出端接好，将调压器输入端接入电源；（2）将纸板靠近发声齿盘，接通电源，使纸板发出声响；（3）调节调压器电压，改变齿盘转速，比较纸板两次发声的音调。

5. 教学方法及教学效果

该仪器可以演示音调随着齿盘转速增大而升高，并让学生体会到音调的高低。在使用过程中需要两人合作，用一块较硬的纸板轻轻靠近齿盘，使纸板切入得不要太多，以便使声音更清晰。

（三）从生活用品中开发低成本实验的策略

用学生熟悉的生活物品做实验，可以拉近物理与生活的距离，让学生深切地感受到科学的真实性，感受到科学和社会、科学和日常生活的关系。从生活物品中开发的实验资源所用实验材料都来源于学生生活，且易取、易得，实验现象生动、有趣，只要留心观察，任何教师都可以从日常生活用品中开发低成本实验。在三年实践中，我们不仅从生活用品中开发了系列低成本实验，而且总结了开发的一般程序。根据这一程序，可以使低成本实验的开发更有针对性。

案例 4　盐炒花生米

【实验目的】通过加热盐和水，使学生了解不同物体吸收相同的热量，升高的温度不同。

【实验器材】两只相同的酒精灯、两个铁架台、两杯相同质量的盐和水、两份等质量的花生米。

【实验过程】在两个烧杯里分别放一份花生米，用酒精灯同时加热，分别用木棒搅拌。待闻到香味后停止加热。从两个烧杯里各拿出一粒花生米品尝，会发现放在盐中的熟了，而放在水中的还是生的。

【总结】在加热时间相同（吸收热量相同）的条件下，由于盐的比热容小，温度升高得快，掺在其中的花生米受热容易熟透；而水的比热容大，温度升高得慢，所以掺在其中的花生米是生的。该实验巧妙地用花生米的生熟来判断升高温度的大小，由此现象引出比热容。盐和花生米都是易得用品，学生可在家做该实验，从而加深对比热容的理解。

第五章 初中物理概念教学的实践创新策略

物理概念是人们在长期的生产生活中，通过大量的实践将物理现象的非本质属性剔除，抽象出共性的、普遍的本质属性概括而成。它是物理知识的一个重要组成部分，反映了大量物理现象中最本质的、最抽象的东西。物理概念是掌握物理规律（包括定理、定律和公式等）的基础和运用物理规律的保障，学生只有掌握好物理概念，才能正确理解物理事实、掌握物理规律，提高分析和解决问题的能力。可见，概念的教学在物理教学中具有举足轻重的地位，概念教学的效果直接决定着物理教学的成败。

一、初中物理概念教学的现状

物理概念是大量物理现象的高度概括，它超脱了现象而说明事物的本质，和学生的实际生活体验相脱离，学生学起来异常困难，容易产生畏惧心理。很多学生在学习物理概念时缺少必要的认知储备，往往受到错误的前概念的干扰，这些前概念是通过实际生活体验或一些媒体的渠道获得的，没有经过科学的抽象，只是一些主观的臆断，因此大多数是片面的或根本不正确的，但它往往根深蒂固地存在于人脑中。例如，学习浮力概念时，大多数同学认为下沉的物体不受浮力。大部分学生对概念的理解还停留在定义本身的文字或一知半解，不能和其他概念进行比较和联系；没有真正、彻底地领悟概念内涵和外延，没有真正理解概念建立的过程中运用的物理思维方法。教师在概念教学活动中常忽视概念的引入和形成过程，常常直接灌输物理概念，直接讲授理解和运用概念需要注意的问题，再辅以大量的练习，通过练习来纠正学生对概念的错误理解。尽管老师讲得很清楚，但对学生而言感性认识与理性认识仍处于分离状态，只是知其然而不知其所以然。

二、实施物理概念教学的基本策略

（一）创设情境，获得感知

物理概念是大量物理现象的高度概括，这些物理知识与社会生活经验联系紧密，学生在实际生活实践中常常对周围的物理现象产生疑问和思考，而教师就是要善于发现和利用这一特性，在教学中运用学生已有的生活经验，发掘、归纳、总结、提炼，不仅贴近学生，使学生有身临其境的感觉，很容易激起学生的共鸣，而且可以使学生从感受到逐步形成“从生活走进物理”的理念。例如：讲力的概念时，可以先举一些学生日常生活中熟悉的实例，如手提水桶、马拉车、脚踢足球、磁铁吸引铁块等，然后对这些例子进行分析、比较、概括和总结，得出力的定义为“力是物体对物体的作用”。讲“比热容”时，什么是物质的吸热能力？怎样说明不同的物质有不同的吸热能力？如何比较不同物质的吸热能力？如果仅用语言来表述，那显然是苍白而单薄的，教学效果可想而知。但借助演示实验“ 用相同的电加热器给质量、初温相同的煤油和水加热，使它们升高相同的温度，比较加热时间（吸收热量的多少）”，上述问题将迎刃而解。“浮力”概念的引入，先做演示实验，在弹簧秤下挂重物，用手向上托重物，弹簧秤的示数变小，分析由于重物受到向上的托力，才使弹簧秤的示数变小；再把重物放入水中，可观察到弹簧秤的示数也变小，分析由于重物受到水向上的托力，才使弹簧秤的示数变小，从而引入“浮力”概念，矫正学生错误前概念“下沉的物体不受浮力”。创设情境中应用到“触摸实物，从触摸而获取信息。皮肤所及，握在手上，近在咫尺；用眼睛看，目光所及，视觉感知；双耳聆听，声聪所及，音信接收。在充分接收、补充和激活经验的积累中，进行感知，形成初步的感性认知。有了第一手物语记忆，便于学生在感知的基础上形成新的认识，产生顿悟。”这一教学主张，情境创设的感性材料应能凸显事物关于本概念的“共同属性”和“本质属性”。

（二）思维加工，形成定义

教学实践表明，学生只有理解了概念，把握概念的本质，才能牢固地掌握概念。上述的引入方法可以使学生获得初步的感性认识，还需要通过学生的思维加工，才能把感性认识升华为理性认识，即实现由感知到理解的跨越。这既是认识上的一个飞跃，又是使学生形成概念的关键一步。为实现这一飞跃，在概念教学中，常用比较、分析、综合、概括、判断、归纳等多种思维方法引导、启发学生的正确思维，逐步揭示概念的本质，使学生全面准确地掌握概念。例如：从生活实例手提水桶、马拉车、脚踢足球、磁铁吸引铁块等中提炼出力的定义为“力是物体对物体的作用”。进一步引导手提桶时手也感觉到向下的拉力，脚踢足球时脚也感到疼等，使学生明确：力是两个物体之间的相互作用，如手和水桶、马和车、脚和足球、磁铁和铁块。最终明确两个孤立的物体之间并非一定有力存在，但这两个物体之间一旦发生作用就可产生力，这种作用一定是相互的即力的相互作用。因此，有力发生时，每一个物体都既施力同时又受力。学习密度时，对概念的引入，首先就用天平称量或者是让学生掂量同体积的不同物质的铁块、铜块、木块、铝块等，从中认识一个事实：体积相同的不同物体质量不同，质量相同的不同物体体积不同。然后把学生的思维焦点引到物体的体积和质量上。然后对实验数据分析比较发现：同种物体的质量与体积的比值是一定的；不同种类的物体的质量与体积的比值是不同的。从而发现质量与体积的比值就反映了物质的特性，进而得出密度的概念，懂得密度是物质的一种特性的含义。在概念教学的思维加工中，我们常用到“触摸话匣、让学生表达思想”这一教学主张。我们要围绕着概括“共同属性”、抽象“本质特征”进行思维加工，通过教师精心设计有针对性的问题唤醒学生的思维，并引导学生自己提出问题，表达思想，学生参与整个教学，把物理和生活有机联系起来了，并形成定义。

（三）基础练习，熟悉概念

通过练习巩固，使学生深入理解概念。学生在形成概念的初期，对概念的掌握往往是不清晰、不完整、不深刻的，并且容易与已有的旧的概念发生混淆，甚至与原有的一些错误认识交织。这就需要通过有关的练习，在利用概念解决问题的过程中，不断地纠正、完善，最终巩固加深概念。例如，学习“弹力”和“摩擦力”这两个概念后，可以设疑：物体相互接触一定有弹力吗？两物体间存在摩擦力时一定有弹力吗？摩擦力一定阻碍物体的运动吗？（生活中常常听到“摩擦阻力”的说法），然后结合生活中的具体实例进行分析，使学生深刻体会到弹力产生的条件是“两物体相互接触发生挤压而产生弹性形变时产生弹力”，而摩擦力必须是两物体间产生弹力且有相对滑动或相对滑动趋势时产生阻碍相对运动的力。再例如“压力”和“压强”是力学中的两个重要概念，要求学生必须有深入的理解，在教学中就要对两个概念进行全面比较，找出区别和联系。通过实例让学生知道，压力和压强既有区别又有联系。压力是反映垂直压在物体表面的力，用大小、方向、作用点来描述它。压强是反映压力作用效果的物理量，它是由压力的大小和受力面积决定的。它们的联系是受力面积一定时，压力越大，压强越大。如果我们能对不同概念异中求同找联系，同中求异抓类比，这样就能掌握概念之间的联系和区别，从而达到深化理解概念的目的。可见，要真正地掌握物理概念，必须经过运用进行巩固、深化的过程，让学生“触摸记忆，内化认识”，使学生能灵活应用才是学好概念的最终目的。

（四）联系实际，勇于实践

学生在概念形成的初期，对概念的掌握是不完全、不深刻的，需要通过联系实际、运用概念分析和解决实际问题，才能使学生学得生动、扎实，以巩固和深化所学的概念，才能检验学生对概念认识是否正确。为了使学生更深刻地理解概念的本质，必须注重要领之间的区别和联系。例如在得出了动能、势能、机械能这些概念后，让学生通过荡秋千、蹦蹦床、撑竿跳高、跳板跳水、滚摆实验等实际例子，区分动能和势能，分析并解释它们如何相互转化；日常生活中处处蕴含着物理知识。例如我们在买鞋子的时候，会选择鞋底花纹多的，学习摩擦力后我们知道，花纹多增加了接触面的粗糙程度，会更加地防滑，一些物理小知识就是生活的小妙招。怎样才能在运用概念中培养学生的独立思考能力呢？“玩中学，用中悟”。在教学中要让学生参与到获取知识的过程中去，通过自己的亲身实践“悟”出道理，掌握获取知识的手段和方法。在教学中教师不能替代学生的思维活动，要给学生留有分析问题、思考问题的时间和空间，激发起学习的主动性，这样对学生的思维能力才能发展。综合上述，要上好初中物理概念教学，首先创设情境，获得感知，接着思维加工，形成定义，然后基础练习，熟悉概念，最后联系实际，用于实践。在今后的物理教学中，我将继续深化“触摸悟理”教学主张，让我的物理教学能真正达到“探物明理逐本溯源”，学生的物理核心素养随之提升。

案例一 《压强》教学设计

<table>
<tr><td>课名</td><td colspan="5">《压强》</td></tr>
<tr><td>学科</td><td>物理</td><td>章节</td><td>第九章
第 1 节</td><td>教材版本</td><td>人教版</td></tr>
<tr><td>课时</td><td>第 1 课时</td><td>课型</td><td>新授课</td><td>年级</td><td>八年级</td></tr>
<tr><td colspan="6">一、教学目标
1. 认识压力，通过演示实验受力分析，知道压力在什么情况下与重力相等；
2. 能通过实验，探究压力的作用效果跟压力的大小和受力面积的关系；
3. 能熟练地写出压强公式、单位，会使用压强公式进行简单的计算。</td></tr>
<tr><td colspan="6">二、学习者分析
在学习本节课之前，学生已经学习了力学的基础知识。控制变量、对比、归纳等学习方法，在以前的学习中也已有所涉及，这为本节课提供了方法基础。八年级学生思维活跃，好奇心强，但学生学习的积极性不高、不够灵活，这就需要教师在教法上作一改进，让学生成为学习的主人，进行探究性学习，从而培养学生的学习兴趣，启发思维，提高学习的积极性，培养良好的学习习惯及分析问题、解决问题的能力。</td></tr>
<tr><td colspan="6">三、教学重难点分析
重难点 1：压力和重力的区别和联系。
解决方案：利用生活中的常见模型进行受力分析，课后布置表格法进行对比区分。
重难点 2：探究影响压力作用效果的因素。
解决方案：学生之前对控制变量法已经有了方法基础，本次探究过程，完全由学生设计完成，采用小组合作的形式，交流互助，学生展示，质疑补充，加深对合作探究的理解。
重难点 3：利用压强公式进行计算。
解决方案：自学课本例题，培养学生从书本中获取知识的能力。</td></tr>
</table>

续表

四、教学设计			
教学环节	教学内容	学生活动	设计意图
创景引课	用纸筒拼成一个台子，在上面放上玻璃板，学生可以站立在上面；去掉玻璃板后，学生再次站立上去，观察到纸筒台坍塌了。	一位同学上台体验，其他同学观察纸筒台状态，思考导致不同结果的原因。	引发学生兴趣。
自主学习展示	1. 什么叫压力、压力的方向是？（在生活模型图上画出压力的示意图） 2. 展示体重秤的两次示数，得到斜面上压力小于水平面上压力。	学生主动展示，分享自主学习成果，跟随老师利用受力分析，得到水平面上压力和重力的关系，其他同学质疑补充，攻克第一个重难点。	知道压力的概念，会区分压力和重力的区别与联系；应用家校作业，对预习内容进行补充纠错，培养学生质疑交流的能力。
实验猜想	实验 1：用不同大小的力按压气球，观察气球的形变量。 实验 2：用相同的力按压一支铅笔的笔尖和笔尾，体会作用效果。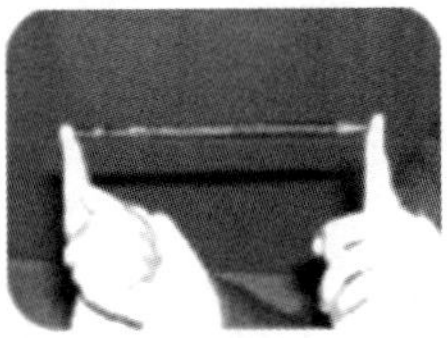	完成两次小实验，猜想影响压力作用效果的因素。	学生提出压力的作用效果与压力大小、受力面积有关，以此为基础进行实验设计。

续表

四、教学设计			
教学环节	教学内容	学生活动	设计意图
小组合作设计实验并展示	思考下列4个问题，根据提供的实验器材自行设计实验进行探究： A. 如何改变压力的大小； B. 如何改变受力面积的大小； C. 如何比较压力的作用效果； D. 实验需要用什么探究方法。 方案一：    方案二： 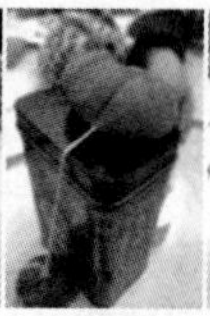 拓展实验： 将气球按压在钉板和单个铁钉上观察现象——压力的作用效果与受力面积有关。	小组合作，完成实验探究的过程，得到影响压力作用效果的两个因素——受力面积和压力的大小，并得到具体的大小关系。 体会控制变量法。 根据实验结论解释引课部分纸筒台实验的现象。	会用控制变量法、转换法设计实验；小组合作完成探究实验的过程，得到实验结论并进行展示，其他学生补充质疑，锻炼学生的合作能力、表达能力。 应用教学助手中随堂拍摄的功能，使不易留存的实验现象保留，便于学生交流。

续表

四、教学设计			
教学环节	教学内容	学生活动	设计意图
压强	如图所示，萌萌、阳阳、宁宁三位同学均在沙地中站立，萌萌同学重 500 N，双脚与地面接触面积为 460 cm^2；阳阳同学也重 500 N，双脚与地面接触面积为 520 cm^2；宁宁同学重 750 N，双脚与地面接触面积为 520 cm^2。  思考： （1）萌萌、阳阳两位同学站在沙地中，哪个沙坑凹陷程度大？ （2）阳阳、宁宁两位同学站在沙地中，哪个沙坑凹陷程度大？ （3）萌萌、宁宁两位同学站在沙地中，哪个沙坑凹陷程度大？ 当压力和受力面积都不相同时，比较压力的作用效果，得到压强的定义：物体受到的压力和受力面积的比值。	思考：压力大小和受力面积均不相等的情况，如何表示压力的作用效果？得到压强的定义。	以身边同学为例，引起学生兴趣；相同压力、相同受力面积条件下比较压力的作用效果，加深对实验结论的理解；抛出压力、受力面积都不相等时如何比较这一问题，循序渐进，学生自然而然推出比值，从而得到压强的定义。

续表

<table>
<tr><th colspan="4">四、教学设计</th></tr>
<tr><th>教学环节</th><th>教学内容</th><th>学生活动</th><th>设计意图</th></tr>
<tr><td>压强</td><td>由定义得到压强的公式、单位
1 Pa 的大小：一张银川日报对折平铺在桌面上对桌面的压强即为 1 Pa。

例题训练。

改变受力面积、压力大小。</td><td>自学课本例题并完成计算。</td><td>用具体物体帮助学生理解 1Pa 的大小；锻炼学生的自学能力，从课本上获取知识，学会用压强的公式进行计算。

增大压强、减小压强的方法及应用。</td></tr>
<tr><td>课堂小结</td><td colspan="2">学生通过学生平板弹幕的方式说说本节课的收获，对知识点进行小结。</td><td>应用平板弹幕，形式新，学生感兴趣。</td></tr>
<tr><th colspan="4">五、教学流程图</th></tr>
<tr><td colspan="4">创景引课──►自主学习展示──►实验过渡猜想──►合作探究及小组展示──►压强的定义──►压强公式计算练习──►课堂小结</td></tr>
<tr><th colspan="4">六、板书设计</th></tr>
<tr><td colspan="4">9.1　压强
1. 压力：垂直作用在物体表面上的力。
2. 压力一定时，受力面积越小，压力的作用效果越明显；受力面积一定时，压力越大，压力的作用效果越明显。
3. 压强 $P=\frac{F}{s}$，单位：1 Pa=1 N/m^2。</td></tr>
<tr><th colspan="4">七、教学反思</th></tr>
<tr><td colspan="4">本次课教学设计的环节，以学生为主体，大多为学生展示交流的活动，而学生平板也为学生的交流提供便利，在教学组织上，让学生讲，质疑补充的环节，让每一位学生都参与进来，体现了学生为主体；另外实验探究的过程，也是完全放手让学生去做，去设计，将之前学习的研究方法都用起来，完成一个完整的实验探究的过程，新技术也使得同学们更直观地看到实验现象，使实验的完整性更高，所以作为新时代教师，应该乘科技发展之风，巧用新技术，服务于教学。
在教学过程中，我也注意到学生能够积极主动思考，能够完成预定的教学目标，突破教学重难点。但作为教师提问技巧可以再改进，目的要更明确，学生才能准确表达，达到想要的课堂效果；教师的有意引导的精练的语言表述可以使课堂更简明顺畅，这在以后的教学中要更重视。</td></tr>
</table>

案例二 《摩擦力》教学设计

课名	摩擦力				
学科	物理	章节	第七章第 3 节	教材版本	人教版
课时	第 1 课时	课型	新授课	年级	八年级

一、教学目标

1. 知道什么是摩擦力，认识三种摩擦力，能根据二力平衡的条件，用弹簧测力计粗略地测量水平运动物体所受的滑动摩擦力；
2. 探究并了解滑动摩擦力的大小与哪些因素有关；
3. 初步掌握用控制变量的思想设计实验的一般过程。

二、教学重难点分析

教学重点：
探究滑动摩擦力的大小与哪些因素有关。
教学难点：
1. 摩擦力方向的判断；
2. 形成猜想探究“滑动摩擦力大小可能与哪些因素有关”的过程。

三、教学设计

教学环节	教学内容	学生活动	设计意图
创景引课	跑操过程中的现象，录制两个小视频。 	观察现象，思考原因。	以生活中的现象为例，引起学生兴趣，结合生活实际，引出课题。

续表

<table>
<tr><td colspan="4">三、教学设计</td></tr>
<tr><td>教学环节</td><td>教学内容</td><td>学生活动</td><td>设计意图</td></tr>
<tr><td>自主学习展示</td><td>根据讲学稿提示内容，自主学习。
1. 感受摩擦力：将手放在桌子上，让手相对桌面滑动，你有什么感觉？
2. 想想生活中的哪些场景中有摩擦力？
3. 认识摩擦力
（1）摩擦力可分为：______、______、______三种。
（2）滑动摩擦力的方向：____</td><td>完成自主学习内容，并进行展示，体会生活中的摩擦力。</td><td>让学生真实感知摩擦力，生活情景中的摩擦力，便于学生定义摩擦力、理解摩擦力。</td></tr>
<tr><td>实验猜想</td><td>影响摩擦力大小的因素。</td><td>根据图片和生活经历猜想，得到探究滑动摩擦力影响因素的探究方向。</td><td>合理猜想、敢于表达。</td></tr>
<tr><td>小组合作设计实验并展示</td><td>1. 实验设计：思考下列 4 个问题
（1）如何测量滑动摩擦力？
（2）如何改变压力的大小？
（3）如何改变接触面的粗糙程度？
（4）实验中需要用到什么探究方法？
2. 实验过程：<table><tr><td>实验次数</td><td>压力</td><td>接触面</td><td>摩擦力（N）</td></tr><tr><td>1</td><td>木块</td><td>木板</td><td></td></tr><tr><td>2</td><td>木块加砝码</td><td>木板</td><td></td></tr><tr><td>3</td><td>木块</td><td>手巾</td><td></td></tr></table></td><td>小组合作完成实验探究，找到影响滑动摩擦力大小的因素。</td><td>根据学生的猜想，自己思考问题完成实验设计，这个过程对具体操作、探究方法都有涉及，培养学生的科学思维。</td></tr>
</table>

续表

三、教学设计			
教学环节	教学内容	学生活动	设计意图
小组合作设计实验并展示	A. 分析比较 1、2 两次实验数据和现象，得出：摩擦力大小与__________有关。 B. 分析比较 1、3 两次实验数据和现象，得出：摩擦力大小与__________有关。 综合分析 A 和 B，得出的结论是：________影响摩擦力大小的有关因素：滑动摩擦力的大小跟物体间______及______有关。接触面越__________，压力_______，滑动摩擦力越大。	小组合作完成实验探究，找到影响滑动摩擦力大小的因素。	根据学生的猜想，自己思考问题完成实验设计，这个过程对具体操作、探究方法都有涉及，培养学生的科学思维。
交流与合作	为了减小实验误差，我们可以将实验改进如下： 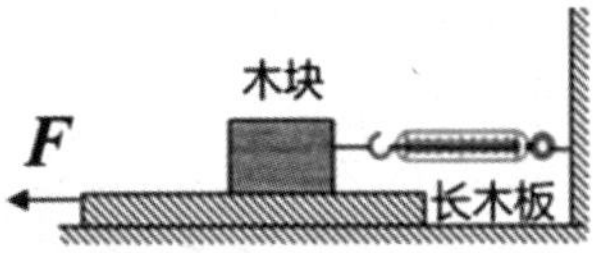 		
补充实验	改进方案一：用测力计拉着木块保持不动，拉动下面的长木板（已录制视频）。 这样改进的优点是： 无论怎样拉动长木板，木块相对于桌面始终静止，拉力始终等于摩擦力，测力计示数更加稳定。 改进方案二：自制摩擦力。	思考改进方案，理解摩擦力大小与速度大小无关。	一步步寻找改进方法，最终得到与科技跨学科融合的演示，培养学生的核心素养。

续表

三、教学设计			
教学环节	教学内容	学生活动	设计意图
补充实验			
摩擦力的应用	自行车中哪些地方是如何增大和减小摩擦的： （1）演示图片：用力捏刹车。思考：用力捏刹车通过什么方法来增大还是减小摩擦的。 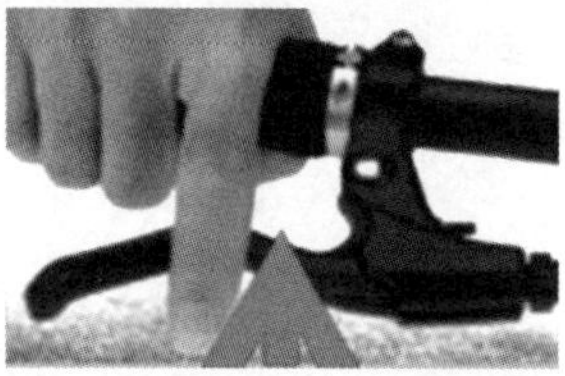 （2）演示图片：轮胎的花纹。思考：轮胎的花纹是通过什么方法来增大还是减小摩擦的？ 	通过思考让学生明确： （1）用力捏刹车是通过增大压力的方法增大摩擦的。 （2）轮胎的花纹通过增加接触面的粗糙程度，从而增大摩擦的。	体会物理与生活的密切关系，激发学习兴趣。 采用的方法是从具体形象到抽象概括，由浅入深，符合初中学生的认知规律。

续表

三、教学设计			
教学环节	教学内容	学生活动	设计意图
摩擦力的应用	（3）演示图片：车把手和脚蹬的花纹。 思考：车把手和脚蹬的花纹是通过什么方法来增大还是减小摩擦的？ 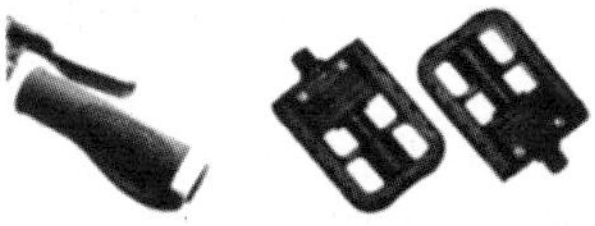 （4）播放视频：滚动轴承。 思考：滚动轴承是通过什么方法来增大还是减小摩擦的？  （5）演示图片：加润滑油。 思考：加润滑油是通过什么方法来增大还是减小摩擦的？ 	（3）车把手和脚蹬的花纹通过增加接触面的粗糙程度，从而增大摩擦。 （4）滚动轴承是通过用滚动代替滑动的方法减小摩擦的。 （5）加润滑油是通过使接触面分离的方法，从而减小摩擦。	培养科学观察和认真思考能力和对知识的应用能力。

续表

四、教学反思
在摩擦力这节课中，可以在以下几个方面进行创新： 1. 利用信息技术：利用多媒体或交互式课件等信息技术手段，将摩擦力的现象和原理以更加生动、形象的方式呈现给学生。例如，可以用动画或视频展示不同条件下的摩擦力情况，让学生更加直观地理解摩擦力的原理。 2. 引入趣味实验：在课堂上进行一些有趣的实验，让学生通过亲身参与来加深对摩擦力的理解。例如，可以让学生用不同材质的纸在桌子上进行滑动，观察不同材质对摩擦力的影响。 3. 创新教学方法：采用一些新的教学方法，如小组合作等，让学生在课堂上更加主动地参与到学习中来。 4. 联系实际生活：可以将所学的知识应用到实际生活中来，让学生解决一些实际问题，以学生熟悉的自行车为例，解释相关的摩擦现象，这样可以让学生更加深入地理解和掌握所学的知识。 5. 进行科学探究：设计一些科学探究活动，让学生在探究过程中深入理解摩擦力的规律和原理。例如，可以让学生研究不同因素对摩擦力的影响，并记录实验数据和结论，这样不仅可以加深对摩擦力的理解，还可以培养学生的科学探究能力和实验技能。 通过以上创新方法，可以让学生更加深入地理解和掌握摩擦力的基本概念和原理，同时也可以培养学生的科学素养和创新精神。

案例三 《磁现象　磁场》教学设计

一、教材与学情分析

1. 教材分析

《磁现象　磁场》是人教版第二十章第一节课，从整个章节的知识安排来看，本节是此章的知识预备阶段，是本章后期学习的基础，是让学生建立学习磁知识兴趣的第一课，也是让学生建立电磁相互联系这一观点很重要的一节课，为以后学习电磁感应等知识提供铺垫。磁现象一节所包含的内容较多，涉及了磁体、磁极、磁化、磁场、磁感线等一系列与“磁”有关的物理概念、模型，其中磁场的特性和磁场的描述是本节课的重点和难点，如何借助实验引导学生利用“转换”的思想将抽象问题形象化，通过思维的迁移帮助理解磁感线的作用是本节课要着力突破的难点。

2. 学情分析

学生在小学阶段的科学课曾经学习过与磁有关的一些知识，知道关于磁性、磁极的基本知识，了解同名磁极相排斥、异名磁极相吸引的特性，知道可以利用磁体制作指南针等知识。在日常生活的一些环境和用（玩）具上经常看到磁体的应用，如门吸、磁扣、磁画板等，所以学生对磁并不陌生，这些都是我们应用建构主义理论组织课堂教学的有利因素。但是学生的逻辑思维能力和空间想象能力相对薄弱，又是第一次接触“场”概念，这需要教师在教学手段上要借助转换等方式形象化地表现磁场的有无以及磁场的特点。

3. 学习目标

（1）了解日常生活中常见的磁现象有哪些；

（2）知道磁性、磁体、磁化概念，知道磁极的规定，知道磁极间的相互作用；

（3）知道磁体周围存在着磁场，并且磁场具有方向性；

（4）知道磁感线可以用来形象地描述磁场，知道磁感线的方向是怎样规定的；

（5）知道地球周围有磁场以及磁场的南北极。

4. 教学重难点

（1）重点：理解掌握磁场的性质；

（2）难点：磁场和磁感线的分析。

二、教学环节设计

教师活动	学生活动	设计意图
1. 导入新课，板书课题 老师做演示实验，具有磁铁的小车靠近磁铁就会运动起来，不让学生看到磁铁，让学生猜想为什么小车会运动，从而导入新课。	认真观看，思考小车为什么会运动。	通过实验，引领学生兴趣，激起学生的探究欲望。
2. 磁性、磁极、磁化 活动：认识磁场。 让学生通过实验来认识磁铁的性质（将各种器材发给学生，学生通过探究，总结磁铁的性质）。 提问： （1）磁铁能吸引什么？ （2）磁铁各处的吸引力大小是否一样？ （3）铁和钢靠近磁铁后有何性质，是否具有磁性？	自主选用老师发放的器材，完成三个问题的探究：（1）拿磁铁靠近各种材料，感受磁性，总结什么是磁性；（2）条形磁铁和U形磁铁各处的吸引力是否相同，如何体现？（3）铁和钢靠近磁铁会有什么变化？有没有磁性？ 	问题引导学生完成实验探究，切实感受磁性、磁极、磁化的概念。
3. 磁极间相互作用 引导学生总结磁极概念，并进行命名，提出问题——磁极间有没有相互作用？是怎样的相互作用？ 学生得到结论后，教师对我国磁悬浮的应用进行介绍。	选用器材进行探究，可以选用两个条形磁铁和塑料小车；或者两个U形磁铁，最终得到“同名磁极相互排斥、异名磁极相互吸引”。  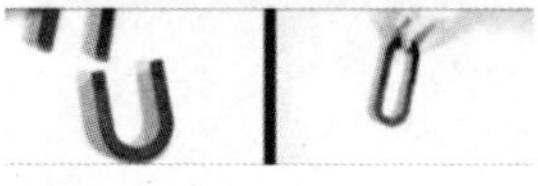	磁极间相互作用，学生在之前的生活经验中都有获得，在课堂上用标明的磁极进行实验，明确的现象是探究，也是在原有知识结构上的验证。 同时，介绍我国磁悬浮列车的成就，培养学生的爱国主义情怀和民族自豪感，是对学生核心素养的培养。

续表

教师活动	学生活动	设计意图
4. 磁场、磁感线 引导学生思考为什么磁铁附近的磁针会转动方向，两者并不接触。 用木棍和气流来影响磁针，受到外界干扰后不能指南北。说明磁铁周围存在着物质干扰磁针，这种物质我们把它叫做磁场。 磁场——→磁针 磁场看不见摸不着，该如何去研究磁场呢？类比于如何去研究风来研究磁场。打开电吹风做实验，让学生猜想风是向哪吹（利用自制的可以吹循环风教具），引入风向线的概念，以及使用风向线有什么好处。学生思考归纳得出研究风的方法。 作用 风←——→布条 同理也可利用磁针来研究磁场 作用 磁场←——→磁针	首先，在玻璃板上均匀地撒上铁屑，将条形磁铁放在玻璃板上，可以看到磁场的强弱分布； 将小磁针按照磁场强弱分布摆放在磁铁周围，观察小磁针的方向，得知磁场的方向。 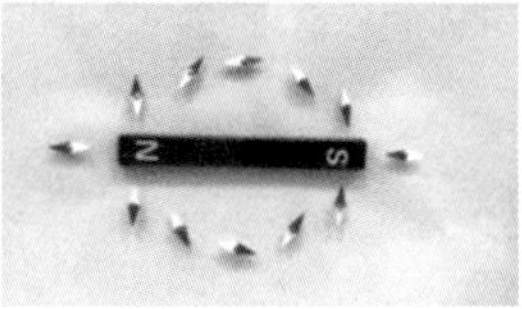	磁场是看不见摸不着的，先证明它的存在，再将磁场可视化，类比风的方向，根据铁屑分布、磁针指向，由——→磁场——→分布方向。 一步步探究，最终得到磁场的性质，在此基础上磁感线的表示也就顺其自然能够得到了。
5. 指南针、地磁场 指南针为什么可以指南北——地磁场； 指南针的发明对人类社会发展的贡献； 介绍地磁偏角——沈括《梦溪笔谈》。	了解我国对磁研究的历史和成就。	培养学生科学态度与责任的核心素养。
	小组进行小结并交流。	

三、培养学生大胆质疑精神

师：同学们都认识得很到位，还有什么疑问吗？

生：如果我们切断磁体，会发生什么情况呢？每一个磁体都只剩下一个磁极了吗？

师：在现场，我们使用工具割断一根条状磁铁，并将其中一段放置于实体投影仪下。接着，让这根条形磁铁接近小磁针，结果发现它的两端都能与小磁针产生磁体间的互动，而且它们的磁性是相反的。这究竟说明了什么呢？

生：这表明，被切断的磁体仍然保持两个磁极，而且它们的性质是不同的。

师：还有疑问吗？

生：是不是会产生四个磁极的磁体，这取决于我们将被切断的两段磁体再次黏合在一起？

教师：我们来实际操作一下，在一段磁体的两端吸附小铁钉，然后用另一段磁体紧密地贴合在断裂部位。观察到靠近断裂部位的铁钉已经掉落，而另一边的铁钉却仍然被吸引，这说明了什么呢？

生：这表明，当被切断的两个磁体联合起来时，其密集区域的磁性会逐渐降低，几乎为零。在此情况下，整体上仍然只有两个磁极。

观察一下教师在课程中的解释疑问环节，他们必须迅速处理学生在学习前的准备阶段或课堂上产生的问题。这个任务的关键难点在于无法预测的学生提问，因此教师需要广泛阅读各种教材和案例来预测可能出现的问题。在这个过程中，学生的主动参与度被激发出来，他们积极思考并且勇敢地提出自己的见解，这是对物理教育核心理念——怀疑精神的培育。回顾一下物理学的历史发展，许多重要的突破都源于学者们敢于挑战现有的观点。在此之后，一些学生提出了关于“生活中是否有磁性的小球？如果存在的话，它们在哪里呢？”这一问题。下课后，这些学生组成了团队一起探讨这个问题，查找了很多相关信息，并对该主题作出了大胆的假设。虽然最后他们的讨论结果并不确定，但是我们确信当他们在未来遇到相似的问题时，依然会保持这种质疑的精神和探索的态度。通过这样一种教导方法，我们可以引领学生尊崇事实和依据，从而培养出他们的实际观念和严格的学习态度。由此可见，学生就能用科学的方法去理解世界、解决问题、构建模式、进行科学推理、形成科学论述、勇于创新等，也能根据证据大胆质疑，全面考虑问题。

另外，在授课过程中，关于培养学生的质疑精神，可以注意以下几点：

1. 创造一个鼓励学生提问和质疑的课堂氛围：学生通常会在一个安全和积极的环境中表达自己的观点和问题。因此，教师应该营造一个宽松愉悦的课堂氛围，让学生感到舒适并愿意表达自己的想法。

2. 教授批判性思维技巧：批判性思维是鼓励学生提问和质疑的重要思维。教师应该教授学生如何评估信息的可靠性、识别假设、分析证据和得出结论。这需要教师在授课过程中提供具体案例并引领学生进行批判性思维训练。

3. 引入互动和小组讨论：通过引入互动和小组讨论，可以让学生在课堂上相互交流和分享观点。这有助于激发他们对所学知识的思考和质疑，也有助于培养他们的团队合作能力。

4. 鼓励学生对问题进行深入的思考：教师应该鼓励学生对所学的物理概念和现象进行深入的思考。这可以通过布置具有挑战性的问题、引导学生进行实验探究或要求学生寻找更多的问题来得以实现。

5. 提供适当的反馈和评价：教师应该及时给予学生适当的反馈和评价，以帮助他们了解自己的问题和不足之处。同时，教师也应该在适当的时候表扬和鼓励学生，以增强他们的自信心和学习动力。

四、德育教育、情感升华

“育人”先“育德”，育人育才的有机统一，是教育的基本任务，因此，在课堂教学中要注重渗透课程思政，始终坚持以德立身、以德立学、以德施教，注重加强对学生的世界观、人生观和价值观的教育。培养学生科学态度与社会责任的物理核心素养。本节课程设计中涉及我国宋代科学家赵括第一个发现地磁偏角的存在；我国古代四大发明之一指南针的使用，可拓展到我国的航海事业发展；介绍并视频宣传科技成果，如中国航天日宣传片、超级工程———北斗导航系统视频、中国高铁记录宣传片、中国高温超导磁悬浮介绍视频。激发学生的爱国情感，感受中国科技发展的力量，培养作为中国人的归属感和自豪感，坚定强国的信念。

五、教学流程图

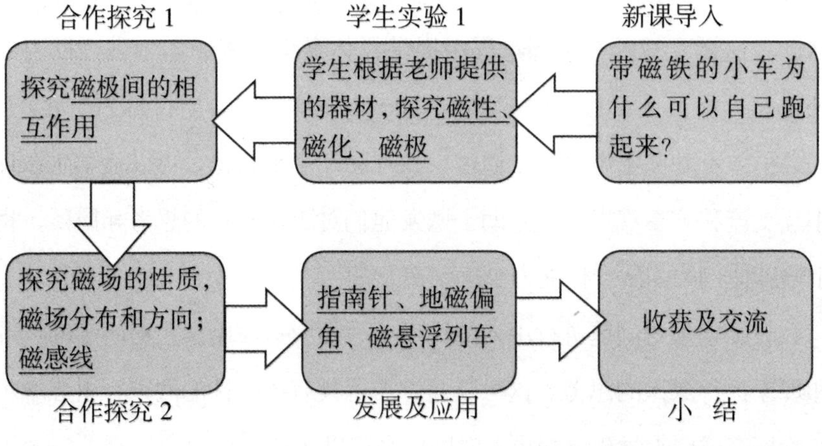

六、教学评价与反思

上述课例中的课堂以学生为主体，教师为主导，学生在课前、课中、课后对本节课进行了持续性的思考。如果说支架式教学是一种教学形式的改革，那么核心素养的提出就是在形式的基础上对内容层面的追求。教师在教研中不仅要注意形式，更要以核心素养的内容为指导，培养适合于未来社会的高素质科技人才。本节课还有一条是民族自豪感和肩负历史使命感的主线，从一开始的我骄傲我是中国人，到最后的厉害了我的国，从古代的四大发明、地磁偏角的发现到现代的"一带一路"、超导磁悬浮列车，都遥遥领先于其他国家，无不体现了中国人的智慧和气魄。这种大国风范值得每一位中国人骄傲和自豪，我们就需要在课堂上把这种正能量传递给学生。学生感受到的是一种无形的力量，使学生在学习知识的过程中，情感上也得到升华，将立德树人的根本任务落实到物理学科教学中。

当然本节课还有可以改进的地方，"互联网 +"教育已成为大势所趋，能够在课堂中更好地辅助教学。在本节课的教学环节中，可以添加上相关设计，比如课前的微课学习反馈，了解生活中的磁现象；小组交流展示中可以借助智能工具、学生平板等；课后也可以借助互联网查阅我国磁研究的成果展示等。

物理实验能够为学生提供直观的感性认识。在教授磁现象时，学生可以通过观察实验结果来理解磁场的分布和磁极之间的互动等。这些实验结果有助于他们更深入地掌握磁现象的本质和规律。其次，物理实验可以帮助学生验证和理解理论知识。在初中物理磁现象的教学中，学生可以通过实验验证磁场的分布规律、磁极间的相互作用规律等理论知识。实验验证可以帮助学生更好地理解和记忆相关知识，提高学生的学习效果。在进行磁现象实验时，学生需要执行操作步骤、观察实际情况、记录数据并分析结果等。这些活动能够提升他们的观测技巧、实践技能以及科研探索能力，有助于他们掌握基础的科学实验方法和技术。同时，通过实验中的团队合作和交流，还可以培养学生的合作精神和沟通能力。

身为初中物理教师，我们有能力在磁现象的实验中进行创新性的探索，以便让学生对磁现象的相关知识有更深入的理解。以下是一些可能的实验创新：

1. 探索磁悬浮列车原理：可以利用磁体和线圈等器材，模拟磁悬浮列车的原理，让学生观察磁体在磁场中的悬浮和移动，并探究其原理和应用。

2. 研究磁记录原理：可以引导学生探究录音机和计算机磁盘等磁记录设备的原理，通过实验观察和探究磁记录的原理和应用。

3. 制作简易指南针：可以利用磁体和针等器材制作简易指南针，让学生探究磁极间的相互作用和地磁场的分布规律。

第六章　初中物理试题命制和设计的实践创新策略

《义务教育物理课程标准（2022年版）》指出：初中物理学业水平考试的主要目的是检测学生在义务教育阶段结束时的学业成就，为初中毕业和升学提供重要依据，为评价区域和学校的教学质量提供参考，为改进教学提供指导，体现立德树人、服务选才、引导教学的评价理念。

一、研读课程标准，明确试题命制的基本理念和原则

考试的命题应根据学科课程标准，加强试题与社会实际和学生生活的联系，注重考查学生对物理学科核心素养掌握情况，特别是在具体情境中综合运用所学知识分析和解决问题的能力，杜绝设置偏题、怪题。

（一）命题的基本理念

1. 坚持以学生为本，面向全体学生

按照教育面向全体学生的要求，严格依据《义务教育物理课程标准（2022年版）》命题，加强与社会实际和学生生活实际的联系。命题总的思路是面向全体学生，注重学生发展，培养学生核心素养。根据学生的年龄特征、思

维特点、物理背景和生活经验编制试题，关注试题的基础性和选拔性。

2. 强调能力立意，重视应用性

试题应重视对学生运用所学的基础知识和技能分析问题、解决问题能力的考查。近年来的试题充分体现了“从生活走向物理，从物理走向社会”的课程理念，将物理知识融入真实、生动的场景中。

3. 注重综合性，增强探究性

科学探究试题注重考查实验探究过程，强化对实验方法、实验设计和实验基本技能的考查；注重观察能力、动手能力以及对实验数据的归纳总结能力的考查。这样有利于引导教师重视科学探究，重视学生的基本实验技能的培养，进而培养学生实践能力和创新精神的目的。

4. 坚持教育性，体现时代性

命题应体现科学态度与责任。结合社会热点、焦点问题，引导学生关注国家、人类和世界的命运。要结合时代特点，特别是科技前沿知识应做一定的考查。试题情景要紧密联系学生的生活和社会实际，强调人与自然、社会协调发展的现代意识。

（二）命题的原则

1. 指导性

正确发挥考试的导向功能，要强化育人导向，体现考试评价对落实课程标准要求、培养学生核心素养的促进作用。考试命题要坚持素养立意，全面考查学生的物理观念、科学思维、科学探究、科学态度与责任。

2. 规范性

强化命题流程规范，严格试题质量评估，建立质量监测机制，确保命题框架合理、试题命制规范、内容准确无误、情境问题恰当、语言表达清晰、考试结果真实有效。

3. 科学性

考试要依据课程内容和学业质量标准，保证命题框架、试题情境等符合相关要求；根据评价内容的特点，深入理解核心素养内涵，引导试题创新，设计合适的问题任务。试题表述要规范，问题明确，语言简洁，图形清楚，专业术语准确。

4. 适度性

试题要符合教育测量学的指标，重视试题的信度和效度。试题的难度比例适当，要有利于各种程度的学生都能考出自己水平。

二、研读课程标准，把握物理试题的方向

课程标准是教材编写、教学、评估和考试命题的依据。

（一）对物理观念的考查

考查物理基础知识、基本规律、定律时不应该是死记硬背的知识，学生通过运用与理解就能容易回答，应该是平时探究活动中知识的再现，要结合时代特点，特别是科技前沿知识应做一定的考查，从而落实新的基础知识。考查基础知识的题目也应创设一定的情境，情境要紧密联系学生的生活和社会实际，强调人与自然、社会协调发展的现代意识。

（二）对科学探究、科学思维的考查

主要指会正确操作基本的实验器材，动手安装实验装置，会利用身边的器材进行实验，关注学生的实验过程并会分析得出结论。科学探究是考试的重中之重，通过对学生的科学探究能力、对科学探究方法和意义的理解，渗透关注学生的思维过程。结合与物理学有关的自然、生活和生产中的事实、

现象等考查学生的科学探究能力。

（三）对科学态度与责任的考查

考查学生的社会实践能力、调查研究能力等使学生关注社会，贯彻科学发展观，充分体现“科学·技术·社会”教育思想。

（四）对跨学科实践的考查

物理学科与日常生活、工程实践、社会发展及社会热点，这部分内容可以发展学生跨学科运用知识的能力、分析和解决问题的综合能力、动手操作的实践能力，培养学生积极认真的学习态度和乐于实践、敢于创新的精神。

三、研读课程标准，把握物理试题的结构

（一）内容结构

全面考查物理观念、科学思维、科学探究、科学态度与责任及其综合表现，命题范围应包括“物质”“运动和相互作用”“能量”“实验探究”“跨学科实践”五大主题所涉及的相关内容，依据核心素养所涉及的要素和课程内容等规划相应试题的比例。

（二）题型结构

题型要多样化，注重发挥不同题型的测试功能。题型搭配合理，分值比例适当。选择题、填空题、实验探究题等试题比例适当。

（三）难度结构

依据课程内容与学业质量标准等确定试题的难度，注意难度分布科学合

理；从课程内容、试题情境、知识应用等不同角度设置试题难度，容易题、中档题、难题的比例设置合理。使各内容模块、素养要素、难易程度、题型题量、分值比例等搭配合理。关注试题难度、合格率、区分度等指标。

四、研读课程标准，物理试题设计做到以下几点：

（一）明确题目的考查内容和测试目标

考查内容方面，要清楚每道题目所考查的物理内容及其对应的认知水平。测试目标方面，要明确每道题目所考查的核心素养及其水平。试题应体现核心素养立意，试题命制应反映物理学科本质，重视物理内容在真实情境中的应用；要设计能展示学生思维过程的问题；要体现积极向上的价值追求等。

（二）考虑试题情境和问题的设计

要创设真实的问题情境，以便考查学生运用物理知识解释现象与解决问题的能力。试题情境要客观真实，准确可靠；试题情境要符合学生的学业水平和心理发展特点，符合学生的学习和生活实际。

（三）确定试题的评分标准

预估学生的作答情况，对可能出现的各种合理答案进行分类并划分出相应的水平，给出评分标准。参考答案表述清晰完整、无歧义，无知识性错误。

初中物理试题命制和设计是一项重要的工作，需要考虑到学生的认知水平和实际需求。通过明确考试目标、确定考试范围，设计不同类型的试题，考虑难度级别、确保试题平衡以及适应不同学生的需求。

总之，在物理试题的命制中，应站在立德树人的高度，以课程标准为依据来考查学生的物理学科核心素养。

第一节　初中物理试题命制的情境设计策略

当前，教育评价改革正在深入推进之中，考试内容改革是其中最为重要的一个方面，其中利用情境化的试题开展测试得到了国内外普遍重视。2019年，教育部颁布了《关于加强初中学业水平考试命题工作的意见》，明确提出“充分考虑城乡学生学习和生活实际，增强情境创设的真实性、典型性和适切性，提高试题情境设计水平”的要求。近几轮的国际 PISA 测试在各领域的测评素养框架中都把情境单列为一个维度，并与知识内容维度和能力维度并列，在阅读、数学和科学的测试卷中结合各类情境所命制的试题占总题量的四分之三以上，特别突出了在具体情境下解决问题能力的考查。可见，结合具体情境来设计试题已经成为国内外考试命题改革的一个共同的发展趋势。

一、情境化命题的价值意义

在纸笔测试中，情境是指结合具体的生产生活素材，运用文字、数据、图表等形式，围绕一定主题加以设置的，为呈现解题信息、设计问题任务、达成测评目标而提供的载体。一方面，试题通过情境来创设问题场景，可以激发学生的答题兴趣；另一方面，试题的情境也提供了必要的解题信息，明确问题指向，渗透了立德树人的育人功能，有助于试题考查目标的实现。开展情境化命题，其价值意义在于：第一，一道好的试题情境它本身往往就承载着核心价值的教育与宣传功能，可以在考试评价中真正落实立德树人的要求；第二，问题情境往往具有一定的新颖性，给学生提出了一些“陌生”的问题，学生在解决问题的过程中往往不能照搬过去的解题套路来解答，需要经历收集信息、灵活运用相关知识和方法来分析解决问题的全过程，这样既可以体现考试的公平性，也有效地实现了对学生能力素养的考查；第三，情境化试题往往都是理论与实际紧密结合的问题，充分体现了“从生活走向物理，从物理走向社会”的课程理念，也体现了物理学科的学习价值，对促进当前课堂教学改革中由“解题”向“解决问题”的转变具有积极的引导作用。

二、试题情境设计的要求

（一）试题情境应确保科学、真实

试题情境的科学性指的是场景真实可靠，符合科学规律，即试题所描述的场景是真实的，有事实依据，不是杜撰或道听途说的；同时，情境所涉及的过程、状态、原理等符合科学的概念和规律。科学性是一道试题的生命线，这就要求在命题过程中要严把素材选择的“源头关”，相关的情境素材必须来源于权威资料，如教材、权威工具书、期刊以及正式出版物等。如对于涉及物理学史的内容，要引用权威书籍中的相关数据资料，依据公认的内容来描述表达。当前，自媒体或网络的信息资料良莠不齐、缺乏权威，因此对于其中的信息要进行严格的筛选，不可随意引用，特别是对网络媒体中的资料更要认真审核，不能让一些不健康的信息污染了学生的心灵。此外，试题中对事实的描述、问题的呈现、数据的选取、解题方法的要求和问题解的结果都应符合客观规律，条件和解之间存在逻辑关系，不能与科学原理相悖。对于科学幻想和没有定论的科学猜想情境，可以引导学生进行讨论以提高学生兴趣，但是不能作为既成事实的情境来设置。特别是一定要注意不能将伪科学的说法或戏说作为事实创设为试题的情境，如武打片中飞檐走壁、腾云驾雾等。

（二）试题情境应体现一定的育人功能

试题情境的创设服务于试题立意与考查目标的实现，但我们不能忽视试题情境本身的教育价值，好的试题情境是落实立德树人体现考试育人的良好载体。这是由于考试，特别是像中考这样的重要考试，学生在考试中对一些试题所涉及材料的印象可能会比平时更为深刻，这些材料的价值意义在潜移默化中会对学生产生更大的影响。同时，大规模的考试也往往会成为社会普遍关注的热点，与社会生活紧密结合的试题必定会产生一定的社会反响。更为重要的是，这些试题在考后就会成为一类重要的学习资源，在新课教学或复习时会被不断地重复使用，发挥对教学的引导作用。

因此，在设计试题的情境时，要尽可能体现其应有的教育意义，如通过介绍科学史对学生进行辩证唯物主义教育；通过介绍我国的物理学进展和科技成果来进行爱国主义教育，加强民族自豪感教育；通过介绍新知识及物理对社会发展的推动作用，进行热爱科学的教育；用生活中的好人好事为情境进行品德教育；用物理学中的科学事实和科学原理进行反对伪科学等方面的教育等。

（三）试题情境所涉及内容应确保考试的公平性

学生在解答试题时，试题所创设的情境是学生答题的重要信息来源，经过情境材料刺激后，学生所表现出的差异应只与预设的测量目标和相关的内容标准相关，而与其他任何因素无关。也就是说，试题所涉及的情境，不能由于考生在性别、地域、民族、家庭背景、生活经历和背景知识的不同而产生明显差异，导致答题的偏向性，从而影响考试的公平性。

（四）试题情境的内容应与考查要求相适切

首先，试题情境应与课程标准的内容与能力要求相吻合，不能出现超出课程标准要求的内容，如涉及牛顿第三运动定律、非同一直线上的共点力平衡问题等。其次，情境应服从命题立意，围绕测量目标展开。如果使用的材料学生很熟悉，或者结合材料所设计的问题在平时的复习训练中经常遇到，学生的答题行为可能就转化为根据过去的解题经验来答题，这样试题的测量效度就会降低。因此，在试题命制时，应注意所选择的情境材料应在形式上或在内容主题上与学生复习训练中见过的材料有一些变化，但解答时涉及的概念、原理以及获取信息解决问题的方法等应该是学生熟悉的，但需要进行一定的迁移才能解决。同时，还应注意情境素材所涉及的内容要与学生的经验背景、认知水平等相契合，不能脱离学生实际造成学生答题的困难。

（五）试题情境的呈现应严谨、规范

首先，试题情境的表述语言准确，没有歧义，尽可能用学生熟悉的语言来进行表达，这有助于学生理解题意，提高考试测量的效度。其次，一份试卷中的各道试题的情境信息应尽量避免都用文字表达，尽可能以多样化的方式来呈现，如文字材料、各种数据示意图、原理图、结构图、地图、数据表等，这样做可以使试卷卷面活泼、美观，增加试卷的亲和性，同时可以使试题以一种最优化的方式来呈现，提高考生应答兴趣和对情境的理解，使考生不会由于阅读大量的文字材料而感到疲劳乏味，影响水平的正常发挥。由于学生间的智力能力倾向存在差异，有的善于文字阅读理解，有的长于数据图表的阅读分析等，试卷中各道试题的情境材料分别以不同形式出现，可以使具有不同智力能力倾向的考生都有发挥的机会，避免造成只对某一类学生有利的情况出现，从而确保考试的公平客观。最后，在具体描述试题情境时，遣词用句及图示符号等要与正式出版物（如教材）的要求相一致。要避免用日常用语替代物理术语，如“物体重量为……”应表述为“物体受到的重力为……”；物理术语应使用最新的规范表达，如“基本电荷 e——元电荷 e”“电量——电荷量”“摩擦系数——动摩擦因数”“倔强系数——劲度系数”等；电路符号要规范使用，如“电池负极用粗短线表示，现在用和正极相同粗细的短线表示”“导线T形交叉相连需加点”等；在非特殊的情况下，要使用法定的物理单位名称，如不使用“马力”“斤”等生活中的单位。

第二节　基于学科关键能力的中考物理试题命制与教学策略

2014年，教育部印发《关于全面深化课程改革落实立德树人根本任务的意见》，明确指出要研究制订学生发展核心素养体系和学业质量标准，明确学生完成不同学段、不同年级、不同学科学习内容后应该达到的程度要求，指导教师准确把握教学的深度和广度，使考试评价更加准确反映人才培养要求。由此拉开了围绕着核心素养体系的中学课程和考试改革序幕。2017年底，教育部颁布围绕核心素养修订的《普通高中物理课程标准（2017年版）》，2017年，义务教育物理课程标准正在修订中，促进物理核心素养发展也将成为初中物理教学和考试的核心任务。

一、物理学科关键能力内涵的解读

物理学科关键能力是学科核心素养的重要组成，北京师范大学物理学科教育研究团队将物理学科关键能力界定为学生顺利进行物理学科的认识活动和问题解决活动所必需的、稳定的心理调节机制，能表现出比较稳定的心理特征和行为特征，是可观察和外显的物理学习质量和学习结果，其内涵是系统化、结构化的物理学科核心知识和技能及核心活动经验图式（稳定的物理学科经验结构），能够对学习行为产生定向调节和执行调节。物理学科的认识活动和问题解决活动可分为两类：一是描述知识从不知到知的学习过程，即“知识和经验的输入”；二是从不会到会运用知识的过程，即“知识和经验的输出”。物理学科关键能力包括学习理解能力、应用实践能力和迁移创新能力3个维度。学习理解能力对应着“知识和经验的输入”过程，是对物理知识学习能力的描述，包括对知识与经验的记忆、辨识、确认、概括、关联、论证等物理学习理解活动，可分为观察记忆、概括论证、关联整合3个能力要素；应用实践能力对应着“知识和经验的输出”过程，是运用物理学科核心知识、活动经验和科学思维完成特定物理学科活动、分析和解释物理现象、解决实际问题的能力，包括分析解释物理现象、依据一定的前提对物理问题进行预测与推论、选择并设计问题解决方案等应用实践活动，可分为分析解释、推论预测、综合应用3个能力要素；迁移创新能力对应着“知识和经验的高级输出”过程，是利用物理核心知识、活动经验、科学方法等，解决陌生问题以及发现新知识和新方法的能力，包括复杂推理、发散思维、创意设计、批判思考、建构新模型等物理学科的创造性活动，可分为直觉联想、迁移与质疑、建构新模型3个能力要素。

二、指向学科关键能力的中考物理试题命制探索

中考是监测和有效反映我国义务教育阶段教育质量的重要手段，本文以近几年北京市中考物理试题为例，探究物理学科关键能力的考查。自2015年至今，北京市中考物理增加了实验探究试题的分值和数量，设置科普阅读题，从教材中、学生课堂表现中挖掘素材考查学生的学习过程，尝试在具体情景中考查物理学科关键能力。分析北京市中考物理试题，可以看到，相比于其他能力要素，对观察记忆、概括论证、关联整合、分析解释、推论预测、直觉联想6个物理学科关键能力要素的考查方式有一定的突破。

（一）观察记忆试题

学习理解是物理学习的基础，学习理解能力是物理学科关键能力的重要组成部分，观察记忆能力是学习理解能力的最基本要素。此类试题的命制主要是通过试题配图来丰富试题情境。

例1：下图所示的用具中，在使用时属于费力杠杆的是（　　）

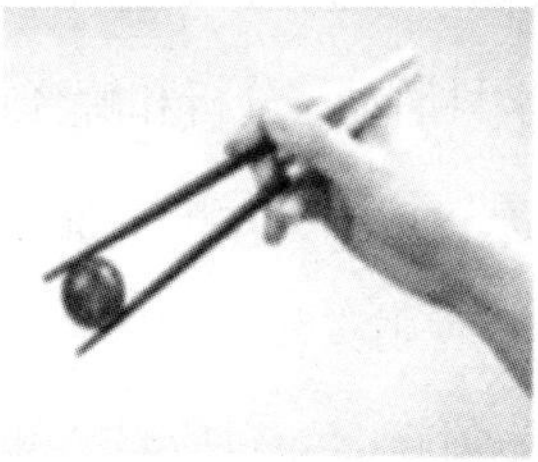

筷子
A

瓶盖起子
B

撬棒
C

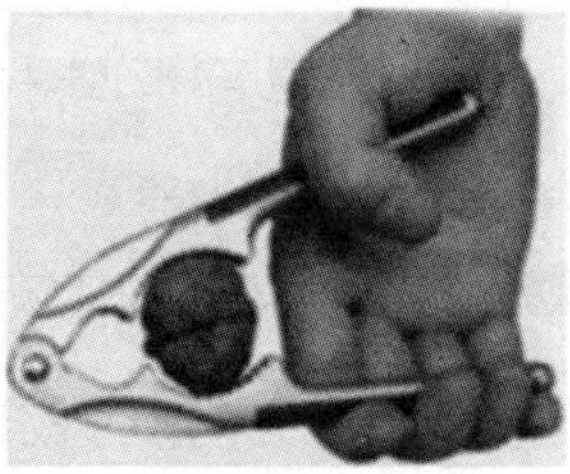

核桃夹
D

例1以实际使用的常见工具为素材，考查学生对杠杆的认识。北京市中考物理试卷有大量的试题配有图片或图形，试题作答需要学生进行观察与信息提取，并将信息与知识对应，凸显了观察记忆能力在物理学习中的基础性和重要性。

（二）概括论证试题

概括论证指学习理解过程中的抽象概括能力和知识获得的推理能力。北京市中考物理试题对概括论证的考查多依托教材中的素材，从学习过程的角度设计试题。

例2：在下图所示实验中，将小铁球从斜面顶端由静止释放，观察到它在水平桌面上运动的轨迹如图甲中虚线 OA 所示。在 OA 方向的侧旁放一磁铁，再次将小铁球从斜面顶端由静止释放，观察到它在水平桌面上运动的轨迹如图乙中虚线 OB 所示。由上述实验现象可以得出的结论是（　）

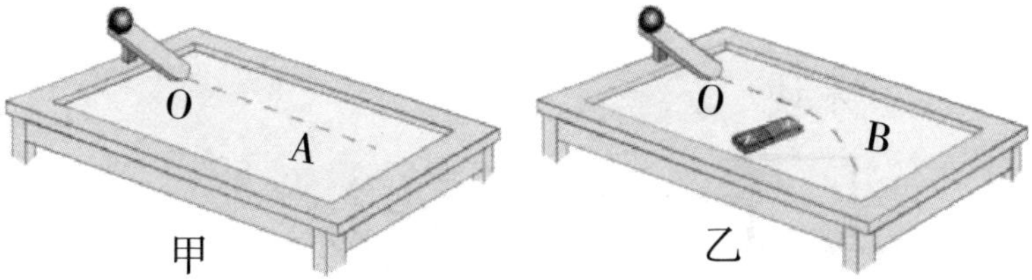

A. 小铁球在桌面上继续运动是由于受到向前的作用力

B. 磁铁对小铁球没有作用力

C. 力可以改变小铁球的运动方向

D. 力可以使小铁球发生形变

例2考查学生对运动和力关系的理解程度。该题情境素材源于人教版教材，实验用来说明力可以改变物体的运动状态。从试题的设问看，要求学生基于实验现象得出结论。通过有无磁铁时，小球运动方向变化，概括出力可以改变小球运动方向的结论。通过命制这样的试题，引导教学培养学生基于证据进行科学推理及科学论证的能力。

（三）关联整合试题

在理解物理概念的基础上，关注概念间的关联，搭建知识结构框架，是学习理解能力维度的高水平要求。考查关联整合能力要素的试题在中考命题中既起到区分功能，又能引导教学注重知识的关联和知识体系的形成。

例3：如图所示，水平台面由同种材料制成，粗糙程度均匀，在它上面放着质量为 m_1 的木块，将木块用轻绳跨过定滑轮与质量为 m_2 的钩码相连。木块在平行于台面的轻绳的拉力作用下做匀速直线运动，运动一段时间，钩码触地后立即静止，木块继续滑动一段距离停在台面上。绳重、轮与轴的摩擦均忽略不计，下列说法中正确的是（　）

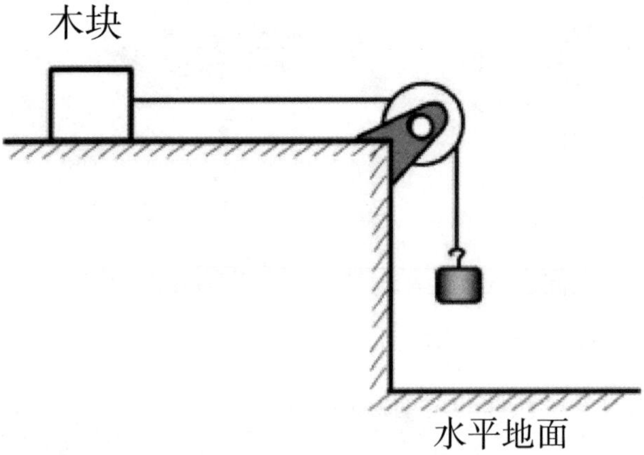

A. 木块匀速运动的过程中，木块的机械能越来越大

B. 木块匀速运动的过程中，木块和钩码所受的重力都不做功

C. 钩码触地后木块继续滑动的过程中，木块的动能越来越小

D. 钩码触地后木块继续滑动的过程中，木块所受摩擦力大小为 m_2g

例3的试题情境对初中学生来说是比较熟悉的，但也有一定难度，综合性比较强。从试题的立意看，重点考查学生对概念之间关系的理解，突出

关联整合能力要素。试题情境涉及力和运动的关系、机械能、功、摩擦力等物理概念，要判断选项是否正确，就需要将力与运动的关系、机械能及其变化等概念进行关联后整合；通过关联整合能力要素的发展，获得判断机械能变化的方法。判断重力势能与动能之和如何变化；通过在情境中提取木块匀速运动和高度不变的条件，推断出木块机械能不变的结论，从而作出正确判断。

（四）分析解释试题

分析解释能力要素是应用实践能力的一项重要指标，北京市中考物理试题注重知识的应用和问题的解决。试题结合学生日常生活中的素材，设置问题情境，要求学生从问题情境中提取关键信息，调用相应的物理概念、模型和规律，对问题情境或物理现象进行合理的解释。

例4：潜艇下潜深度一般是几百米，而“蛟龙”号下潜深度一般是几千米。“蛟龙”号在深海中必须通过抛掉压载铁实现上浮，而不是像潜艇那样采用排水的方法实现上浮，请写出可能的原因及你的理由_____。（注：本题为科普阅读题，阅读部分略）

面对例4这样一个问题情境，学生需要从试题设置的问题情境中提取“蛟龙”号和普通潜艇下潜深度不同的关键信息，再调用液体压强、物体的浮沉条件等相关知识，将普通潜艇和“蛟龙”号的工作环境进行对比分析，从而解释“蛟龙”号在几千米深的海中不能通过排水法实现上浮的原因。该题通过让学生调用所学的相关物理概念进行分析解释，达到考查分析解释能力要素的目的。

（五）推论预测试题

基于初中学生的思维水平，北京市中考物理试题考查推论预测能力要素通常是把物理问题放在具体情境中，让学生依据情境条件和相关物理知识，作出合理的猜想与假设。

例5：某同学测量额定电压为2.5V的小灯泡L在不同电压下的电阻。进行多次测量，测量的数据如下表所示。

电压 *U*/V	0.9	1.3	1.7	2.1	2.5
电流 *I*/A	0.18	0.22	0.24	0.26	0.28

①小灯泡L正常发光时的电阻RL＝________Ω。（结果保留一位小数）

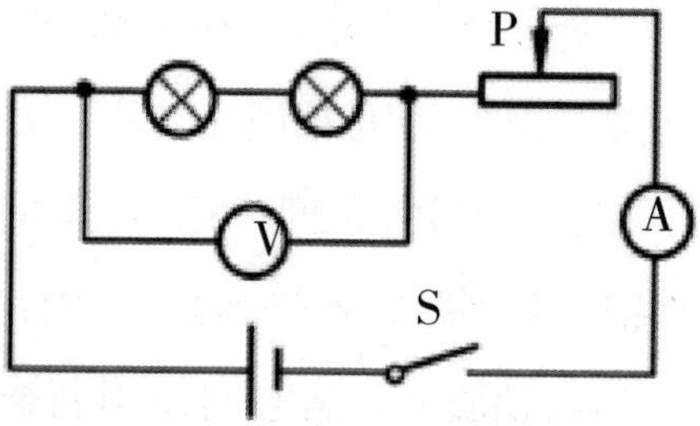

②若将与上述小灯泡L规格完全相同的2个小灯泡串联接入电路，如图所示。闭合开关，调节滑动变阻器，使电压表的示数为1.8 V，则电流表的示数应为_______A。

测小灯泡的电阻是初中物理电学中的重要实验，涉及的知识、技能较多。第①问需要学生使用表中数据，代入欧姆定律进行推理计算，考查学生的初级推理能力；第②问需要学生基于对小灯泡工作状态的认识，首先预测2个灯泡串联时每个灯泡两端的电压大小，然后基于预测结果运用欧姆定律进行推理，得到最终结果。试题给出的条件强调电阻的工作状态，通过表格中提供的数据让学生进行推理，预测电表的示数，而不是毫无根据的猜想，体现了对推论预测能力要素的考查。

（六）直觉联想试题

迁移创新能力要素主要指解决陌生问题，以及发现新知识和新方法的能力。在迁移创新3个能力要素中，迁移与质疑、构建新模型的能力对初中学生要求较高，因此，北京市中考物理试题侧重对直觉联想能力的考查。

例6：为了比较两种新型保温材料甲和乙的保温效果，将这两种保温材料分别做成形状、结构、厚度完全相同的保温筒，两个保温筒内同时分别放置完全相同、温度均为80℃的恒温源，其截面图如图所示。将两个保温筒放在室温为20℃的房间内，每隔10 min 测量一次两个保温筒外表面 A 点和 B 点处的温度，根据记录的实验数据绘制的图像如图所示，图像Ⅰ表示保温材料甲做成的保温筒外表面温度随时间变化的图像，图像Ⅱ表示保温材料乙做成的保温筒外表面温度随时间变化的图像。根据实验过程及图像，下列4个选项中，判断正确的是（　）

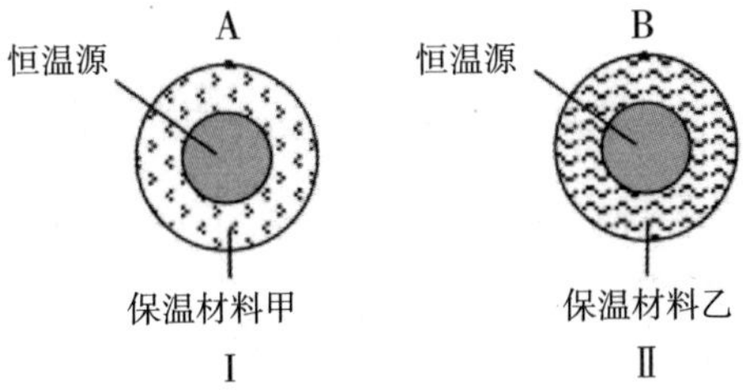

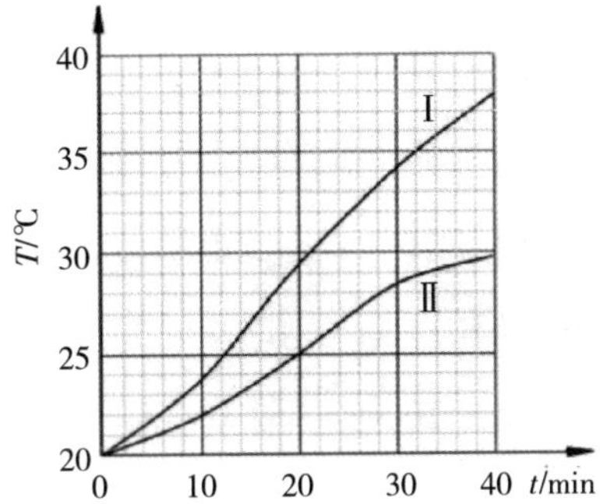

A. 可用单位时间内保温筒外表面的温度变化表示保温效果

B. 甲材料的保温效果比乙材料的保温效果好

C. 乙材料的保温效果比甲材料的保温效果好

D. 如果把两个保温筒内80℃的恒温源换成 −18℃的恒温源，其他条件不变，则无法比较甲、乙两种保温材料的保温效果

例6以熟悉的生活情境，但陌生的知识——“保温效果”为问题情境。对学生而言，要比较保温效果，既要考虑温度的变化，又要考虑温度变化所

对应的时间，而题干中并没有给出明确的信息。要正确解答该题，需要学生从陌生情境问题“保温效果”联想到其他核心概念下的图像及实验设计方法，先进行关联再进行合理的判断。这样的试题需要学生凭借物理直觉，联想其他核心概念下的物理知识以解决问题，考查直觉联想能力要素。

三、基于物理学科关键能力发展的教学启示

通过对上述中考物理试题考查学科关键能力的分析，对中学物理教学如何促进学生物理学科关键能力的发展有如下启示。

（一）通过引导学生课前自主学习，提升观察记忆与概括论证能力要素

为发展学生的物理学科关键能力，中学物理教学要转变教学和学习方式，引导学生学会自主学习。课前学习是一种有效地培养学生学习理解能力的途径和方式。物理学习的过程是由感性认识到本质分析的过程，学习物理要联系实际、联系社会，引导学生观察、实践、思考和理解，给学生更多的空间独立观察、更多的时间独立思考和总结概括。例如，在“压强”一课教学前，先引导学生对比观察运动员利用滑雪板滑雪、人在雪中行走的脚印图片，或用两个手指按压削好的铅笔两端的体验活动等，思考关于力的作用效果是如何表现出来的，如何比较力的作用效果的程度等问题；再引导学生经历教材所提供的探究实验，并进行思维上的加工，初步形成对压强的认识。在课前学习中，学生对新知识主动地获取、主动地运用已有知识进行理解。在这个过程中，即使没有解决学生的某些疑惑和问题，但他们经历的思维过程，却能有效地促进观察记忆、概括论证能力的发展。

（二）通过整体规划统筹设计的教学，促进学生学科关键能力的发展

教学中不同的策略和途径能够培养学生的学科关键能力，但需要整体规划、统筹设计。物理概念和规律的形成过程蕴含了丰富的学科思想和解决问题的方法，每个概念和规律的学习都能对学生起到发展能力的作用，而且通过一个概念的学习，可能在培养学生学科能力的几个不同方面都会发挥作用，但学生的学习时间是有限的，这就需要结合教学内容，科学、合理地设计物理学科关键能力培养的阶段目标，以促进能力培养的针对性和实效性。例如，在学习热学现象、光学现象时，可以侧重观察记忆能力的培养；在初步学习力的概念、压强、浮力等核心概念时，可以侧重概括论证能力的培养；在章节总结或阶段复习时，可以侧重关联整合能力的培养；在学习运动和力关系时，可以侧重分析解释能力的培养等。将目标结合教学内容分解落实到各个单元，再具体细化到课时内容。只有整体规划能力发展目标和教学方法，才能结合学情，使学生的能力有针对性地得到提升和发展。

（三）重视物理实验教学，促进物理学科关键能力全面发展

物理实验教学不仅能丰富学生的感性认识，更能够帮助学生发展科学思维。通过物理实验教学，可以激活学生的思维，学生的思维品质、学科关键能力的飞跃往往发生在实验教学中。例如，在学习光的传播时，看似简单的实验，通过有效的设计也可以发挥出实验教学培养学生能力的功能，可设计如下教学环节：环节1演示光在空气、水、玻璃中的直线传播，学生得出“光沿直线传播”的结论，教师质疑或学生质疑“一定沿直线传播吗？”；环节2演示光从一种介质到另一种介质发生偏折现象，学生补充条件得出“在同一种介质中光沿直线传播”的结论，再次质疑条件；环节3演示光在同种不均匀糖水中的曲线路径，再次补充条件得出“在同一种均匀介质中光沿直线传播”的结论；环节4均匀搅拌糖水，观察光沿直线传播，

验证环节3中的结论。

在此实验教学中，学生多次观察光的传播路径，基于观察的结果分析光的传播方向为何发生变化，最后基于多次实验结果概括得出光沿直线传播的条件。这样的一个教学片段，可以使学生的观察、分析、概括、论证等学科关键能力要素都得到一定程度的发展。

第七章 初中物理作业设计实践创新策略

一、总目标

通过作业设计推进核心素养导向，以目标化要求、条目化表述的形式，落实作业设计的基本原则、优秀作业的标准、作业评改的要求，引导教师紧紧抓住作业的育人功能，全面精减作业总量，重视作业评改反馈，做到作业内容与教、学、评相一致。引领学生学习目标达成，激发和保持学生学习兴趣，提升课堂学习效益。精选作业，找典型题、情境题，注意详略得当，突显疑点、突出重点、突破难点，充分调动学生的积极性，促进学生主动发展。使学生在精练中举一反三、触类旁通，能解决同类情境问题；在感悟中融会贯通、方法迁移，能解决异类情境问题，进一步提升核心素养。同时，通过作业设计促进教师的专业化成长，提升教师作业设计能力，提高学校教学管理水平。

二、学段目标

理清课程总目标与学段目标、学期目标、单元目标、课时目标的关系。作业设计要注意课与课之间的层次性和相关性，明确教材编写体例及设计意图，为学生学习能力、思维品质和科学意识的进阶做好铺垫。作业设计要注意对符合学业质量要求的习题的搜集与研讨；关注新课标中相关学段的教学提示、教学建议；从关注学科章节知识逻辑走向关注“基本问题—思维方式—具体思维模型”的学习逻辑、问题解决逻辑，关注本单元大概念的形成及学科核心素养的渗透。基于单元视角统整作业目标，凸显单元的整体性和结构性，加强课时作业的关联性和递进性，突出作业功能的灵活性和综合性，体现“教—学—评”一体性和完整性，并借由目标驱动学生主动学习。

三、设计要求

（一）作业时间

在“双减”背景下，进一步明确新时代新形势下初中物理作业布置的目的和作用，杜绝超量、重复和随意布置课后作业。初中物理八年级书面作业每周必须控制在60分钟以内，九年级书面作业每周必须控制在90分钟以内。

（二）作业类型及内容设计要求

1. 基础性作业

基础性作业主要以书面作业的形式来呈现，设计要面向全体学生，立足教材，突出基础，不宜过难。侧重于巩固物理基础知识和基本技能，关注知识梳理和建构，突出重点概念和规律的理解及应用，注重实验探究过程，结合课堂内容，设计基础、全面、重点突出的书面作业，起到理解巩固本课时所学知识，培养应用知识解决实际问题的能力。要监督学生独立完成作业，养成独立思考、自主评价和自我反思的学习习惯。新授课作业建议由填空、判断改错、实验探究、简答、作图和计算等题型构成，尽量少使用选择题。根据学情可分为必做题和选做题，选做题供学生根据自己的兴趣、能力等实际情况选做；根据完成时段可分为课堂作业和课后作业，课后作业的思维层次应比课堂作业略高，但要避免出现“繁”“难”“偏”的题目，做到精选精练，避免题海战，达到减负增效。

2. 探究性作业

探究性作业的设计要面向大部分学生，以重点知识和相关物理思维方法为核心，分层次有梯度，考虑综合度和难度的合理性。引导学生观察物理现象，提出物理问题，设计探究方案，利用学校实验室或易获取的材料，开展实验探究。探究的问题设置要贴近学生的生活实际，激发学生的学习兴趣和求知欲，增强学生的好奇心，提高学生独立探究的实验技能和与同伴合作交流的能力。实验结果以实验报告、图表、音视频等形式呈现，通过适当的方式进行展示、交流和评价。

3. 实践性作业

实践性作业的目的是让学生自己发现问题、探究问题，培养学生的创造性思维，可围绕“物理学与日常生活”“物理学与工程实践”“物理学与社会发展”三个主题进行设计。实践性作业一般耗时较长，在实施的过程中，要科学合理规划作业时间。倡导小组合作，要通过创设真实物理情境，引导学生发现问题、提出问题，关注对学生设计实验方案、收集证据及分析论证能力的培养。在实践与合作中发展学生跨学科运用知识的能力、分析和解决问题的综合能力、动手操作的实践能力和团队合作能力，培养学生积极认真的学习态度和乐于实践、敢于创新的精神。要突出素养立意，助力学生形成物理观念、培养物理思维和养成科学探究的能力，满足学生个性化发展的需求。

（三）作业难度

1. 作业难度的界定

作业作为反馈学生能力水平的工具，应合理设计好作业的整体难度。从客观上讲，不同作业类型对学生运算量、思维量以及物理表达的要求程度不同，题型的选择、作业量的设计、完成作业时间的长短、每道题的阅读量、知识覆盖面、情境的新颖性等，都会影响作业的整体难度。从主观上讲，学生学习能力不一样，思维层次也不一样，不同地区学生生活经历、认知方式、思维发展的差异决定了学生完成作业的难易程度。学生实际水平是影响作业综合难度的关键性指标。

2. 根据学生实际水平分层设计难度合适的作业

在设计作业内容时，强化基础性，分层设计，针对不同学生的学习基础，设计不同难度的作业。改变以往全班同学都布置相同作业的做法，要结合学生基础设计不同难度的作业。基础较好的，作业难度可以适当高一些，通过难度较高的作业来提高学生能力；基础较差的，作业难度可以低一些，通过简单的作业来巩固基础。分层设计作业，针对不同学生基础布置不同难度的作业，让不同基础的学生都能得到应有的练习，优化作业设计模式，做到真正的因材施教。

3. 作业设计要有层次有梯度

针对不同层次的学生，采取分层作业的策略，学生根据自己的实际情况在老师的指导下选择适合的作业，让不同水平、不同层次的学生都能获得成功体验。根据学生认知和学科具体情况，建议把初中物理作业分为三个层级：

第一级，概念形成。主要包括基础概念和基本现象，从生活实践出发，观察物理现象，了解物理概念，基本不涉及计算。

第二级，知识运用。重点突出规律的理解和运用，了解物理量及其对应的单位和相关公式所表示的含义，能体会运用规律的过程，难度较概念学习略高，同时对数学运算的能力有一定要求。

第三级，问题解决。在物理规律学习的基础上，要求对概念的产生、发展、变化能够理解，应用物理概念和规律灵活解决实际问题，培养学生的探究精神和创新意识。

（四）作业差异性

1. 作业内容要注意课堂与课后作业的差异性

初中物理作业应遵循《义务教育物理课程标准（2022年版）》的要求，合理调控作业结构，充分考虑课堂练习与课后作业的差异性。课堂练习设计应参考教材内容和教学目标，结合学生实际，选择基础性、典型性习题，充分利用教材上每个章节教学内容课后的习题，教师可以通过“增加、删减、改编、创新”等方法，设计出科学、合理的练习题。课后作业要确保作业合理覆盖课堂教学的重点、难点内容，但又不要与课堂练习机械性地重复，更不能直接照搬教辅资料的内容，课后作业要根据课堂练习的反馈，既全面又有针对性地选择和设计内容，以便准确了解学生学习目标达成情况，发现学生学习中存在的问题，实现作业的检测和诊断功能。

2. 作业量要注意学情和个体差异

作业设计和实施要面向全体学生，尊重学生的个体差异，以适应学生个性发展的需要。在遵循学生身心发展客观规律的同时，兼顾不同层次学生的具体情况，科学合理地设计、布置作业。作业内容应分层、弹性和个性化，杜绝重复性、惩罚性作业。

四、优化作业管理建议

（一）作业结构优化建议

为了使作业设计满足目标一致、类型多样、时间合适的要求，教师可以使用作业结构设计工具表，使作业结构更加合理。

作业结构设计工具表

<table>
<tr><td colspan="2" rowspan="3">单元作业
目标</td><td colspan="8">作业类型</td><td rowspan="3">预估
完成
时长
（min）</td></tr>
<tr><td colspan="6">基础性作业</td><td rowspan="2">实践性
作业</td><td rowspan="2">探究性
作业</td></tr>
<tr><td>判断改错</td><td>选择</td><td>填空</td><td>作图</td><td>简答</td><td>计算</td></tr>
<tr><td>课时作业 1</td><td>……</td><td></td><td></td><td></td><td></td><td></td><td></td><td></td><td></td><td></td></tr>
<tr><td>课时作业 2</td><td>……</td><td></td><td></td><td></td><td></td><td></td><td></td><td></td><td></td><td></td></tr>
<tr><td>单元作业</td><td>……</td><td></td><td></td><td></td><td></td><td></td><td></td><td></td><td></td><td></td></tr>
</table>

1. 作业目标

作业目标源于并服务于教学目标，依据单元教学目标确定单元作业目标。单元作业目标包含学习内容和学习水平，首先，应对这些学习内容逐条进行编号，形成编号与内容的列表，然后将编号与内容填入表格第一列，将学习目标和应达到的水平填入第二列。

2. 作业类型

按形式可分为基础性作业、实践性作业和探究性作业等。其中，基础性作业按题型可分为判断改错题、选择题（新授课不建议选用）、填空题、作图题、简答题、计算题等。先为每条目标选择作业，将相应题号按类型填入表中对应位置。再对表格进行整体分析，包括：目标覆盖率是否合理，重点是否突出，类型是否多样。为了充分反映学生的思维过程，强化作业的诊断功能，应合理控制判断改错题、选择题和填空题的数量。建议作业的来源首选教材课后练习部分，根据学校实际情况适当选编、创编题目进行补充。

3. 预估完成时长

对完成同一目标所选作业的总时长进行预估，应以中等学生的水平为依据，将其填入表格最后一列。每课时的作业总时长应严格按照相关规定执行，并严格控制用时较长作业的数量。

样表　作业结构设计工具表（以“光现象”一章为例）

单元作业目标		作业类型								预估完成时长（min）
	基础性作业						实践性作业	探究性作业		
	判断改错	选择	填空	作图	简答	计算				
课时作业 1 光的直线传播	①了解光沿直线传播，能用光的直线传播解释常见的光学现象； ②了解光在真空和空气中的传播速度 $c = 3 \times 10^8$ m/s; ③通过小孔成像初步学会画光线图。	5		2	1	1		1		10
课时作业 2 光的反射	①能识别光的反射现象，能说出光反射时遵循的规律； ②会用图示的方法表示光的反射定律； ③能用光的反射定律解释生活中相关的光现象，体会物理学是对自然现象的描述和解释。	5		2	1		1		1	15
课时作业 3 平面镜成像	①了解平面镜成像的特点； ②了解平面镜是怎样成虚像的，会找像的位置； ③能理解日常生活中平面镜成像的现象。	4		3	2	1		1		15

续表

单元作业目标		作业类型								预估完成时长（min）
	基础性作业						实践性作业	探究性作业		
	判断改错	选择	填空	作图	简答	计算				
课时作业 4 光的折射	①了解什么是光的折射的现象； ②了解光从空气射入水中或其他介质时的偏折规律； ③知道光在发生折射时，光路是可逆的。	5	2	2	1	1		1		15
课时作业 5 光的色散	①知道什么是光的色散现象； ②认识三原色，在此基础上明确颜料的三原色与色光的三原色不同，混合原理不同； ③了解看不见的光在生产生活中的应用。	5	2	3		1			1	10
单元作业章末复习	①对本章知识点进行全面回顾； ②会用知识解释实际问题； ③会结合本章知识综合分析实际问题。		12	5	2	1	1	2		40

（二）作业批改分析与改进

作业反映学生的学习状况，记录学生的认知轨迹。批改作业是作业分析与改进的基础，批改要注意时效性，应在作业提交次日完成。作业的批改应规范清晰，用恰当的方式指出错误，同时明确作业订正的要求。对作业中存在的问题可以进行圈画或批语等，作图题的批改可以采用圈画标明错误部分；计算题的批改可以采用波浪线标明错误部分等。作业批改还应体现个性化和激励性，提倡撰写表扬、鼓励、指导性的评语，以加强师生间的沟通与交流。

教师可采用多元化的方式对作业进行批改，并采用集体讲评、个别讲解、个性化沟通等方式有针对性地进行及时反馈。对布置的学生作业要全面批改和精准分析，有条件的地方，鼓励利用信息技术手段进行作业分析和诊断。批改之后教师要及时对作业情况进行反馈，评语要恰当准确，指导学生对存在的问题进行辨析纠正，巩固提升，以最大程度发挥作业的教育功能。

1. 多元化批改，充分发挥反馈效能

（1）全批全改

全批全改有助于教师全面了解每一位学生的作业情况，包括学生对知识点的掌握情况、不同班级间学生的学习情况、学生对重难点内容的理解情况，并根据反馈信息的科学分析，对学生进行有针对性地指导。对于新授课，教师精选的课后作业，建议采取全批全改的方式，以便教师全面掌握学情，及时反馈，提升教学效能。

（2）相互批改

定期地相互批改作业，能促进学生主动学习、主动交流的意识，让学生不断改进自己的学习行为，达到良好的学习效果。对于巩固性作业或练习，可以让学生相互批改。学生在相互批改过程中，可以发现他人的长处、学习他人的经验，也能通过别人的错误，让自己引为鉴戒，创造开放的机会，促进学生思想的相互交流。

（3）自行批改

根据学情、教学内容和作业类型，让学生适度自行批改自己的作业。一是及时性，学生能及时知道自己的理解哪里有误区，及时纠正，避免形成错误的思维定式；二是主动性，在不断地参与中，能强化对作业批改质量的评价意识，逐渐养成评价习惯，掌握评价手段，形成评价能力，从而提高学生的整体素质和终身学习的能力，对学生的终身发展都有深远的影响。对于课前预习类和巩固类作业，可以适当让学生自行批改，但不提倡所有作业都采取自行批改的方式，以免滋生教师和学生的惰性。

（4）AI 智能批改

AI 智能批改可以实现标准统一、批阅及时快速、结果分析多元化呈现。同时，每次作业批阅情况以信息化方式存储，有利于进行大数据分析，不仅只对一次作业的批阅实现全体学生的横向比较，也可以对学生个人的多次作业情况纵向比较，有助于学生发展性评价。针对每一位学生，AI 智能批阅系统还会根据学生存疑知识点进行精准练习推送，让学生可以反复练习，加强巩固。但不能以智能批改取代老师对作业情况的分析。

总之，教师的作业批改方式可以是多元化的，但不论是哪一种方式，最重要的是注重分析反馈，让学生及时地知道自己的学习还存在哪些问题，纠正错误认识，及时调整学习方法和策略，更新理解和思维方式。作业批改也可以让老师及时掌握学情，调整教学。

2. 精准分析、集中会诊，发挥示范作用

作业分析是作业批改的延续，是对批改所发现问题的究因溯源，是作业讲评与辅导的基础。教师要从批改过的物理作业中筛选出典型错题进行“集中会诊”，帮助学生及时分析错误的原因，引导学生归纳总结出正确的思路，培养学生的思维能力。教师要有意识地从学生作业中收集方法新颖、思路简捷、一题多解等比较典型的作业在课堂上集中展示，发挥其示范引领作用，开拓学生解决物理问题的多元化思路和视野，鼓励学生形成良好的物理学习习惯和总结反思能力。

（1）基于学生视角分析错误原因

作业能体现学生对物理知识的理解和应用，一旦作业出现错误，部分教师常将错误原因直接浅表化为“某概念不清”“某规律不会应用”等。实际上，作业分析应从学生角度出发，根据其学习基础和认知特点进行分析。

“密度计算”案例示例：

在一个空瓶内盛满水，瓶和水的总质量为400 g，此时将一合金块浸没在水中，溢出100 g水，瓶、合金块和瓶内水的总质量为650 g。求：合金块的密度。

作业分析：

教师常把本例作业的答案错误直接归为“密度计算不会”。但仔细分析学生的答题情况可以发现，合金块密度计算错误的主要原因是合金块质量计算的错误。进一步分析发现，由于题干中合金块浸没过程是一段文字描述，相对抽象，学生无法形成准确的物理图景，而非密度公式应用错误。

（2）基于知识关联与思维方法分析错误原因

作业分析不能就题论题，还应从知识整体出发，注意单元之间的关联和学生思维的方式方法，关注物理学科的核心素养在作业中的表现，全面分析作业问题的原因。

“浮力和压强的计算”案例示例：

“蛟龙号”是我国自主设计和制造的首台深海载人潜水器。在某次科考实验中，“蛟龙号”深海悬停时，上表面距海面7 000 m，所受总重力为 2.2×10^{5} N。

①求“蛟龙号”在此处悬停时所受浮力F浮的大小。

②“蛟龙号”上表面在此处承受的压强P很大，相当于用手掌托住重为7×10^5 N的卡车时手掌承受的压强，若受力面积为0.01 m^2，求P的估算值。

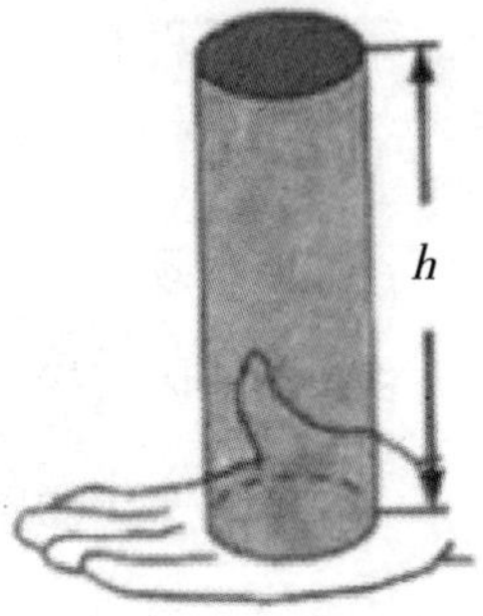

③设想有高度为h、密度为$\rho_液$的液柱压在手掌上，如右图所示。根据压强的定义，推导出液柱对手掌产生的压强$P_液=\rho_液gh$。

④资料显示，“蛟龙号”上方海水密度随深度增大而增大。当“蛟龙号”深海悬停时，上表面处深度为h、海水密度为ρ'，判断能否据此得出海水对“蛟龙号”上表面的实际压强值$P'=\rho'gh'$，并说明理由。

作业分析：

本例作业综合度较高，指向物理观念、科学思维等核心素养。对于第①问，相当多学生首选用阿基米德原理进行解答，发现无法获得条件后，一筹莫展，没有变换思路，不会运用已经学习过的二力平衡的知识解决问题。究其原因，忽略了单元间知识的相互关联。对于第③④问，学生的错误大致是模型建构和科学推理的关键环节缺漏、用语不规范等。以上问题都不能简单地归为学生对某个知识的理解或应用出现问题，究其原因是缺乏知识的结构化，难以形成物理观念；推理过程中的逻辑思维缺失，科学思维品质有待提高。

3. 作业讲评与教学改进

（1）作业讲评与辅导

作业讲评与辅导应在作业批改分析后及时进行，讲评辅导不是知识的重复讲解，是针对学生的思维障碍，侧重于问题解决的方法和思路的指导，是对教学内容的巩固和深化。

作业中的共性问题和典型情况应由教师进行全班集中讲评，作业中的个别化问题可由教师对少数或个别学生进行辅导，也可以是学生之间的相互辅导。

基础性作业的讲评辅导中，教师应指导学生根据批阅与反馈对问题原因进行分析，查找思维断点、寻求解决方法，鼓励学生学会自我诊断、自我反思。针对审题不仔细等问题，教师要指导学生审题的方法，如在读题过程中进行必要的作图、分析等。针对知识的理解问题，可以指导学生形成各自的错题集，重视知识的结构化和迁移，加强后续学习的针对性，提升自主学习的能力。

实践性作业和探究性作业的讲评辅导中，教师可采用学生自评、互评和教师点评相结合的方式进行讲评辅导。鼓励学生进行自评和互评，发挥其主体作用。如以"长度的测量"为例，引导学生从"器材选用""方法运用""减小误差"等指标进行自评或互评。

（2）教学策略改进与优化

第一，有效的作业反馈，应作为开展校本教研依据。学校教研组要完善作业的研究与管理机制，通过作业的设计与实施收集教与学的信息，将过程中积累的资料作为教学研究的证据。教研组和教师要依据证据定期分析与讨论，汇总教与学的难点，采取团队合作、集体攻关的形式加以解决。依循证据持续实施完善作业体系要成为校本教研的重要主题之一，以此提升校本教研品质。

第二，要充分利用信息技术手段提升作业实施的质量。利用信息技术平台布置基础性书面作业，对作业的正确率进行即时统计与分析，设计有差异的作业供学生自主选择，并能够根据学生实际做的情况，提出改进建议，精准推送适合学生的习题，探索人工智能支持下的精准辅导。实验制作类和实践研究类作业中，可利用信息技术平台提供在线资料查阅，记录研究过程和结果，分享研究成果和探索乐趣。

第三，合理利用多方资源，促进校本作业的设计与实施。学校应根据教学和学生的需求，按部颁标准，配足优质实验设备，开足课标规定的实验。有条件的学校定时开放实验室和阅览室。学校应引导家长支持孩子进行实验制作和实践研究，并欣赏孩子的小实验或小制作等。学校应积极整合社会资源，定期组织学生参观科技馆、博物馆、高等院校和科技院所等，邀请科普人员为学生开设讲座和开展其他相关活动。

五、作业设计样例

【设计样例1】《光的折射》

基础类（必做）

1. 判断改错（请判断下列说法是否正确，正确的打“√”，错误的打“×”，并将错误之处指出并更正）

（1）光的折射就是光的偏折现象。（　）

（2）光从一种介质射入另一种介质时一定会发生偏折。（　）

（3）发生折射时，折射角一定小于入射角。（　）

（4）叉鱼时人可以看到鱼，鱼看不到人。（　）

（5）由于光的折射，通常看到的水底要比实际的更深。（　）

2. 选择

（1）下列哪一幅图正确地表示了光从空气进入玻璃中的光路（　）

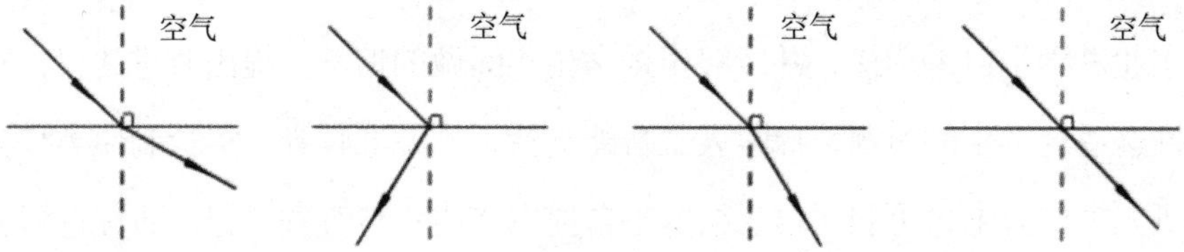

A　　B　　C　　D

（2）下列光现象中，属于光的折射的是（　　）

A. 司机通过后视镜观察路况

B. 筷子好像在水面处“折断”

C. 日晷面上呈现晷针的影子

D. 塔在水中形成“倒影”

3. 填空

（1）如图所示为一束光射向空气与水分界面后发生反射与折射现象，由图可知，折射角是_______度，界面的_______（选填“上”“下”“左”或“右”）侧是空气。

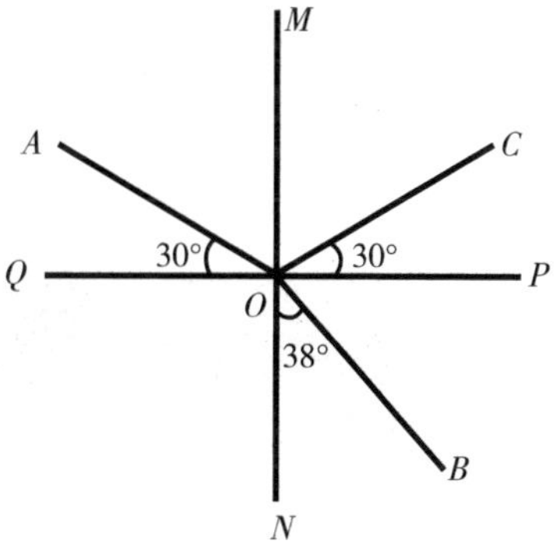

（2）诗句“大漠孤烟直，长河落日圆”给我们展现了一幅美丽的画卷。其实诗人观察到的落日并非太阳的实际位置（如图所示），而是太阳光经过不均匀的大气层发生了_________所成的像，太阳实际在图中的________（选填“甲”或“乙”）的位置，人眼所看到的太阳是_________（选填“实”或“虚”）像。

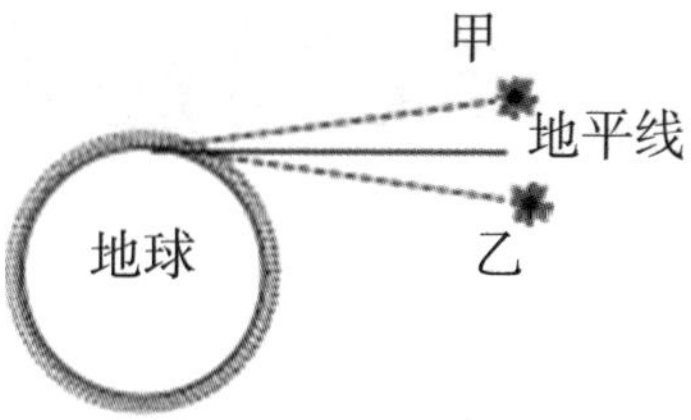

4. 作图

请在图中大致画出渔民看到鱼在水中的像的光路图（画一条光线即可），其中 B 代表渔民看到的鱼，A 代表鱼的实际位置。

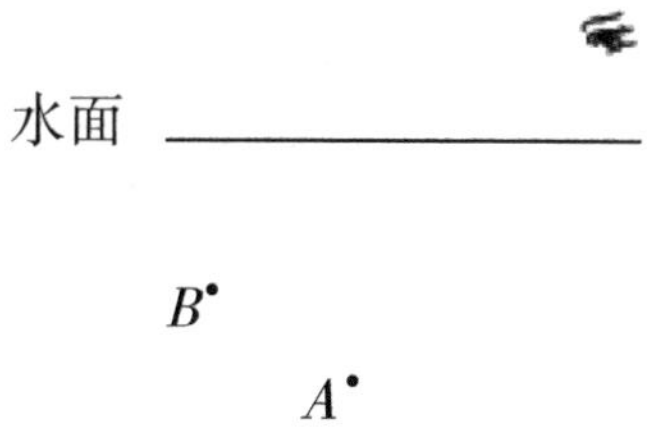

5. 简答

小明在平静的湖边看到“云在水中飘，鱼在云上游”。请你说一说这一有趣的现象是怎么形成的。（选自教材练习）

◊ 拓展类（选做）

6. 如图所示，小明同学在家里给妈妈变了一个魔术，起初茶碗看起来是空的，当他慢慢往茶碗中倒水时，就会发现碗中原来还藏着一枚硬币。他看到的是硬币的________（选填“虚”或“实”）像，这是光的________现象，能够正确解释这种现象的光路图是________（选填“A”或“B”）。

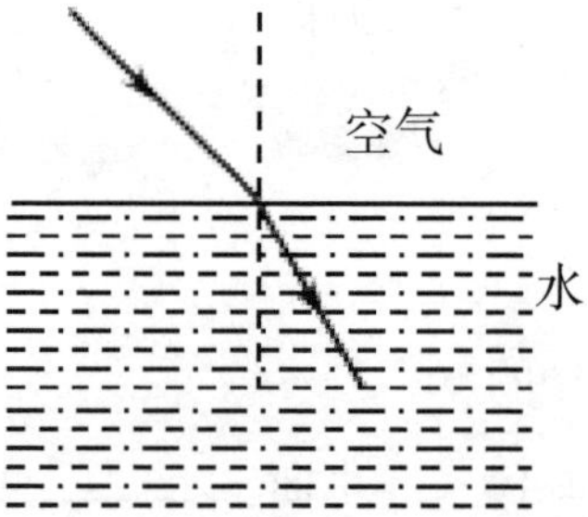

A

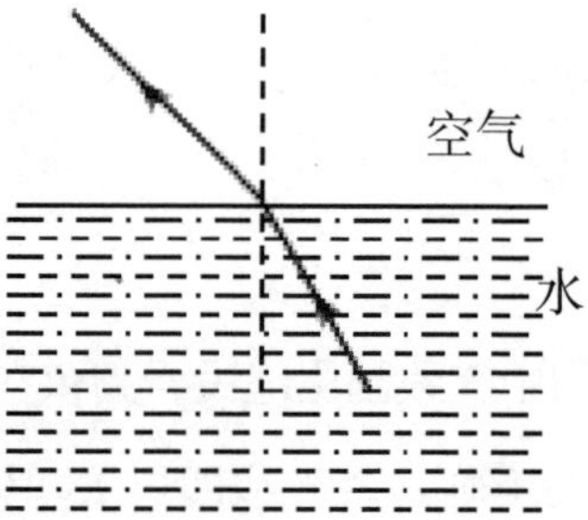

B

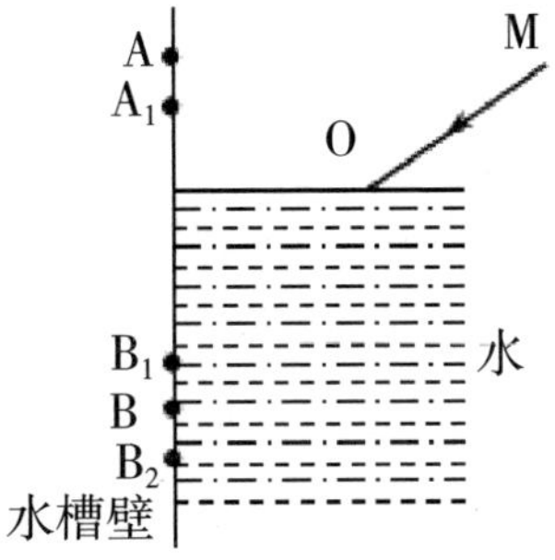

7. 如图所示，小明同学用激光笔照射水面，在水槽壁上出现两个红点 A 和 B。

（1）若保持入射点 O 的位置不变，欲使 A 点下移至 A_1，应使入射光线 MO 绕着点 O 沿________（选填“顺时针”或“逆时针”）方向转动；同时观察到另一亮点 B 点会移动到点________（选填“B_1”或“B_2”）。

（2）若保持入射光线不变，欲使 B 点下移，应使水面__________（选填“上升”“下降”或“不变”），在水面变化过程中，折射角__________（选填“增大”“不变”或“减小”）。

8. 一束光射向一块玻璃砖（如图所示），并穿过玻璃砖。画出这束光进入玻璃和离开玻璃后的光线（注意标出法线）。

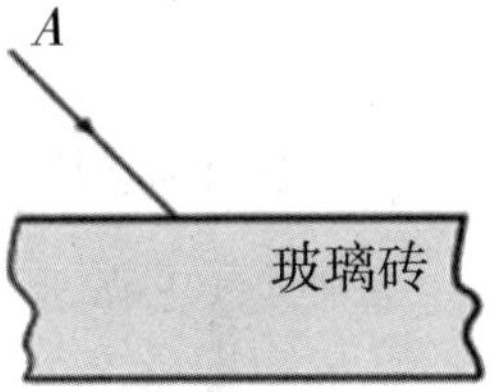

◊ 实践探究类作业

9. 某实验小组在探究光的折射规律时，让一束光从空气斜射入玻璃水槽内的水中，如图所示。

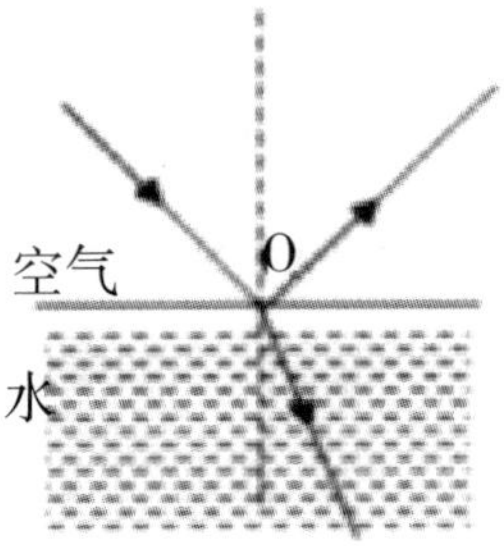

（1）为了探究光从空气斜射入水中时折射角和入射角的关系，以下方案中正确的是：________（选填“A”“B”或“C”）。

A. 测量图中入射角和折射角，分析并得出结论

B. 保持入射角不变，进行多次实验，测量入射角和每次实验的折射角，分析并得出结论

C. 改变入射角，进行多次实验，测量每次实验的入射角和折射角，分析并得出结论

（2）分析实验得到下表中的数据，可得出结论：光从空气斜射入水面时，折射角随入射角的变化关系是________________，且折射角________（选填“大于”“等于”或“小于”）入射角。当光从空气垂直射到水面时，折射角等于零。

（3）该同学根据上述实验，总结出了光的折射特点。请你对该同学通过上述探究实验得出光的折射特点的过程作出评价。是否存在不足？

答：________（是 / 否）；请简要说明理由：____。

入射角 α	0°	15°	30°	45°	60°
反射角 β	0°	15°	30°	45°	60°
折射角 γ	0°	11°	22.1°	35.4°	40.9°

【设计样例2】《压强》

基础类（必做）

1. 判断改错（请判断下列说法是否正确，正确的打“√”，错误的打“×”，并将错误之处指出并更正）

（1）压力的大小总等于物体所受重力的大小　（　）

（2）压力的方向总是竖直向下的　（　）

（3）压力的作用效果跟压力大小和接触面积有关　（　）

（4）菜刀刀口磨得很锋利是为了增大压力　（　）

（5）人走路时比站立不动时对地面的压强大些　（　）

2. 填空

（1）某同学的质量是50 kg，每只鞋底与地面的接触面积为120 cm^2，则他双脚着地站在水平地面上时，对地面的压力为____________N，压强

为____________Pa。（g 取10 N/kg）（改编自教材练习）

（2）如图所示，在水平力 F 作用下，长木板沿着水平桌面匀速滑动，木板从图示状态运动到即将翻倒的过程中，对桌面的压力大小将____________；对桌面的压强的大小将____________（填“增大”“减小”或“不变”）。

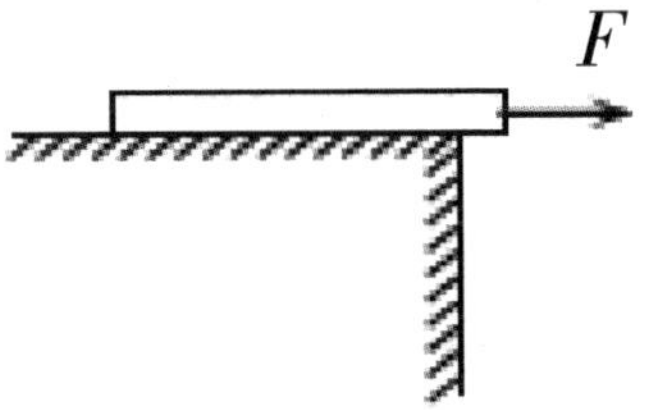

3. 简答（选自教材练习）

（1）锯、剪刀、斧头等，用过一段时间就要磨一磨，为什么？书包为什么要用宽的背带而不用细绳？啄木鸟有个坚硬而细长的喙，这对它的生存为什么特别重要？

（2）骆驼的体重比马大不了一倍，而它的脚掌面积是马蹄的三倍。这为它在沙漠行走提供了什么有利条件？

4. 计算（选自教材练习）

一个图钉帽的面积是0.8 cm^2，图钉尖的面积是5×10^{-4} cm^2，手指对钉帽的压力是20 N，手对图钉帽的压强和图钉尖对墙的压强各是多大？

拓展类（选做）

5. 如图所示，一个均匀长方体被截成 A、B 两块，若 L_A 与 L_B 的比值为2∶1，则 A、B 的密度之比为__________，对水平桌面的压力之比为__________，压强之比为______________。

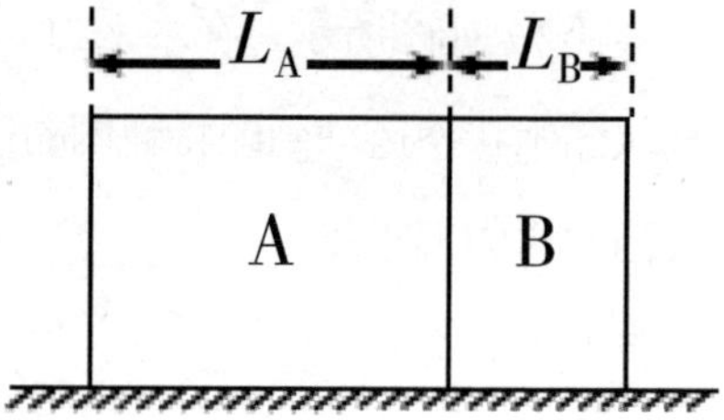

6. 质量为7.9 kg 的实心正方体铁块放置在面积为50 cm^2的水平面上，它对水平面产生的压强是多少？（$\rho_{铁}=7.9\times10^3\ kg/m^3$）

实践探究类作业

7. 请与同学一起讨论，如何大致测量物理课本平放在桌面上时对桌面的压强和一位中学生双脚站立在地面上时对地面的压强。并在下表中记录相关信息。（改编自教材练习）

探究内容	物理课本对桌面的压强	中学生对地面的压强
所需测量工具		
所需测量的物理量		
计算方法		
测量结果		
误差来源分析及减小方法		

【设计样例3】《比热容》

◊基础类（必做）

1. 判断改错（请判断下列说法是否正确，正确的打“√”，错误的打“×”，并将错误之处指出并更正）

（1）用规格相同的电加热器给相同质量的水和煤油加热相同时间，发

现煤油温度升高较多，说明煤油吸热较多　　（　）

（2）水和冰是同种物质，因此水凝固成冰时比热容不变　　（　）

（3）15℃的水变成45℃的水比热容不变　　（　）

（4）比热容跟物体吸收或放出的热量有关　　（　）

（5）物体的质量越大，它的比热容越大　　（　）

（6）夏天在地面洒水降温是利用水的比热容较大　　（　）

2. 填空

（1）水的比热容为4.2×10^3 J/（kg·℃），表示________。质量相同的水和煤油，升高相同的温度，________吸收的热量最多；若它们放出相等的热量，________降低的温度大。

（2）如图是“探究不同物质吸热升温现象”的实验装置。两个相同的烧杯中分别装有质量和初温都相同的甲、乙两种液体，用相同的装置加热。实验记录的数据如下表。

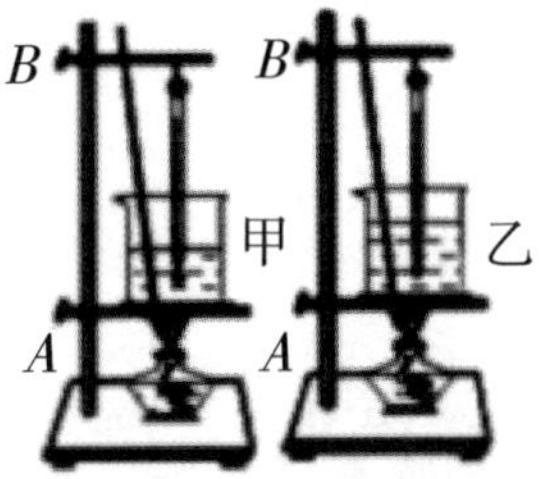

时间 t/min	0	1	2	3	4	5
甲的温度 /℃	20	22	24	26	28	30
乙的温度 /℃	20	25	30	35	40	45

①组装器材时，应先固定________（选填“A”或“B”）的高度。

②加热相同的时间，甲液体吸收的热量________乙液体吸收的热量（填“大于”“小于”或“等于”）。

③详解表格中数据可知：质量相同的甲和乙升高相同的温度，吸收热量较多是________。

④若在这两种液体中选择一种作为汽车发动机的冷却剂，________冷

却效果更好。

3. 简答

在烈日当空的海边玩耍，你会发现沙子烫脚，而海水却是凉凉的。这是为什么？（选自教材练习）

4. 计算（选自教材练习）

（1）质量为2 kg的某种物质温度从20 ℃升高到40 ℃时，吸收的热量是1.88×10^4 J，该物质的比热容是多少？

（2）有一根烧红的铁钉，温度是800 ℃，质量是1.5 g。它的温度降低到20 ℃，要放出多少热量？

拓展类（选做）

5. 如图所示，是根据“探究不同物质吸热能力”实验数据绘制的a、b物质的温度—时间图像，实验中两种物质的质量相同，初温度相同，选用的加热器相同，由图像可知（　　）

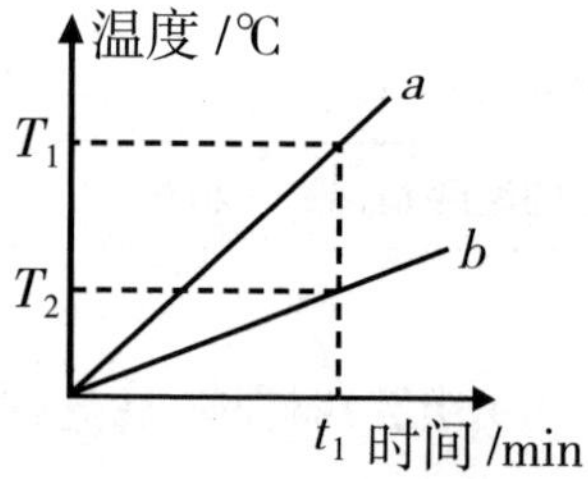

A. 加热相同时间，a物质吸收热量多，比热容小

B. 加热时间相同，a物质的末温度高，比热容大

C. 吸收热量相同，b物质温度升高慢，比热容小

D. 吸收热量相同，b物质的末温度低，比热容大

6. 甲、乙两物体质量都为1 kg，丙物体质量为2 kg，三个物体温度都升

高1 ℃，吸收热量如图所示，则甲物体的比热容为________________J/（kg·℃）；乙物体的比热容______丙物体的比热容（选填“>”“<”或“=”）。

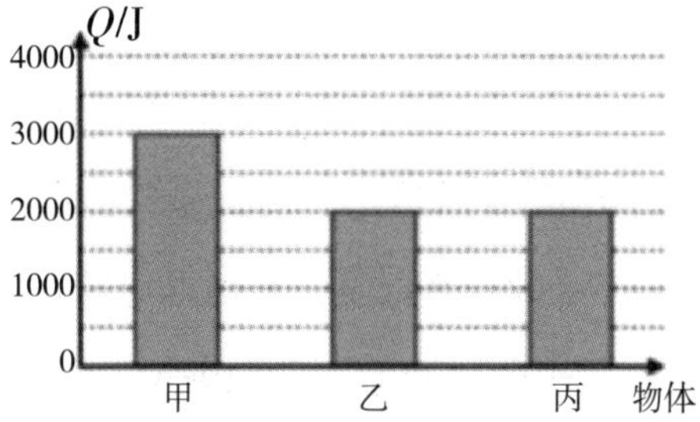

实践探究类作业

7. 探究：通过上网搜集资料，调查冬、夏两季长沙市与深圳市的昼夜温差情况。说明影响这两地昼夜温差变化的主要原因，并给出城市控温调节的合理建议。

城市	长沙市		深圳市	
季节	冬	夏	冬	夏
最大单日温差 /℃				
分析原因				
城市温控建议				

【设计样例4】《电功率》

基础类（必做）

1. 判断改错（请判断下列说法是否正确，正确的打“√”，错误的打“×”，并将错误之处指出并更正）

（1）电功率是表示消耗电能快慢的物理量　（　　）

（2）家庭电路中大功率电器消耗的电能较多　（　　）

（3）家用空调的电功率约为100 W　（　　）

（4）1 kW·h 的电能可以带动50个20 W 的电灯同时工作　（　　）

（5）用电器只有在额定电压下才能正常工作　（　　）

2. 填空

（1）白炽灯的玻璃泡顶部标有“PZ220 100”字样，其中“220”表示白炽灯正常工作时的________，“100”表示白炽灯正常工作时的__________。该灯泡正常工作时通过灯丝的电流是_______A，灯丝的电阻是________Ω。假如当时的实际电压只有198 V，此白炽灯的实际功率为________W。

（2）某家庭用电能表如图所示。若该家庭单独让空调工作，测得1 min 内电能表转盘转了60转，则空调消耗的电能为__________kW·h，空调的电功率是________W。

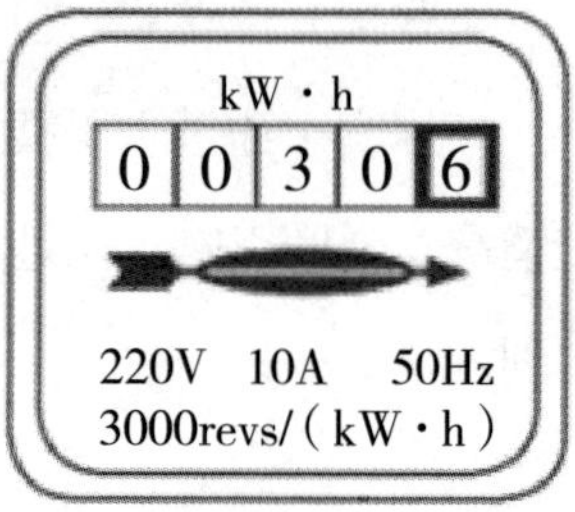

3. 计算（选自教材练习）

（1）一盏电灯25 h 耗电1 kW·h，这盏电灯的电功率是多少？

（2）某次雷电的电流约2×10^4 A，电压约10^8 V，放电时间约0.001 s。这次雷电的电功率约多少千瓦？释放了多少能量？

拓展类（选做）

4. 如图所示，电阻R_1=2 Ω，R_2=3 Ω 串联后接入电路，若通过R_1的电流为2 A，则

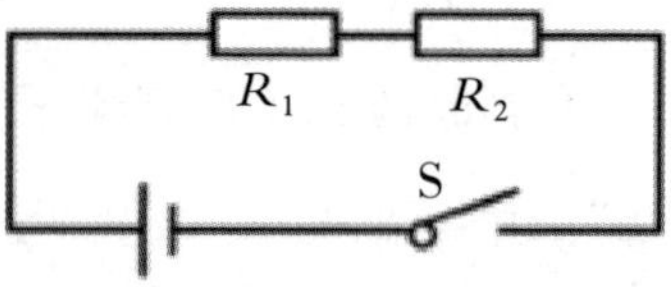

（1）R_2两端的电压是多少？

（2）R_2的电功率是多少？

（3）电路总电功率是多少？

5. 如图所示，两电阻R_1、R_2并联后接入电路，已知$R_1=10\ \Omega$，通过R_2的电流为1 A，R_2消耗的电功率为6 W。

（1）R_2的阻值是多少？

（2）R_1消耗的电功率是多少？

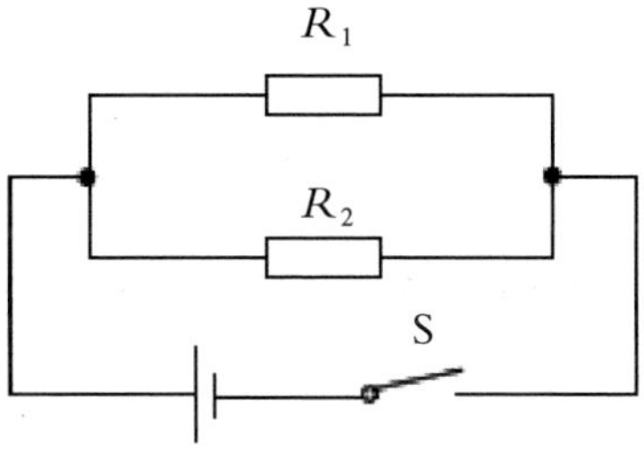

实践探究类作业

6. 课外小实验：小明发现，家里的灯具一般都是节能灯，很少有物理实验室使用的白炽灯。经过与爸爸交流，小明了解到，其实前些年，白炽灯还是照明灯的主力军，人们为延长白炽灯的使用寿命，做了很多有趣的事，比如在楼道里常把两只相同的白炽灯串联起来使用。但爸爸说这样串联的两只灯发光时的整体亮度，还不如只用其中一只灯时亮。小明很疑惑："这是真的吗？为什么会变暗呢？"请设计实验加以验证，并用所学的知识为小明解惑。

第八章　初中物理课堂教学实践创新实施意见

一、教学要求

（一）教学设计与准备

教学设计要根据课程标准的要求和教学对象的特点，应用系统科学的方法来研究教学过程，将教学诸要素有序安排，确定教学方案的设想和计划。教学设计的过程一般要包括教学分析，确立教学目标和重难点，选择教学模式和策略、教学方法、教学手段，安排教学步骤，分配教学时间、进行教学反思与评价等环节，从而实现教学过程的最优化。

1. 要面向全体学生

以提高全体学生物理学科核心素养为目标，充分了解学生已掌握的物理知识、技能、方法，了解学生对学习物理的兴趣、习惯及思想状况，关注学生的个体差异，因材施教，为每个学生的学习与发展做好课前准备，将“物理观念”“科学思维”“科学探究”“科学态度与责任”等物理学科核心素养的培养目标落实于教学设计中。

2. 要注重科学规范

按照物理学科核心素养内容体系确定义务教育阶段物理课堂教学目标；教学步骤环节清晰且衔接顺畅，对应的教学任务明确；教学活动的设计要根据学生的生活认知及体验，注重真实情境的创设；教学设计要根据教学内容特点有效整合教学方法，注重“自主、合作、探究”的理念；恰当引进新技术、新方法，实现信息技术与课程教学的深度融合。

3. 重视思维能力的培养

教学设计中应注重对学生分析、解决物理问题能力的培养，在运用物理概念和物理规律解决具体问题的过程中建立科学观念、感受科学研究方法，经历建构物理模型的抽象概括过程，加强分析综合、推理论证等方法在科学领域的具体运用，培养学生基于事实证据和科学推理对不同信息、观点和结论进行质疑和批判，进而提出创造性见解的品格与能力。

4. 激发学生能动性

教学设计要通过调动学生的学习主动性、能动性，激发他们学习物理的兴趣，培养他们的探究能力和创新意识。注重创设真实情境，设计创新实验，明确活动主题；充分尊重学生，真正体现学生在课堂活动中的主体性；教学过程中留有充足的时间和空间，培养学生独立思考的习惯。

5. 做好物理课程资源的开发和应用

物理课程资源是包括文本资源、实验室资源、多媒体资源和社会资源等，要创造各种优质教育资源为教学服务。物理学是以实验为基础的自然科学，教师备课时要明确实验目的、原理、类型、器材、组数等要素。教学活动开展前，教师应预先试做实验，熟练操作，特别是对一些疑难实验可能失败的影响因素进行分析，提出改进措施，保证实验的成功。教师要根据本校实际，结合学生发展的需要，推荐、指导选择或开发适合学生发展所需要的各种学习材料，充实学生的学习资源。

（二）组织与实施

物理教学应发挥不同教学方式独特的育人功能。教师应依据学生发展阶段、教学内容特点、教学资源等情况，灵活选用教学方式，促进教学目标的有效达成。

1. 注重情境化教学

教师要充分结合学生的生活经验，注重从中国优秀传统文化、现代科技成果中有目的地创设生动具体的情境。引导学生从经验中概括、提炼事物的共同属性，抽象事物的本质特征，实现从经验常识向物理概念转变。要以新奇的现象激发学生的兴趣，让学生在情境中探索和发现知识，掌握技能，发展创新思维，进而引导学生从生活走向物理、从自然走向物理。

2. 突出问题教学

在教学活动中要以问题为线索，教师要有意识地创设问题情境，通过认知冲突激发学生深度思考，引导学生发现问题、提出问题、解决问题，促进学生主动学习，不断增强学生运用物理知识解决实际问题的意识和能力。在解决问题的过程中，注重帮助学生养成良好的思维习惯，做到建模清楚、研究对象明确、思维有逻辑、结论有依据。

3. 强调“做中学”“用中学”

教师要努力通过活动帮助学生学习和运用知识，提升学生的操作技能与探究能力。教学中，可选取能引起学生兴趣的内容，让学生通过阅读教材或其他拓展材料、收集各种形式的信息、调查研究和讨论展示等方式去学习；可让学生结合所学，研究一些小课题，制作一些小模型、小用具等，增强动手能力。

4. 重视物理实验教学

实验教学要关注实验原理的科学性、方案的可行性、实验器材的合理性、操作的安全性和规范性；指导学生真实、全面记录实验数据，关注与预设结果相矛盾的信息；引导学生针对实验活动中的困难或错误自主分析原因，积极思考并努力解决；引导学生对实验活动进行总结和评价，促进学生交流、评估、反思能力的提升。引导学生学会学习、学会合作，培养学生严谨认真、实事求是的科学态度。各校要不折不扣地落实物理学科的学生实验和演示实验教学。

5. 合理运用信息技术

教师要充分发挥信息技术的优势，将信息技术有效融入物理教学，创新教学方式，提升教学效率。鼓励学生将信息技术运用到物理学习中，帮助学生适应数字时代的要求，提升学生运用信息技术的能力。

6. 开展跨学科实践教学

选取跨学科实践的课题，既要立足于物理课程内容，又要注重学科融合。活动设计应以物理教师为主，可邀请相关学科教师共同研究、确定方案。跨学科实践应与其他主题教学一体化设计，处理好知识建构与知识应用的关系。跨学科实践既要有教师的合理指导，确保活动循序渐进开展，又要让学生自主实践、独立思考、大胆设计、敢于创新，在自主活动中提升解决问题的能力，养成良好的科学态度。

二、教学实施

（一）物质

一级主题“物质”包含“物质的形态和变化”“物质的属性”“物质的结构和物质世界的尺度”三个二级主题。引导学生从物质的形态、属性、结构及空间尺度三个维度认知物质世界，帮助学生建构成体系的知识框架，并形成完整的物质观。“物质”主题的设计旨在引导学生从物理学的视角认识物质世界，了解身边物质的形态和变化，了解物质的属性、结构与物质世界的尺度，初步形成物质观念，并运用物质的观念解释物理现象或解决相关问题；引导学生学习科学研究方法，提升科学探究能力。物质主题教学应尽可能与学生生活中接触的物质联系起来，让学生经历从具体到抽象、从宏观到微观、从特殊到普遍的认识过程，领略物质世界的神奇，体会科学、技术、社会、环境之间的关系，增强热爱科学、尊重自然、珍爱环境的意识。

1. 内容要求和教学建议

二级主题	内容要求	情景素材建议	教学策略建议	活动建议
物质的形态和变化	①能描述固态、液态和气态三种物态的基本特征，并列举自然界和日常生活中不同物态的物质及其应用。②了解液体温度计的工作原理。会用常见温度计测量温度。③经历物态变化的实验探究过程，知道物质的熔点、凝固点和沸点，了解物态变化过程中的吸热和放热现象。能运用物态变化知识说明自然界和生活中的有关现象。④能运用物态变化知识，说明自然界中的水循环现象。了解我国和当地的水资源状况，有节约用水和保护环境的意识。	①列举自然界和日常生活中不同物态的水及其应用。②自制温度计和了解伽利略温度计的工作原理；实验室温度计和体温计的使用方法。③海波和石蜡熔化时温度的变化特点；用实验演示汽化和液化现象；水沸腾的现象及沸腾时温度变化的特点；用实验体验蒸发制冷的作用，蒸发在生活中的应用；自然界中的液化现象及其成因；碘的升华和凝华现象；干冰在舞台效果和人工降雨中的应用。④自然界中由于水的物态变化而形成的雨、露、霜、雾、冰、雪等现象。	①调查了解温度对不同的物体的影响，了解实验室温度计和体温计的原理。引导学生了解温度计的发展历程。②紧密联系日常生活，帮助学生认识物态变化。③通过固体熔化实验、水的沸腾实验，培养学生探究能力。④通过查阅资料帮助学生了解古人铸造青铜器和铁器的技术，体会物理学对社会发展的推动作用。⑤结合拓展材料，培养学生保护环境、节约用水的意识。	①调查学校或家庭的用水状况，设计一个用于学校或家庭的节水方案。②调查当地水资源的利用和保护状况，并对当地水资源的利用和保护提出自己的见解。③调查当地农田或城市绿化灌溉的主要方式，了解节水灌溉技术。④用小实验模拟云和雨的形成。⑤观察干冰在水中的升华现象，用干冰模拟舞台效果，用干冰制作冰淇淋。⑥用汽化和液化的方法净化水。

续表

二级主题	内容要求	情景素材建议	教学策略建议	活动建议
物质的属性	①通过实验，了解物质的一些物理属性，如弹性、磁性、导电性和导热性等，能用语言、文字或图表描述物质的物理属性。②知道质量的含义。会测量固体和液体的质量。③通过实验，埋解密度。会测量固体和液体的密度。能解释生活中与密度有关的一些物理现象。④了解关于物质属性的研究对生产生活和科技进步的影响。	①通过实验，了解生活中一些物质的弹性，并列举弹性在生活中的应用实例。②比较导体、半导体、绝缘体导电性能的差异，了解金属与木材导热性能的差异。③了解物质的磁性和磁化现象，列举它们在生活中的应用。④到菜市场或超市测量一些物品的质量，列举几克、几十克、几百克和几千克的一些物品，会估测一些物品的质量。⑤同种物质构成的大小不同的物体，质量和体积的定量关系；⑥密度大和密度小的物质在生活中的应用，用密度初步鉴别身边的一些物质。⑦生活中与密度相关的问题：如热空气上升的实例。如飞机的外壳选用铝，台灯底座要加铁，盐水选种等。⑧青铜器铁器对社会发展的推动作用。	①在探究中学习天平的使用。②通过实验形成密度的概念，进一步体会用比值法定义物理量的方法。③重视密度与社会生活的联系，如从“密度与温度”的问题中引导学生关注生活中的热胀冷缩及水的反常膨胀现象，从密度与温度的视角解释风的形成。④用密度初步鉴别物质。⑤了解新材料在科技和生活中的应用。	①调研超市或菜市场是如何测物质的质量的，引导学生从定量的关系上认识物质，建立全面的物质观。②自制天平和量筒。③用电子秤及其他物品测量液体的密度。

续表

二级主题	内容要求	情景素材建议	教学策略建议	活动建议
物质的结构和物质世界的尺度	①知道常见的物质是由分子、原子构成的。②知道原子是由原子核和电子构成的，了解原子的核式结构模型。了解人类探索微观世界的大致历程，关注人类探索微观世界的新进展。③了解人类探索太阳系及宇宙的大致历程，知道人类对宇宙的探索将不断深入，关注人类探索宇宙的一些重大活动。④了解物质世界的大致尺度。	①借助图片、动画或模型，用文字和语言描述原子和分子的模型。②人类探索微观世界的大致历程和经典案例，如物质的原子论的发展和完善过程，布朗运动及形成原因。③人类探索宇宙的历程，通过影像资料演示太阳系和银河系。④按空间尺度大小排列银河系、太阳系、地球、人、原子、原子核、夸克。	①通过科普讲座让学生了解分子、原子的发现历程，让学生领悟物理学引领着人类对自然奥秘的探索，深化着人类对自然界的认识。②通过科普讲座让学生了解太阳系的八大行星，了解中国人的探月工程及航天事业，激发民族自豪感。③通过网络或书刊了解不同空间尺度的大小，列举光年、千米、米、分米、厘米、毫米、微米、纳米等不同级别大小的空间或物体。	①通过查阅资料了解分子、原子的发现历程，通过手抄报、PPT等形式展示学习成果。②通过学习小组查阅资料了解中国的航天事业有哪些成就，分小组展示调查结果。

2. 活动方案范例

【参观 ×××××× 制茶厂活动策划方案】

（1）活动简介

了解中国名茶的种类，参观当地制茶厂，了解茶叶制作的工艺流程，体验制茶、品茶，学习各地茶文化，提升民族自豪感和国家认同感。

（2）活动主题

通过参观当地制茶厂，了解茶叶制作的工艺流程，了解在各工艺流程中加快茶叶中水分蒸发的措施，体验揉茶，炒茶，培养劳动观念，了解茶叶制作中的发酵环节的重要性，对比各地名茶的特点，弘扬中华民族茶文化。

（3）活动目的

中国是茶的故乡，茶是中国的韵味。中国上下五千年的历史，也是中国茶文化萌生发展的历史。通过参观茶厂，体验制茶，品茶，传承中华民族五千年文化结晶。

（4）主办单位

××××××学校

（5）承办单位

××××××制茶厂

（6）活动对象

××××××学校八年级 ×× 班全体学生

（7）活动时间

× 年 × 月 × 日

（8）准备工作

落实 ××××××制茶厂参观时间，聘请 ××××××制茶厂讲解人员；

落实到达 ××××××制茶厂的行程，学生进行分组，带好笔和记录本，带好相机。

（9）宣传方式

通过学校新闻报道宣传本次调查研究活动。

（10）活动流程

邀请 ××××××制茶厂工程师带领学生参观并讲解制茶的工艺流程，体验制茶的过程，要求学生学习茶道，对比各地名茶的特点，写出调查报告。

（二）运动和相互作用

一级主题“运动和相互作用”包含“多种多样的运动形式”“机械运动和力”“声和光”“电和磁”四个二级主题。“运动和相互作用”主题的课程内容包含较多的物理概念和规律，与生产生活密切相关。这部分内容的设计旨在引导学生从物理学视角认识运动和相互作用，了解身边的运动形式及相互作用，了解声、光、电、磁的含义，初步形成运动和相互作用观念；发展学生的推理论证能力及交流合作能力，引导学生了解我国古代和现代的相关科技成就，体会中华民族的智慧，培养学生的科学态度和实现中华民族伟大复兴的责任感与使命感。

1. 内容要求和教学建议

二级主题	内容要求	情景素材建议	教学策略建议	活动建议
多种多样的运动形式	①知道机械运动，举例说明机械运动的相对性。②知道自然界和生活中简单的热现象。了解分子热运动的主要特点，知道分子动理论的基本观点。举例说明自然界存在多种多样的运动形式。知道物质在不停地运动。	①星系运动、天体运动、生活中运输工具的运动、自然界中动物的运动等实例；生活中相对运动的实例。②分子热运动；气体、液体的扩散现象；证明分子引力和斥力存在的小实验。	①通过影像资料展示自然界中多种多样的运动形式。②在大量的实例中通过动画演示物体相对于参照物位置随时间的变化，树立相对运动的科学观念。③引导学生通过宏观现象推理微观机制，从而认识分子动理论，如通过扩散现象推测一切物质的分子都在不停地做无规则运动。两块削平的铅能吸在一起说明分子间存在着引力。	①通过小组探究“孙悟空在云中飞”的拍摄活动加深对相对运动等知识的理解和应用。②通过测量和计算来证明削平的两块铅压紧后吸在一起不是因为大气压的作用，而是分子间存在引力。

续表

二级主题	内容要求	情景素材建议	教学策略建议	活动建议
机械运动和力	①会选用适当的工具测量长度和时间，会根据生活经验估测长度和时间。②能用速度描述物体运动的快慢，并能进行简单计算。会测量物体运动的速度。③通过常见事例或实验，了解重力、弹力和摩擦力，认识力的作用效果。探究并了解滑动摩擦力的大小与哪些因素有关。④能用示意图描述力。会测量力的大小。了解同一直线上的二力合成。知道二力平衡条件。⑤通过实验和科学推理，认识牛顿第一定律。能运用物体的惯性解释自然界和生活中的有关现象。⑥知道简单机械。探究并了解杠杆的平衡条件。	①用刻度尺和计时器测时间，用自身的尺度估测身边物体的长度，用脉搏估测时间。②从定性到定量比较物体运动的快慢；一些运动物体的速度；用多种方法测量物体运动的平均速度。超声波测距。③重力、弹力和滑动摩擦力的测量；重力、弹力的三要素；重力、弹力和滑动摩擦力的示意图；影响滑动摩擦力的因素；微小形变演示仪。④用小车、钩码、细线等探究二力平衡的条件；对处于平衡状态的物体进行受力分析。⑤通过阻力对小车的影响推导牛顿第一定律；与惯性相关的生活现象。⑥用生活中的剪刀、撬棒、滑轮、斜面等分析简单机械的原理。	①着眼于培养学生的初步观测能力，养成良好的学习习惯。②通过测量长度、时间和速度，提高学生的实验能力。③通过感知力、描述力、测量力、分析力认识弹力、重力和摩擦力。④通过探究重力的大小跟质量的关系让学生学会收集数据、处理数据、分析论证。⑤选取运动的物体水平方向只受阻力的实例，展示两种对立的观点，演示阻力对物体运动的影响，通过科学推理建立牛顿第一定律。⑥运用控制变量法探究二力平衡的条件、探究浮力大小的影响因素。浮力大小与排开液体的重力关系，理顺探究过程的逻辑关系。搭建浮力与生产、生活的桥梁，拉近浮力与生活的联系。	①自制教具观察微小形变。②自制水平仪检测地面是否水平。③用橡皮筋自制测力计测量力的大小。④查阅资料，了解我国高速列车的运行速度，以及铁路交通的发展进程。了解中国空间站在太空中飞行的速度大小。通过影像展示“中国速度”。⑤用传感器研究气体流速与压强的关系。

续表

二级主题	内容要求	情景素材建议	教学策略建议	活动建议
机械运动和力	⑦通过实验，理解压强。知道增大和减小压强的方法，并了解其在生产生活中的应用。⑧探究并了解液体压强与哪些因素有关。知道大气压强及其与人类生活的关系。了解流体压强与流速的关系及其在生产生活中的应用。⑨通过实验，认识浮力。探究并了解浮力大小与哪些因素有关。知道阿基米德原理，能运用物体的浮沉条件说明生产生活中的有关现象。	⑦用小桌、海绵和钩码探究压强的影响因素；生活中增大和减小压强的实例。⑧“蛟龙号”和“奋斗者”号等中国深潜器；用液体压强计探究液体压强与液体深度和液体密度的关系；自制液体压强计；生活中的连通器；证明大气压存在的实例；托里拆利实验；大气压在生活中的应用实例；证明流速快的位置压强小的实验；飞机的升力；火车站和地铁站的安全线。⑨生活中的浮力实例；用控制变量法探究浮力的相关因素；用实验验证阿基米德原理；例举与沉浮相关的生活实例。	⑦用惯性解释自然界和生活中的有关现象，培养学生规范表达的能力。⑧从让学生感知压力的效果到比较压力的效果，再到通过实验辅助建立压强的概念，引导学生应用压强解决实际问题。⑨从让学生感知液体的压强存在到通过实验探究液体内部压强的特点，引导学生理论推导液体压强的公式，理解连通器的原理及应用，了解中国的深潜技术，激发学生的爱国激情。⑩从感知浮力到测量浮力再到分析浮力产生的原因来认识浮力。从探究浮力大小的影响因素到思考物体浸入液体中的体积与排开液体的体积关系。	⑥用吸盘、光滑的水平面、大量程测力计测量大气压的值。⑦自制简易密度计。⑧自制潜水艇模型。⑨查阅资料，了解我国古代桔槔、辘轳等机械，写一篇弘扬中华优秀传统文化的调查报告。

续表

二级主题	内容要求	情景素材建议	教学策略建议	活动建议
声和光	①通过实验，认识声的产生和传播条件。②了解声音的特性。了解现代技术中声学知识的一些应用。知道噪声的危害及控制方法。③探究并了解光的反射定律。通过实验，了解光的折射现象及其特点。④探究并了解平面镜成像时像与物的关系。知道平面镜成像的特点及应用。⑤了解凸透镜对光的会聚作用和凹透镜对光的发散作用。探究并了解凸透镜成像的规律。了解凸透镜成像规律的应用。⑥通过实验，了解白光的组成和不同色光混合的现象。	①发声的音叉把乒乓球弹开，或将水花溅起，发声的鼓面将泡沫粒弹起等。②用抽气机和真空罩证明声音的传播需要介质。③用橡皮筋、直尺、吸管、装有不同质量水的玻璃瓶等物品探究影响音调和响度的相关因素，用生活用品自制小乐器；超声波在生活中的应用；防治噪声的实例。④生活中光沿直线传播的实例；通过实验演示光在不均匀的介质中传播方向改变；用平面镜、可折叠的光屏、激光笔和量角器探究光的反射规律；用水、量角器和激光笔等探究光的折射现象。⑤用玻璃板、蜡烛、白纸、刻度尺等探究平面镜成像的特点；平面镜在生活中的应用。	①从体验活动中认识声、声音、音调、响度、音色、振幅、频率、乐音和噪声等概念。②在探究声音的产生和传播、声音的特性中循序渐进地培养学生的探究能力。③用计算机辅助声的教学，演示声音的波形图。④紧密联系实际，让学生了解声音在生活、生产和社会等方面的应用和对人类生活的影响。⑤在实验的基础上了解光的直线传播规律，通过实验引导学生认识光线等物理模型，体会物理模型的重要作用。⑥在探究光的反射规律、光的折射特点和平面镜成像特点时让学生经历“提出问题”的过程，认识“收集数据”的重要性。⑦通过牛顿对色散现象的研究及实验了解太阳光是由色光组成的，通过实例了解红外线和紫外线在生活中的应用。	①用吸管、玻璃瓶等自制一件小乐器。②了解噪声对身心健康的危害，调查所在居住地减弱噪声的措施。③用镜面纸和硬纸片制作万花筒和潜望镜。④通过查询资料了解光速的测定历程，通过展示和交流学习科学家锲而不舍的科学精神。⑤用凸透镜自制照相机或望远镜。⑥用水透镜模拟人眼成像。

续表

二级主题	内容要求	情景素材建议	教学策略建议	活动建议
声和光		⑥生活中的透镜；凸透镜成像的规律；眼睛的成像原理；用透镜矫正近视眼和远视眼；显微镜和望远镜的基本原理。⑦三棱镜把白光分解为7种颜色的光。	⑧通过探究凸透镜成像规律，提高“收集证据”“分析与论证”“得出规律”的科学探究能力，学习科学探究的方法。⑨通过图片或动画了解眼睛的结构及成像原理，通过模拟实验知道人眼观察远处和近处物体晶状体的调节作用。⑩通过图片或视频了解显微镜和望远镜的结构及成像原理，了解显微镜和望远镜的发展历程。	
电和磁	①观察摩擦起电现象，了解静电现象。了解生产生活中关于静电防止和利用的技术。②通过实验，认识磁场。知道地磁场。③通过实验，了解电流周围存在磁场。探究并了解通电螺线管外部磁场的方向。了解电磁铁在生产生活中的应用。	①通过摩擦过的物体吸引轻小物体演示静电的作用。通过实验演示带有同种电荷的物体相排斥，带有异种电荷的物体相吸引；“静电植绒”“静电除尘”等生活中有关静电的应用实例，“印染厂保持空气湿度”“油罐车上的接地线”等生活中的静电防止的技术。	①通过摩擦起电的现象让学生认识自然界存在的两种电荷，通过演示实验了解两种电荷的相互作用的规律。②通过图片或动画解释摩擦起电的原因。	①用金属丝、金属箔、玻璃瓶制作简易的验电器；②用塑料板、丝绸和玻璃板及木屑模拟静电复印。

续表

二级主题	内容要求	情景素材建议	教学策略建议	活动建议
电和磁	④通过实验，了解通电导线在磁场中会受到力的作用，并知道力的方向与哪些因素有关。⑤探究并了解导体在磁场中运动时产生感应电流的条件。了解电磁感应在生产生活中的应用。⑥知道电磁波。知道电磁波在真空中的传播速度。知道波长、频率和波速。了解电磁波的应用及其对人类生活和社会发展的影响。	②用小磁针和铁粉逐步探究磁体外点、线、平面和空间的磁场；各种磁体周围磁感线模型。③奥斯特实验；通电螺线管外部的磁场；电磁铁磁性的特点及应用；生活中的电磁继电器。④通电导体在磁场中受力运动，运动方向与磁场方向和电流方向的关系。⑤用灵敏电流计、闭合回路的一部分导体、磁铁探究电磁感应的产生条件，影响感应电流方向和大小的因素。⑥电磁波在生活、生产及科技中的应用实例。	③在物理概念的形成过程中渗透科学方法的教育，如通过磁场对小磁针有力的作用说明磁场的存在，引入磁感线形象地描述磁场。④通过奥斯特实验、通电导体在磁场中受到力的作用、电磁感应，让学生认识自然现象之间是相互联系的。⑤从奥斯特实验到通电螺线管再到电磁铁和电磁继电器，让学生领悟物理为人类文明和社会进步作出的贡献。⑥简洁生动地介绍数字通信、卫星通信、光纤通信的原理，通过实例或影像资料让学生了解电磁波在生活中的广泛应用及对人类生活和社会发展的影响。	③制作小小电动机。④用永磁体和汤匙制作司南模型。⑤通过查阅资料了解电磁波的发现及应用历程，了解北斗导航系统的作用和优势，通过展示和交流认识物理对人类生产生活方式的变革作出的巨大贡献。

2. *活动方案范例*

【“民族乐器，妙含物理”活动方案】

（1）活动简介

通过查阅资料了解中华民族乐器的种类，从物理学的角度了解其工作原理，欣赏中国古典名曲，提升科学素养和艺术素养。

（2）活动主题

探寻中华民族乐器，了解中华民族乐器源远流长的发展历史，从物理学的角度了解其发声原理，体验其独特的音色。欣赏中华民族古典名曲，感受其丰富的内涵。利用生活中常见的物品自制一个简单的乐器，能吹奏简单的乐曲。

（3）活动目的

从物理的视角了解中华民族乐器，了解乐器的发声原理和改变音调的方法，欣赏中华民乐，弘扬民族文化，陶冶艺术情操。

（4）活动对象

××× 学校八年级 ×× 班全体学生

（5）活动时间

× 年 × 月 × 日 ×× 时

准备工作

分小组通过网络查询、走访、参观等形式了解最感兴趣的民族乐器，收集相关信息，制成 PPT 或短视频。

（6）宣传方式

通过学校新闻报道宣传本次调查研究活动。

（7）活动流程

①分小组通过网络查询、走访、参观等形式了解最感兴趣的民族乐器，收集与之相关的古典名曲，制成 PPT 或短视频；

②分小组展示调研成果；

③用身边的物品自制一个乐器，并用自制乐器演奏简单的乐曲。

（三）能量

一级主题“能量”包含“能量、能量的转化和转移”“机械能”“内能”“电磁能”“能量守恒”“能源与可持续发展”6个二级主题。

“能量”主题的课程内容具有一定的综合性和跨学科性，与生产生活及社会发展密切相关。这部分内容的设计旨在引导学生从物理学视角认识能量，了解不同形式的能量，认识能量转化与守恒的普遍规律，了解节约能源与可持续发展的重要性，初步形成能量观念；发展学生综合分析问题和解决问题的能力，培养学生为可持续发展作贡献、将科学服务于人类的使命感。

1. 内容要求和教学建议

二级主题	内容要求	情景素材建议	教学策略建议	活动建议
能量、能量的转化和转移	①了解能量及其存在的不同形式。能描述不同形式的能量和生产生活的联系。②通过实验，认识能量可以从一个物体转移到其他物体，不同形式的能量可以相互转化。③结合实例，认识功的概念。知道做功的过程就是能量转化或转移的过程。	①通过图片和视频了解太阳能、风能、内能、机械能、化学能、光能等各种形式的能量。②列举太阳能在地球上转化为其他形式能量的实例，各种家用电器通电以后能量的转化的实例、内能转化为其他形式能的实例等。③分析拉弓射箭、电动机车消耗电能来做功等实例，了解功和能的关系。	①以能量为线索，通过图表的形式介绍自然界各种形式的能量。②通过大量的实例让学生分析能量的转化和转移。③通过小实验演示动能越大的小车能做更多的功，弹性势能越大的物体能做更多的功，为学生搭建功和能的桥梁。	①通过查阅资料了解18世纪末到19世纪前半叶，自然科学上一系列重大发现，广泛地揭示了各种自然现象之间的普遍联系和相互转化，以能量转化为线索总结成PPT，然后在小组或班级展示和交流。②用矿泉水瓶演示气体对外做功。

续表

二级主题	内容要求	情景素材建议	教学策略建议	活动建议
机械能	①知道动能、势能和机械能。通过实验，了解动能和势能的相互转化。举例说明机械能和其他形式能量的相互转化。②知道机械功和功率。用生活中的实例说明机械功和功率的含义。③知道机械效率。了解提高机械效率的意义和途径。④能说出人类使用的一些机械。了解机械的使用对社会发展的作用。	①用斜面、小球及水平面上的木块探究物体动能的影响因素。从单摆、滚摆、拉弓射箭等实验中定性说明动能和势能的相互转化，机械能与其他形式的能相互转化。②从“小车在推力的作用下向前运动了一段距离”“叉车托举货物”等实例中认识功的概念，明确计算功的表达式，应用功的公式进行简单计算。展示常见机械的铭牌，比较它们的功率，用比值法定义功率，利用功率的概念测量生活中功率的大小。③通过测量滑轮组的机械效率分析提高机械效率的方法。④中国古代的水磨、水碓等机械的工作原理及对社会发展的作用。	①从生活实例中寻找共性来定义功。创设情境用比值法定义功率，用功和功率的公式进行简单的计算。②在学习动能、重力势能和弹性势能时突出能做功的物体具有能量的思想。③从滚摆、单摆、溜溜球等实验的操作中使学生进一步体会机械能与其他形式能的转化。④用“人造地球卫星的机械能转化”拓宽学生的视野。⑤通过实验探究使用动滑轮提升重物是否省功，引导学生学会从工作目的出发，分析有用功和额外功，为建立机械效率铺设台阶。⑥通过测量滑轮组的机械效率培养学生的动手能力和探究能力。	①用罐头盒的薄铁皮制作成叶轮、组装大的可乐瓶、乳胶管、夹子和喷嘴，自制一个水轮机。②查阅资料，了解我国古代水磨、水碓等利用水能的机械，写一篇弘扬中华优秀传统文化的调查报告。③查阅资料，了解我国水能和风能的利用情况，形成调查报告。

续表

二级主题	内容要求	情景素材建议	教学策略建议	活动建议
内能	①了解内能和热量。从能量转化的角度认识燃料的热值。②通过实验，了解比热容。能运用比热容说明简单的自然现象。③了解热机的工作原理。知道内能的利用在人类社会发展史中的重要意义。	①通过喷发的火山、炽热的铁水、冰山等实例了解一切物体都有内能；通过生活中的实例分析改变内能的两种方式；燃料燃烧时能量的转化，不同燃料的热值。②通过比较“相同质量的不同物质升高相同的温度吸收热量不同”引入比热容的概念。用比热容解释海边的气温变化比沙漠的小、用比热容解释城市热岛效应的原因。③汽油机和柴油机的工作原理，内燃机、汽轮机和喷气发动机等在人类发展史上的重要意义。	①引导学生思考高温高压气体弹出瓶塞的动能源自哪里，通过猜想与推理认识内能的存在，然后与机械能类比，通过分析分子动能和势能，帮助学生逐步深入地认识内能，提出内能的概念。②通过对一些事例的分析，做一些实验，总结出改变内能的途径。③密切结合日常生活中不同物质在吸收相同热量时升高的温度不同，为引出比热容作铺垫。再通过实验比较质量相同的不同物质升高相同的温度吸收热量不同，经过观察、对比、分析明确比热容的概念。④通过动画模拟汽油机和柴油机的工作过程，通过列表比较二者的异同。	①查阅资料，了解内燃机的发展历程。②调查了解湖泊对气候的调节作用有哪些。
电磁能	①从能量转化的角度认识电源和用电器的作用。	①水果电池发电、火力发电、水力发电、风力发电、潮汐能发电、太阳能发电、核能发电的能量转化过程。各种家用电器工作时能量的转化过程。	①从认识电荷，到判断电流的方向，再到认识电流的大小，逐步形成电流的概念。	①通过查阅资料了解不同类型的电池，比较它们的优缺点，了解它们的适用范围。

续表

二级主题	内容要求	情景素材建议	教学策略建议	活动建议
电磁能	②会看、会画简单的电路图。会连接简单的串联电路和并联电路。能说出生产生活中采用简单串联电路或并联电路的实例。探究并了解串联电路和并联电路中电流、电压的特点。③会使用电流表和电压表。④知道电压、电流和电阻。探究电流与电压、电阻的关系，理解欧姆定律。⑤结合实例，了解电功和电功率。知道用电器的额定功率和实际功率。⑥通过实验，了解焦耳定律。能用焦耳定律说明生产生活中的有关现象。⑦了解家庭电路的组成。有安全用电和节约用电的意识。	②连接串联和并联电路，识别串联和并联电路；从能量转化的角度认识电源和用电器；会进行简单电路的设计。③用电流表、电压表分别测电流和电压，用电流表和电压表探究串、并联电路中电流和电压的规律。④用电源、定值电阻、电流表、电压表、滑动变阻器、开关、导线探究电流、电压和电阻的关系，在实验的基础上理解欧姆定律。运用欧姆定律间接测量定值电阻和小灯泡的电阻。⑤观察家用电器的铭牌，了解额定功率。通过实验测量小灯泡的额定功率和实际功率。⑥电流通过导体产生热量的影响因素。电热孵化小鸡、电烤炉、电热毯、微型散热风扇。⑦通过看图了解家庭电路的组成；家庭电路的故障及排除；家庭电路中电流过大；安全用电。	②在连接各种简单电路的过程中形成电路的概念，通过实验操作认识断路、短路和通路。③通过实验探究串、并联电路的特点。联系生活实际辨别生活中的电路是串联还是并联。④让学生经历“感知电压的存在”“电压是电流产生的原因”“认识电压的高低”完成对电压概念的初步认识。⑤让学生学会正确地使用电流表，用电流表探究串、并联电路中电流的规律。⑥通过“电阻”“影响电阻大小的因素”“变阻器”“探究电流与电阻的关系”“电阻的测量”几个部分的学习，让学生经历电阻概念形成的认识过程。	②自制水果电池，探究影响水果电池电压大小的因素。③通过简单的电路设计解决生活中的一些实际问题。④用废日光灯管灯丝、小灯泡、蓄电池、单刀开关、酒精灯和导线探究电阻大小与温度的关系。⑤通过资料查询了解欧姆发现欧姆定律的历程。⑥调查当地人均用电量的变化，讨论人均用电量与当地经济发展的关系。⑦编辑安全用电手册或宣传小报。

续表

二级主题	内容要求	情景素材建议	教学策略建议	活动建议
电磁能			⑦通过实验探究得出电阻一定时，导体中的电流与电压成正比；电压一定时，导体中的电流跟电阻成反比，引导学生分析电阻一定时，电压与电流的比是一个常数，比较这个常数和定值电阻的关系，进一步引导学生思考这个关系的普遍性，从而得出欧姆定律的表达式。⑧从电能的来源及应用贯彻“从生活走向物理，从物理走向社会”的课程理念。⑨从能量转化的角度介绍电功；从电流做功的角度，用比值法定义电功率。⑩在研究焦耳定律的实验中，渗透“控制变量法”“转换法”等科学方法的教育。	

续表

二级主题	内容要求	情景素材建议	教学策略建议	活动建议
能量守恒	①知道能量守恒定律。列举日常生活中能量守恒的实例。有用能量转化与守恒的观点分析问题的意识。②从能量转化和转移的角度认识效率。③列举能量转化和转移具有方向性的常见实例。	①生活中的机械能与其他形式的能的转化实例；能量的转化和转移是有方向的，永动机不可能实现。②提高机械效率和热机效率的有效方法。③节能的实例。	①通过学习能量的转化与守恒树立科学的世界观，形成可持续发展的意识。②通过了解家庭用的燃料的变迁领悟提高能源的利用率对社会进步的影响。③通过分析热机工作时燃料释放能量的主要流向，建立热机效率的概念，在提高热效率的学习中提升节能意识。	①通过查阅资料了解历史上永动机的设计案例，从能量守恒的角度剖析永动机的失败原因，写成小论文。②查阅资料或访问农机、汽车维修等专业人员，了解内燃机中燃料燃烧所释放热量的去向，讨论提高效率的可能途径。
能量与可持续发展	①列举常见的不可再生能源和可再生能源。②知道核能的特点和核能利用可能带来的问题。③从能源开发与利用的角度体会可持续发展的重要性。	①不同历史时期人类利用的主要能源，大自然中的不可再生能源和可再生能源，人类所面临的能源危机。②原子弹和氢弹的工作原理，核电站的工作原理，核废料处理的方法，保护环境的措施。③新能源的开发与利用，能源消耗对环境的影响，可持续发展的重要性。	①钻木取火导致柴薪作为主要能源时代的到来，蒸汽机的发明导致人类使用的主要能源向化石能源转化，电能的使用使得人类进入电气化时代……通过人类使用能源的历程，引导学生关注科学技术的进步深深地影响社会生产力的变化。②从回顾现代社会以石油为主的化石能源的能源危机，到能源消耗对环境的影响，引导学生思考人类与自然界之间的相互关系，培养学生可持续发展的意识。	①通过走访调查了解当地新能源的使用情境，提出合理建议，形成调查报告。②用旧木箱、白纸、棉絮、玻璃板等器材制作简易集热箱。③查阅资料，了解我国新能源汽车的发展概况。④调查了解中国的光伏产业现状。

2. 教学策略建议

（1）灵活选用教学方式，帮助学生逐步形成能量观念。例如通过情境创设、实验探究等，引导学生认识机械能、内能、电磁能等能量的不同存在形式；通过科学探究、课堂讨论，引导学生理解太阳能在地球上是怎样转化成其他形式的能的，体会能量转化和守恒的思想，逐步形成能量观念。

（2）理论联系实际，提高学生分析问题、解决问题的能力。例如：通过解决生产生活中的具体问题，使学生了解功、功率、电功、电功率及焦耳定律等，在解决问题的过程中，形成将物理知识与生产生活相联系的意识；在用能量守恒定律等解决问题的过程中，引导学生领悟从守恒的角度分析、解决问题的方法，提高分析、解决问题的能力。

（3）重视科学探究，提高学生的科学探究能力。例如：通过探究电流与电压、电阻的关系等实验，引导学生明确实验目的，运用控制变量等方法制订简单的探究方案，学会分析和处理实验数据，正确表述科学探究的过程和结果，提高科学探究能力。

（4）设计丰富的实践活动，提高学生的共通性素养。通过调查研究活动，启发学生关注科学、技术、社会、环境之间的关系，引导学生认识环境保护环境的重要性，认同人与自然共生的理念。例如：通过查阅资料等，了解核能的特点和处理废料的常用方法，讨论核能利用可能带来的问题；调查当地太阳能的利用情况，估算太阳能的转化效率；调查家庭或学校可能存在的安全用电隐患，提高安全用电的意识。通过设计制作等活动，引导学生加深对节约能源与促进可持续发展的认识，提高节能意识，践行低碳生活，促进其科学态度与责任感的养成。

3. 活动建议及活动方案范例

（1）列举太阳能在地球上转化为其他形式能量的实例。讨论人在滑滑梯过程中能量转化的情况。

（2）查阅资料，了解人类利用机械的大致历程，并与同学进行交流。查阅资料，了解我国古代水磨、水碓等机械，写一篇弘扬中华优秀传统文化的调查报告。

（3）调查当地近年来炊事、取暖、交通等方面燃料结构的变化，从经济与环保的角度开展讨论。燃料的种类很多，如木柴、煤、汽油、酒精、天然气等，查阅资料并比较相同质量的不同燃料完全燃烧时放出热量的多少。

（4）学读家用电能表，根据读数计算用电量。调查当地人均用电量的变化，讨论它与当地经济发展的关系。

（5）查阅资料或访问农机、汽车维修等专业人员，了解内燃机中燃料燃烧所释放热量的去向，讨论提高效率的可能途径。调查当地主要炉灶的能量利用效率，写出调查报告。

（6）查阅资料，举办小型研讨会，讨论能源利用带来的环境影响，如大气污染、酸雨、温室效应等，探讨可采取的应对措施。

查阅资料，了解我国新能源汽车的发展概况。

了解有关提倡低碳生活的信息，调查当地使用的主要能源及其对当地经济和环境的影响，提出开发当地可再生能源的建议。

查阅资料，了解受控核聚变（人造太阳）的研究进展，了解我国在这方面的研究成就。

4. 活动方案范例

【太阳能小船的设计和模型制作】

【问题提出】

随着社会的发展，人们越来越关注节约能源与保护环境等问题。开展太阳能小船的设计和模型制作活动，既有利于增强学生的节能环保意识，又有利于提升学生跨学科综合运用知识解决实际问题的能力。

【活动目的】

从能量转化的角度出发，论证船利用太阳能等可再生能源的可行性，探讨利用可再生能源的途径和方法，完成节能环保动力小船模型的制作。初步形成能量观念，用物理和跨学科的思维分析解决问题，了解科学、技术、社会、环境之间的关系，树立促进可持续发展的责任感，践行人与自然的和谐共生。

【活动方案】

太阳能小船的设计是以“能量”主题为核心的跨学科实践。在活动中，根据能量转化与守恒的知识探讨环保小船利用可再生能源的具体途径，结合地理学等知识设计太阳能的利用方案，结合数学、美术等知识设计太阳能小船的外形和结构框架，通过一定的工程和技术操作完成太阳能小船模型的制作。

【实施过程】

（1）小船模型的设计

根据太阳能热水器所供应的热水容量，设计太阳能动力小船热水器模型的尺寸；根据太阳能电池板单位面积发电功率和发电需求，设计太阳能电池板模型的尺寸。

在综合节能设计的基础上，对小船模型的布局、外形进行结构设计和艺术设计。

（2）小船模型的制作

选择制作小船模型的材料、相关物品的尺寸和颜色等，了解有关黏合剂的物理功能和化学特性，选用适合的黏合剂，按操作要求把所裁剪的部件依次拼接，制成作品。在制作时，应在各部分体现环保小船的功能特征，如防水材料、储能装置等。

（3）作品的展示、交流与评价

可采用实物或影像等方式对作品进行展示，并进行交流与评价。无论采用哪种方式，都应提交能反映小船视觉形象的材料和《太阳能小船设计与制作简介》的文字资料，如介绍模型设计的思路、数据及其合理性等，说明模型制作的关键环节。每名学生对各小组作品的科学性、艺术性和创新性等进行综合评价。

（四）实验探究

一级主题“实验探究”包含测量类和探究类学生必做实验。这两类学生必做实验相互关联，各有侧重，旨在体现物理课程实践性的特点，培养学生发现问题和提出问题的能力、动手操作和收集数据的能力、分析和处理数据的能力、解释数据的能力、表达和交流的能力，引导学生学会学习、学会合作，培养学生严谨认真、实事求是的科学态度。

内容要求和教学建议。

测量类学生必做的实验		
实验名称	内容要求	教学建议
用托盘天平测量物体的质量	用托盘天平测量小木块和杯中水的质量	可让学生分组进行实验，让学生先阅读天平使用说明书，学习天平使用的步骤和注意事项，然后用天平测量生活中物品的质量。还可以让学生使用电子天平测量物体质量，体会科技进步给生活带来的便利。
测量固体和液体的密度	用天平、量筒等测量小石块和盐水的密度	用天平和量筒测小石块的密度时，为了减小误差，应先测小石块的质量，后测其体积；用天平和量筒测盐水的密度时，为了减小误差，从容器中倒出盐水后，需要再次对有残留液体的容器进行测量和读数。在实验选材上可以多样化，实验方法应围绕材料进行调整和改进。

续表

测量类学生必做的实验		
实验名称	内容要求	教学建议
用常见温度计测量温度	用实验室温度计测量水的温度，用体温计测量自己的体温。	用实验室温度计测温度时，应先观察温度计的量程和分度值，测量水的温度时，玻璃泡要充分浸泡在水中，不接触容器底和壁，待示数稳定时再读数，读数时温度计不能离开被测液体。使用体温计测量人的体温之前，需要先甩一甩体温计，使体温计内的水银回到玻璃泡内。体温计可以离开人体读数。用新型温度计测温度，体会科技进步为生活带来的方便。
用刻度尺测量长度，用表测量时间	用刻度尺测量物理教科书的长和宽，利用具有秒表功能的设备测量自己脉搏跳动 30 次所用的时间。	用刻度尺和机械表测长度和时间时，应先观察它们的量程和分度值，实验中，应正确操作和读数，要求学生对同一物体多次测量求平均值，减小误差。尝试通过身高和影子的长间接测量大树的高度，开拓学生的思维。
测量物体运动的速度	用秒表和刻度尺，测量小球通过某段距离的速度	用斜面、小球、秒表、刻度尺测量小球的平均速度时，斜面的坡度不可太大，可以采用在对应位置放置障碍物（如金属片），以撞击物为信号停止计时来获得运动时间。可以尝试让学生使用光电门、传感器等先进的技术测量物体的速度。
用弹簧测力计测量力	用手拉动弹簧测力计体验 1N、2N、4N 力的大小，测量一本物理教科书所受的重力。	用弹簧测力计测力前，应先观察它的量程和分度值，用它测力的大小时要让弹簧测力计内的弹簧轴线方向跟所测力的方向在一条直线上，尽量减小摩擦力对实验的影响。通过创造真实有趣的实验情境，提高学生的课堂参与度，激发学生的学习兴趣。
用电流表测量电流	用实验室指针式电流表，测量直流电路中的电流。	引导学生自主设计电路图，根据电路图连接实物。实验前对电流表进行“校零”，将电流表与被测用电器串联，用“试触法”选择合适的量程，让电流从电流表的正接线柱流入，从负接线柱流出，不能将电流表直接接在电源的两极。

续表

测量类学生必做的实验		
实验名称	内容要求	教学建议
用电压表测量电压	用实验室指针式电压表，测量直流电路中的电压。	引导学生自主设计电路图，根据电路图连接实物。实验前对电压表进行“校零”，将电压表与被测用电器并联，用“试触法”选择合适的量程，让电流从电压表的正接线柱流入，从负接线柱流出。测量并分析串联而成的电池组两端的电压与每节电池两端电压之间的关系；测量并比较灯泡两端的电压和电源两端的电压；测量水果电池的电压。
用电流表和电压表测量电阻	用电流表、电压表、滑动变阻器等，测量定值电阻和小灯泡正常发光时的电阻。	引导学生根据伏安法测电阻的原理自主设计电路和实验记录表格，在根据电路图连接实物电路时，开关处于断开状态，在开关闭合前滑动变阻器的滑片处于最大电阻的位置。可分组测量小灯泡和定值电阻的阻值。
探究类学生必做实验		
实验名称	内容要求	教学提示
探究水在沸腾前后温度变化的特点	用酒精灯、烧杯、温度计等，探究水在沸腾前后温度变化的特点。	实验前应强调安全问题，提醒学生避免烫伤，强调酒精灯的使用规范。实验中观察水沸腾时气泡的变化，用温度计测量水在沸腾时温度变化的特点，用坐标描出水从加热至沸腾时温度和时间的图像。
探究滑动摩擦力大小与哪些因素有关	用弹簧测力计、平板、细绳、长方体物块、棉布、毛巾等，探究滑动摩擦力大小与哪些因素有关。	通过生活情境猜想影响滑动摩擦力大小的因素。用控制变量法设计实验方案和记录表格，讨论如何保证弹簧测力计的拉力等于摩擦力的大小，优化实验，减小误差。
探究液体压强与哪些因素有关	用水、盐水、酒精、压强计等，探究液体压强与哪些因素有关。	用控制变量法设计实验方案和记录表格，用控制变量法探究液体的深度和液体的密度对液体压强大小的影响。实验后对实验数据加以解释，基于证据得出正确的实验结论。

续表

测量类学生必做的实验		
实验名称	内容要求	教学建议
探究浮力大小与哪些因素有关	用水、盐水、酒精、金属块、弹簧测力计等，探究金属块所受浮力与哪些因素有关。	从真实的情境提出问题：浮力大小与哪些因素有关？对“物体的密度”和“液体的密度”、“物体的体积”和“浸入的体积”辨析清楚，运用控制变量法设计实验和记录表，建议先“探究浮力的大小与浸入的体积的关系”后再探究“浮力的大小与浸入的深度”是否有关，破除错误的前概念。
探究杠杆的平衡条件	用杠杆、铁架台、钩码和弹簧测力计，探究杠杆平衡时动力、动力臂与阻力、阻力臂之间的定量关系。	从古代的杆秤引入杠杆的平衡条件，分析杠杆在哪个位置的平衡能从杠杆上直接读出力臂，设计实验方案和记录表格，采集杠杆在水平位置平衡时的动力、动力臂、阻力、阻力臂，分析变量间的定量关系，得到杠杆平衡的条件。通过正例和反例进一步完善杠杆的平衡条件的探究。
探究光的反射定律	用激光笔、平面镜、光屏及量角器等探究光的反射定律。	从生活中的反射现象激发学生探究光的反射规律的愿望，讨论显示光路及记录光路的最佳方式，引导学生发现反射光和入射光所在的平面与镜面垂直，引入法线，进一步引导学生从多次实验记录中发现反射角等于入射角。实验过程中，禁止直视激光或将激光射向他人。
探究平面镜成像的特点	用蜡烛（或其他物品）、平板玻璃、刻度尺、白纸等，探究平面镜成像时，像的大小、位置、虚实等有什么特点。	从生活中的平面镜成像现象创设学习情境，用玻璃板、两支相同的蜡烛、白纸、刻度尺等探究平面镜成像的特点，先让学生找到像，比较像和物的大小关系，用像和物到平面镜的距离关系、像和物的连线与平面镜垂直来确定像的位置，用实验判断像是实像还是虚像。为了使实验现象更清楚，可以对玻璃板等实验器材进行改进。
探究凸透镜成像的规律	用蜡烛（或F形光源）、凸透镜、光具座、光屏等，探究凸透镜成像时，像的正倒、大小、位置、虚实等与物距的关系	让学生经历把物体从二倍焦距以外较远地方逐渐向凸透镜移近的过程，根据观察在不同的物距的条件下，凸透镜所成像的性质不同作出猜想。以小组合作的方式自主设计实验方案，正确组装器材，确定像的位置，识别像的性质，测量物距和像距，从像的性质对证据进行解释，归纳论证得出凸透镜成像的规律。为了使像的性质更清晰直观，可以选用形状不规则的发光物体进行实验。

续表

测量类学生必做的实验		
实验名称	内容要求	教学建议
探究通电螺线管外部磁场的方向	用小磁针、通电螺线管等，探究通电螺线管外部磁场的方向。	观察通电螺线管的周围铁屑的分布情况，将其与条形磁铁周围铁屑的分布对比，可知二者周围的磁场是相似的。通过通电螺线管周围的小磁针分布进一步探究通电螺线管外部磁场的方向与电流的方向有关。可采用空间磁感应强度分布的立体模型，了解整个通电螺线管外部的磁场。
探究导体在磁场中运动时产生感应电流的条件	用矩形线圈或单根导线、磁体、灵敏电流计等探究产生感应电流的条件。	在分析电动机的工作原理的基础上引导学生思考什么条件下磁场中的导线中能够产生电流，设计实验方案，通过探究寻找证据并记录证据，分析证据可知：闭合回路的部分导体在磁场中切割磁感线时会产生感应电流，进一步探究感应电流的大小和方向与什么因素有关。
探究串联电路和并联电路中电流、电压的特点	用电流表和电压表，分别探究串联电路和并联电路中电流、电压的特点。	不同规格的灯泡在串联电路和并联电路中亮度不同，由此引发学生对串、并联电路中电流和电压特点探究的兴趣，分小组绘制电路图，连接电路并记录实验数据，基于证据得出实验结论，通过小组间的交流全面了解串、并联电路中电流和电压的规律。注意拆装电路时开关应处于断开状态，注意电流表和电压表的使用规范。
探究电流与电压、电阻的关系	用定值电阻、滑动变阻器、电流表、电压表等，探究电流与电压、电阻的关系。	定值电阻两端的电压越高，电流越大；在电源两端接入滑动变阻器，当滑动变阻器的阻值越大，与之串联的电流表示数越小。由这些现象猜想电流、电压和电阻的关系，引导学生用控制变量法设计电路和实验记录表格，通过分组实验采集实验数据，并通过绘制I–U曲线和I–R曲线获得证据，验证猜想。实验中注意滑动变阻器的调节幅度，避免超出电流表和电压表的量程。

（五）跨学科实践

一级主题“跨学科实践”包含“物理学与日常生活”“物理学与工程实

践”“物理学与社会发展”三个二级主题。“跨学科实践”主题的内容具有跨学科性和实践性特点，与日常生活、工程实践及社会热点问题密切相关。这部分内容的设计旨在发展学生跨学科运用知识的能力、分析和解决问题的综合能力、动手操作的实践能力，培养学生积极认真的学习态度和乐于实践、敢于创新的精神。

具体内容和活动建议：

	内容要求	活动建议
物理学与日常生活	能发现日常生活中与物理学有关的问题，提出解决方案。	调查日常生活用品（如厨房用品）使用中的问题，并提出改进建议，能运用所学的知识论证自己所提建议的合理性。通过资料查阅、商店咨询和实物考察，分析自行车中涉及的不同学科知识，选择感兴趣的主题撰写一篇小论文。
	能运用所学知识分析日常生活中的安全问题，提出解决方案，践行安全与健康生活。	调查生活中（如用电、乘车、住高楼等）存在的安全隐患，提出安全与健康生活的建议。通过资料查阅和实物考察，探索家庭用电的安全问题，从跨学科视角撰写简单的调查报告。
	能运用所学知识指导和规范个人行为，践行低碳生活，具有节能环保意识。	通过资料查阅和实物考察，了解机动车的尾气排放情况，撰写关于城市空气污染和汽车尾气排放的调查报告。
物理学与工程实践	了解我国古代的技术应用案例，体会我国古代科技对人类文明发展的促进作用。	制作一台小型风力发电机，从跨学科视角与同学交流制作过程与作品。
	调查物理学应用于工程技术的案例，体会物理学对工程技术发展的促进作用。	调查物理学在桥梁建筑技术方面的应用案例，体会物理学对桥梁发展的促进作用。
	了解物理学在信息技术中的应用。	查阅资料，了解物理学对信息技术发展的贡献。查阅资料，了解量子计算机相关信息，与同学交流对计算机未来发展的畅想。

续表

	内容要求	活动建议
物理学与社会发展	结合实例，尝试分析能源的开发与利用对社会发展的影响。	查阅资料，了解环境污染治理比较成功的案例，撰写一篇调查报告。
	结合实例，了解一些新材料的特点及其应用。了解新材料的研发与应用对社会发展的影响。	了解半导体、超导体的主要特点，展望超导体应用对社会发展的影响。了解纳米材料等新型材料的主要特点，以及这些新型材料技术的应用对社会发展的影响。
	了解我国科技发展的成就，增强科技强国的责任感和使命感。	查阅资料，了解手机改进历程中的典型案例，体会通信技术的进步对社会发展的影响。查阅资料，了解深海、太空等的开发与利用对人类社会发展的意义，撰写一篇小论文。

【活动方案范例——参观 ×× 再生水工厂活动策划方案】

（1）活动简介

了解一个家庭一个月的用水量，估算10万个家庭一个月的用水量，思考污水去哪里了？污水能否变清流？带着这个疑问，走访调查 ×× 再生水厂，了解污水处理工艺流程，了解处理后的尾水进入 ×× 湿地公园后如何进行再生利用。

（2）活动主题

通过参观 ×× 再生水厂，了解 ×× 新区污水处理流程和规模，了解水质净化的措施，检测湿地公园的水质，学习“MSBR+ 人工湿地 + 自然湿地”组合工艺，养成节水和保护水资源的意识。

（3）活动目的

水是生命之源、生态之基，让更多的青少年能够关注水环境，在生活中养成爱水护水的好习惯，树立绿色低碳的生活理念。

（4）主办单位

××××××学校

（5）承办单位

××再生水厂

（6）活动对象

××××××学校八年级××班全体学生

（7）活动时间

×年×月×日

（8）准备工作

落实××再生水厂参观时间，落实到达××再生水厂的行程，学生进行分组，带好笔和记录本，带好相机及检测水质的工具。

（9）宣传方式

通过学校新闻报道宣传本次调查研究活动。

（10）活动流程

邀请再生水厂工程师为学生讲解污水处理流程，参观污水处理过程，了解污水中含有哪些有害物质，了解再生水厂处理污水需要多长时间，了解哪些植物有净水功能，处理好的尾水从哪里流进××湿地公园，检测××湿地公园里的水质，写出调查报告。

三、教学评价与改进

物理学习评价应全面落实新时代教育评价改革要求，以学生发展为本，强化素养导向，着力推进评价观念、评价方式和评价方法的改革，促进学生学习和教师教学的改进。强化评价与课程标准、教学的一致性，促进“教—学—评”有机衔接，提升评价质量，充分发挥评价的育人功能。

（一）评价要求

坚持素养立意。设计和实施评价应理解核心素养的内涵和学生的行为表现，准确把握学业质量标准的要求，明确评价的目的是诊断学生在物理观念、科学思维、科学探究、科学态度与责任等方面的发展状况，为改进学生的学习和教师的教学提供依据。

重视真实全面的评价。诊断学生的发展状况应借助多种任务情境，获取不同场合、时间和形式的学生行为表现信息，诊断学生是否形成相关的物理观念、是否能进行科学的思维、是否具有探究和解决实际问题的能力、是否具有科学态度与社会责任感等，从而准确判断学生核心素养的发展状况。

采取主体多元、形式多样的评价。应充分发挥学校、教师和学生等不同角色在评价中的作用，从不同视角进行评价。充分认识不同评价方式的优势和不足，将学生自我评价与同伴评价、单项评价与整体评价、定量评价与定性评价、终结性评价与过程性评价有机结合，发挥不同评价方式的作用，保证评价结果的准确性和改进策略的有效性。

增强反馈的有效性。针对评价发现学生的优势和不足，采取恰当的方式进行反馈；倡导学生参与评价结果的判断和解释，让学生了解自己取得的进步、已有的优势和潜能，以及存在的问题和不足，促进反思与改进，提升反馈的效果。

发挥评价的激励与发展功能。评价不仅要关注学生在不同阶段核心素养的发展状况，更要关注如何通过评价促进学生的发展。收集证据时，既要重视学生在特定任务情境下生成的结果，又要重视在结果形成过程中学生的思考、认识、反思和调整。可对学生的表现进行重复性、持续性的测量和证据收集，记录学生成长轨迹，反映学生不断发展的状况。以评导学，以评促学，激励学生进步。

（二）评价实施

课堂评价目标应依据核心素养内涵和学业质量标准确立，重视学生个体差异和课堂生成，关注学生在问题解决、讨论发言、动手操作等活动中表现出来的知识理解、技能掌握、能力发展和学习态度等情况。评价指标应具有层次性、生成性特点，能反映学生的优势与不足，能为学生进一步改进提供指导。

注重发挥作业评价的诊断功能，指导学生改进学习；应以阶段性学业要求和学业质量标准为依据，设计层次分明、类型多样的作业，兼顾基础性作业和探究性、实践性作业，注重评价学生的学习态度和学习成果，充分发挥不同类型作业的育人功能。合理调控作业量，避免机械训练、简单重复，切实减轻课业负担。

充分利用课堂评价、作业评价等的结果，设计好单元评价、期中期末评价，及时了解学生阶段学习状况。试题命制要注重考查学生在真实问题情境中提取变量、分析综合、创造性地解决实际问题等能力。合理控制试题难度，注重保护学生学习积极性。

应注重创设具有综合性、实践性和开放性的跨学科问题情境，收集学生在运用多学科知识和跨学科思维分析、解决问题中的行为表现和活动成果，评价学生提出问题能力、收集和处理信息能力、综合解决实际问题能力，以及团队合作情况。

第九章　初中专项教学实践创新策略

第一节　初中物理课堂教学生活化策略

教育家陶行知先生曾说过：生活教育是给生活以教育，用生活来教育，为生活向前向上的需要而教育。从生活与教育的关系上说，是生活决定教育。从效力上说，教育要通过生活才能发出力量而成为真正的教育。物理新课程提出了“从生活走向物理，从物理走向社会”的理念。初中物理新课程对知识内容的三级主题中的大部分条目明确提出了“通过实例”进行教学的要求。可见，物理新课程与陶行知先生的“生活教育”的理念不谋而合。目前，在生活教育理论指导下的物理教学方式已得到广泛认同。以下是笔者的一些做法和想法，愿与广大同行共勉。在常规的物理教学中，课前预习、新课导入、新知教学、总结反馈、作业布置等几个基本环节构成一节完整的课堂教学。根据教学内容性质，我们又可以把物理课分为授新课、习题课、实验课、复习课、讲评课等。针对各种课型和课堂教学中的各个环节都可以充分利用生活化素材进行课堂教学设计。

一、课前预习实践体验生活化策略

不少教学设计中，把物理课前预习多设计为提前借助教材展开自主预习，并大多流于阅读填空的形式，学生自主活动受到课本的局限，也局限了师生教学活动的视野。简单地提前预习课本，一方面会让物理课堂失去了科学的神秘感，在一定程度上挫伤了孩子们学习物理的兴趣和动机；另一方面，初中学生生活体验的不足往往又造成了课堂教学资源的欠缺。基于以上原因，笔者把常规导学案设计中“自主预习”改为“生活体验”栏目，比如，在人教版八年级第九章第三节《大气压强》的导学案设计中，呈现如下内容。

【教学实例 1 】《大气压强》的“生活体验”

请至少完成下列两项任务：

（1）吹鼓一个气球，分析气球变大的力学原因；

（2）喝一袋密封的袋装牛奶或豆浆，观察袋子的变化并思考产生这一变化的原因；

（3）查表了解空气的密度值，估算教室中空气的重，打听班上哪些同学能背负这样重的空气?

（4）观察常见药液、饮料等吸管的表面特征，结合使用情况思考这样设计的原因。

学生有针对性的生活体验往往能给课堂学习带入更多鲜活的教学资源，为本节课的科学之旅储备物质基础。

二、新课导入中的情景生活化策略

一篇好文章，离不开好的开头，一节成功的课堂，更离不开美妙的新课导入、独到的情景创设。有效的新课引入能吸引学生注意力、点亮学生的智慧之光。新课导入的方式很多，实践证明，我们如果能结合学生的生活实际，充分利用他们喜闻乐见的生活话题，自然地生成情景，用“润物细无声”的方式导入新课，会大大激发学生学习的内驱力。例如：在学生学习了大气压强的相关知识后，设计了如下新课情景导入。

【教学实例2】《流体压强与流速关系》的新课导入设计

课前准备：吸管（经处理，中间裂口，座位上的学生很难发现）两根、饮料（颜色鲜艳）两瓶、玻璃板（或透明塑料片）1块。

出示任务1：用吸管吸饮料时，用到了哪些物理知识？你能说出几条？说得越多越准确的同学获得一瓶饮料，并作现场展示。

“我来……”老师话音刚落，学生争先恐后地想一试身手。

学生尝试1：“啊！怎么吸不上来？！”讲台上的同学不知所措，“怎么回事呢？”教室一下子就炸开了锅。

追加任务2：你能找到吸管吸不上饮料的原因吗？

学生尝试2：台上的同学将吸管取出，“喔，原来如此，老师，我知道了，原来吸管坏了，换谁也没办法吸上饮料呀！”有些不服气的他如释重负。

教师演示：老师用另一根同样开口的吸管，弯折成直角插入饮料中，提醒合作者用玻璃板隔着观察瓶中液面变化，老师水平用力吹，饮料被吹到学生眼前的玻璃板上，学生的诧异表情引得笑声一片。

饮料怎么会向上运动呢？这样的现象告诉我们什么道理呢？利用学生常

见的吸管、饮料作为新课导入的道具，看似简单又暗藏玄机的生活问题，让学生感觉到亲切，在情感上更容易接受，消除了对物理的陌生感。真正实现陶行知先生“生活所原有，生活所自营”的生活教育理念。

朱熹云：“教人不见意趣，心不乐学。”用情景生活化策略设计的新课导入很容易诱发学生强烈的求知欲，利于引导学生积极主动地投入到新课的教学活动中，为学习新知奠定良好的兴趣基础。

三、解决问题手段生活化策略

随着教学技术的不断进步，先进的教学仪器和实验手段的出现，给物理教学提供了强有力的技术支持和物质保证。但是，太专业化的实验器材和材料，无形中也增大了学生与科学之间的距离。

陶行知的生活教育理论要求：教的法子根据学的法子；学的法子根据做的法子，事怎么做，就怎么学，就怎么教。为了减少科学与学生的距离，在实验设计和选取中，我们可以充分遵循学生的日常认知方式，尽可能选用生活中常见的器材设计实验，展开探究。比如，我们在完成了认识大气压存在的教学任务后，设计了如下的托里拆利实验。

【教学实例3】托里拆利实验的教学设计

课前准备：玻璃管（长分别是50 cm、100 cm）两根、透明的大水槽1个（可用储米桶替代）、透明塑料管（较硬长的）1根、透明饮料瓶（较硬，内置一醒目浮标）1个、伸缩杆（全长3 m以上为宜）1根。

出示任务：什么样的实验现象说明了大气压的存在？

学生活动：学生完成多种实验设计，评比操控性好、成功率高的实验展开分析。

出示问题1：大气压能支持试管内这么高的水柱，它只能支持这么高吗？

如何验证？

学生尝试1：将试管换成50 cm 长的玻璃管进行验证。

追加问题2：大气压能支持50 cm 高的水柱，它只能支持这么高吗？如何验证？

学生不断尝试增加玻璃管的长度，但毕竟提供的玻璃管长度有限，感觉到有些无奈。

出示器材：一个可以升高到5 m 高的装置，谁愿意来试一试？

师生演示：逐渐升高饮料瓶，全班学生都伸长脖子、翘首期盼他们心目中大气压再也无法支撑水柱的那一刻。学生在老师的帮助下，尽管站到讲桌上，将饮料瓶升到天花板上，浮标仍然处于瓶中水面上方，说明水面没有下降。唉！太遗憾了，管子还不够长，教室还不够高。

追加问题3：究竟大气压有多大呢？在器材高度有限的情况下，如何改进实验，实现对大气压的准确测量呢？

经典回放：用视频介绍物理学史上的经典实验——托里拆利实验。

出示问题：如果用我们自己的实验器材要测出大气压的值，应该需要多长的管子？请兴趣小组的同学去试一试。

历史上，物理学家发现物理现象、建立物理概念、揭示物理规律，包括测量一个物理量的过程都不是一蹴而就的，而是在一定的实验条件下，经历无数次的失败、修正和调整，最终才逼近真理的。这样的科学情感教育目标仅通过语言文字介绍是远远达不到的。

本环节的教学设计，就是借助生活中易得物品来体验一个具有历史意义的经典实验的完成过程，不仅真正实现了教学元素的多元化，还激起了学生的好奇心和对科学家的无比崇敬。学生在一系列“猜想——设计——验证——再猜想——再设计——再验证”的体验中，勇攀科学高峰的欲望被点燃，科学研究在学生心目中的神秘感被消除，达到科学情感的升华。

四、物理问题设置生活化策略

初中物理新课程标准指出："重视知识的实际应用，有助于加深学生对知识的理解，培养学生解决问题的能力，并在不断了解物理知识的广泛应用中增强学习物理的兴趣和自觉性。"为了达成这一教学目标，无论在新课、习题课还是复习课中，都离不开例题教学这一环节。传统教学中的例题呈现形式单一，很难让学生在新课导入和新知学习过程中存留的学习激情持续。为此，我在生活教育理论的指导下，尽可能设置生活化题材作为例题，学生的兴趣度能得到很好的强化。例如，在完成"浮力"的新课学习后，采用了如下的例题设计，收到了较好效果。

【教学实例4】"浮力"的例题设计

课前准备：下载编辑视频——"水上步行鞋"。

播放视频："水上步行鞋"视频。

出示问题：一双"水上步行鞋"的总体积约为0.2 m^3，在江面上使用时，它受到的最大浮力约是多少牛？（$\rho_{水}=1.0\times10^3$ kg/m^3，g 取10 N/kg）学生解答：（略）。

解后反思：这样的"水上步行鞋"给你穿着，在水面行走时，安全吗？如若安全，还能背上多重的书包？针对这样的"水上步行鞋"，你还有哪些想法？

在解决问题的过程中，把物理知识运用于生活实际，能使学生深切体会到本学科的价值所在。来自生活情境中的物理问题更具趣味和魅力，能引起学生的思考，还具有智力挑战性。学生经常在这样的生活情境中解决问题，不仅巩固了知识、提高了分析问题解决问题能力，还让单一的物理问题求解有了生机。

五、学习成果形式生活化策略

物理新课程标准的“情感、态度与价值观”目标要求通过初中物理教学，让孩子能“养成实事求是、尊重自然规律的科学态度，不迷信权威，勇于创新，有判断大众传媒信息是否符合科学规律的初步意识，有将自己的见解与他人交流的意识，敢于提出与别人不同的见解，勇于放弃或修正不正确的观点”。在“空气的‘力量’”新知教学告一段落后，设计了如下的课堂小结反馈。

【教学实例5】“空气的‘力量’”课堂小结的教学设计

播放视频1：某饮料广告。广告中的人物从饮料瓶中吸饮料。

出示问题1：请谈谈对这个广告的科学性的看法。

学生回答1：广告中的饮料是吸不上来的，因为三叉管的两侧管与空气相通，大气压无法将饮料压上来。

课堂小结环节是检验课堂教学效果反馈的重要环节，常规的课堂教学中，“学到了什么”和“我学会了什么”对知识和方法的总结模式过于僵硬，学生参与的兴趣不够浓厚。如果在教学设计中，结合学生的生活领域（如电影、电视和音乐等），将对知识的掌握情况检验融入开心的话题中，能再次激活物理课堂教学，让学生在愉快的气氛中学习、探索、掌握物理知识，提高物理课堂教学的有效性。

六、将课堂教学回归生活化策略

陶行知先生说过：人类和个人的知识的妈妈都是行动。行动产生理论，发展理论。陶行知在这里明确了知识来源于实践而又指导实践的认识规律。物理课程标准要求“在学生建立概念和认识规律之后，又应及时地引导学生用掌握的知识来分析解决生活和社会中的实际问题，强化理论的应用意识”。可见，真正意义上的生活教育需要为生活服务，在改造生活的实践中发挥积极作用。在日常的教学实践中，我们都可以设计一些联系实际生活的课外探究活动，尽可能让科学方法和知识的应用延伸到学生生活的每一个角落，实现学以致用这一生活教育的最终目标。

在学生学习光的反射与平面镜成像规律后，指导学生观察生活中小轿车和大客车、大货车的挡风玻璃，寻找它们设计的不同，并思考为什么？在学生学习电功率后，布置学生回家观察并记录家中的电视机、电吹风、电饭锅、饮水机和电冰箱等用电器的铭牌，比较异同并理解这些数据的含义，思考如何科学地使用这些用电器。学习了电磁波以后，要求学生查阅相关资料，了解生活中哪些用品可以发射电磁波，如何正确使用这些家电，以减少电磁波辐射对人体的危害？在不同的教学阶段，引导学生观察教室中的物品和各种活动中的物理知识应用实例，思考有无不当之处等。

有人说，世界不是缺少美，而是缺少发现美的眼睛。生活中的物理素材随处可见，只要我们用发现的眼睛看待生活，不断地收集积累，说不定哪一天就可以把这些素材呈现于课堂，收到意想不到的效果。我们在教学中倡导学生“处处留心皆物理”，作为物理教师更应该从自己做起，根据教学需要，联系生活实际，随时随地将生活中的片段收集起来，适时呈现。笔者长期在当地新闻事件、热门影视以及学校活动的视频中截取片段进行适当编辑，以备教学之需，逐渐建立了自己独特的资源素材库，例如，动画片中的物理、电影中的物理、歌曲中的物理、运动场上的物理、军事与物理、新闻中的物理、广告中的物理、医院中的物理等。

实施生活教育策略的物理课堂教学模式，促进了教和学的方式的重大变革。它体现教师教学活动的创造性。通过实施生活教育策略的物理课堂教学实践，改变了教师以往以书本为本、被动施教的教学形式，激发了教师的积极性和创造性，使教师成为教材的再设计者、生活课堂的创新者。它将教室内的课堂教学延伸到广阔的生活课堂。根据陶行知的生活教育理论，生活有多么广阔，教育的天地就应当多么广阔。这就要求作为物理教师的我们要树立大教育观，善于优化并利用学生的生活环境，探索和构建课内、课外结合的生活素材体系，并积极示范和引导学生把所学的物理知识、掌握的科学方法应用于广阔的实际生活中，促进知识和能力的迁移。

第二节　关于教师有效提问的策略创新

一般而言，当人们面对一项具体任务，而又没有直接的手段去完成时，就有了问题。创新始于问题，孩子的世界是由问号构成的。在大量的课堂观察中发现，有的课堂学生思维活跃，有的课堂学生思维沉闷。主要区别在于前者采用的教学方式是“引导—发现”，后者是“呈现—接受”。可见学生思维能否激活，能否深度参与课堂学习，关键是老师能否不断地向学生提出有挑战性的问题，用问题领跑学生思维。陶行知先生说：“发明千千万，起点是一问。禽兽不如人，过在不会问。智者问得巧，愚者问得笨。人力胜天工，只在每事问。”

课堂提问就是指在课堂教学中教师根据教学的目的、要求以及学生的实际情况，设置问题情境以引起学生反应、启发学生思维的一种教学方式。美国学者鲍里奇指出，任何口头的说法或手势，只要能引起学生的回应或回答就被看作是问题。可见，在课堂教学中，教师试图引起学生反应的任何信号都可以被称为提问。教学有效，关键是学生参与有效。教师在课堂上如何有效提问，是实现有效教学的关键环节。为此笔者组织本校物理学科教师对此进行了为期两年的探索实践，现将我们的一些思考和体会与大家分享。

一、教师课堂提问现状

课题组对很多中学物理课堂的大量观察发现，在新课程背景下，教师的提问意识普遍得到增强。在课堂教学中提问与答疑是非常普遍的，课堂上平均每节课提问在40个左右，有的课堂教学中竟有高达75%的课堂时间被用于提问和回答。但所提问题的有效性却令人担忧。据观察分析统计，微效、无效、负效问题占50%左右，导致教学高耗而微效，学生对老师课堂提问满意度不高。目前教师在课堂教学中，提问方式单一，问题缺乏层次性，问题间关联度低，缺乏前后贯穿的逻辑，对问题的处理表现在给学生的思考不充分，答面窄，分布不合理，缺乏激励性。突出表现为：牵强附会造成背离问题属性，热闹浮躁导致远离理性思考，过多浅层设问让大脑处于休眠，高顶尖的问题必致“曲高和寡”，“假问题”充斥课堂，干扰了“真问题”的解决。

二、课堂提问有效性分析

教学有效是相对微效或无效而言的。提问的有效性是通过教学的有效性反映的。在大量的课堂观察基础上，我们从“情绪状态、认知水平、行为反应和问题指向”四个维度对提问的有效与微效（或无效）进行了对比分析。

通过差异比较，不难发现，有效提问是那些能够让学生积极回答，产生一种怀疑、困惑、焦虑、探索的心理状态，并因此而积极参与学习过程的问题。

三、影响提问有效性的主要因素

影响提问有效性因素很多，比如问题难易、问题与目标的相关性、问题表述与呈现方式和课堂情景等，但概括地讲，我们认为课堂提问有效性主要因素是设计合适的问题、把握提问的时机和恰当的问题理答。

（一）设计合适的问题

设计有效的问题，是有效提问的前提。根据教学的目标、教学重点、难点和疑点，对课堂提问进行预设，选准发问点，精心创设问题情境，明确问题功能。有效问题具有的基本特征是：

1. 层次性

问题能引起学生的参与热情和学习动机，问题由浅入深，循序渐进，并以知识内在的逻辑展开。

[例]“浮力”的教学是初中教学的一个重难点。而来自生活中的经验往往成为学生思维的障碍，学生常误认为浮力跟物体的质量、体积、密度有关，跟物体浸入液体中的深度、跟物体空实心以及物体形状有关，等等。

提出三个层次递进的问题：橙子在水中上浮还是下沉？橙子皮在水中上浮还是下沉？为什么水能托起大大的橙子，而托不起小小的橙子皮？通过对这样三个由浅入深的问题进行思考讨论，突破难点。

2. 挑战性

问题能引起学生的认知冲突，使学生感到有认知难度，但又不会超脱于认知能力。

[例]有老师在讲“流体压强与流速的关系”时，先演示实验：将硬币放在水平桌面上，让学生上台使劲沿着平行币面的方向吹气，到学生看到硬币浮起来了。这一出乎意料的现象让他们感到惊讶。教师提问：谁能解释发

生这个现象的原因？这一挑战性问题引起了学生探索这一现象的兴趣。

3. 目标性

问题与课程的教学内容密切相关，符合课程标准对教学内容的目标层次要求。在初中物理课堂中，问题发挥着引领、激趣、启发、建构、反馈、传递、调节和巩固等教学的功能。

[例] 在一节电学复习课的教学设计中，以“灯的故事”为题，将一盏“220 V 100 W”与一盏“220 V 40 W”的白炽灯创设对比情境，让学生触景生疑，采取拟人化方式设置以下“问题串”，引导学生思考和讨论：

（1）人们为什么把我叫“白炽灯”？　（2）我的铭牌是什么意思？

（3）正常发光时，我们谁的电阻大？　（4）我们谁的灯丝粗？

（5）将我们串联，谁亮？　（6）将我们并联，谁亮？

（7）1 kWh 的电能可供我正常工作多少小时？（8）我为什么会变细？

（9）我为什么会变黑？　（10）灯丝烧断后，搭起来我为什么变亮？

（11）我不发光时有电阻吗？（12）我的铭牌看不清楚了，你能帮帮我吗？

本课例中以灯为载体，通过构建问题向学生呈现了要学什么。这些高密度的设疑和质疑，几乎整合了初中物理电学的主干知识和主要方法，让学生在不同层次的问题解决中达成复习教学的目标。这样的教学过程不仅目的明确，思路开阔，而且抓住关键，出奇制胜，也提高学生对知识的理解和分析解决问题的能力，扩大了课堂容量，提升了课堂教学效益。

4. 拓展性

拓展学习者的思维空间，能培养学习者的问题意识，问题具有可变性，可根据课堂实景进行变化拓展，增强问题的辐射功能。

学生面对这样的开放性问题，他们可以从不同角度去提出自己感兴趣的问题。学生在成果共享中相互启迪，拓展思维空间。

拓展性问题的关键是要创设好典型的物理情境，情境不宜太烦琐，简单而又蕴涵丰富的物理知识和基本的思想方法。情境的呈现方式可以是实验、实物、模型、视频，还可以用形象化语言的描述等。

（二）把握提问的时机

遵循孔子提出的“不愤不启，不悱不发”，把问题“问”到“恰当时”，即当学生处于“心求通而未得，口欲言而未能”的状态，把握住启发提问的好时机，“合适的时机，提适合的问题”。教师通过口语和肢体语言针对不同的问题向不同的学生进行提问，在这个过程中，注意学生的差异。既要尽量扩大问题的影响面，又要保证问题适合于被提问的学生。

（三）恰当的问题理答

恰当地叫答学生、适时的候答以及有效的倾听和及时反馈学生的回答，对问题有效性发挥着至关重要的作用。叫答对象分布的广度、叫答方式的灵活性、引导语合理性和提问节奏等对问题有效性都会产生影响。问题处理尤其要注意的几个环节：通过引导语引起学生注意，问题表述要清楚。多弯下身体倾听学生的回答，叫答注意空间分布，照顾不同层次不同类别的学生。对学生的回答作出反应，对于回答不完全的内容及时补充，对回答中的错误进行更正，以免误导其他学生。在必要的时候重复学生的正确回答以强调内容，同时对学生的回答给予一定的评价和鼓励，激发学生参与的热情。还可以通过对提问的反馈了解学生的想法，引导他们走出误区。对于不同学生的不同回答，教师的反馈也有所差异。反馈要多给鼓励，注重启发引导。在反馈互动中探询学生的认知状况；尤其注意停顿，多给学生足够的思考空间。

四、常采用的提问方法

有效提问，关键是引发学生思考，核心是服务教学目标，方法是创设隐藏问题的情境。少问“是不是”“对不对”“什么叫……”等简单回忆性问题。问题尽可能与一定的情境相联系。比如问什么叫有用功与额外功？就不如问：提升动滑轮时个力做的是有用功还是额外功？这样提问旨在以技能的形式习得概念，而不是让学生从字面上去记住这个概念。下面介绍教学中常采用的几种提问方法。

质疑法：问而生疑。凡事三问：真的是这样吗？为什么是这样？有没有例外？根据现象与原有理论、经验的不一致或矛盾之处，提出研究的问题。如：白光无色，白光真的洁白无瑕吗？木块能漂浮在水面上，铁块沉入水底，难道是物体重力大小决定其浮沉的吗？等等。这些问题会引起学生的思考。

[例] 有的教师在讲重心概念时，创设一个锥体上滚的情境实验。用大小不等的两本书，侧放在水平桌面上形成高低不同的两端，架上两根木棍且放成低处窄、高处宽的形状，将两端呈尖锥的锥体放上去。学生会惊讶地发现锥体从低处滚向高处的奇妙现象。设问：难道锥体真的能自动地从低处运动到高处？这一问题会引起学生的认知冲突，进而产生学习心向，去探究现象背后的秘密。

[例] 在机械效率一节内容结束时，教师可引导学生对自己进行质疑反思，帮助学生自我诊断，评价自己学习取得的成效。

反思问题1：我是否理解了有用功、额外功、总功？在具体的问题中我能判断并计算它们吗？

反思问题2：我是否真正理解了机械效率的物理意义？在具体的问题中我能不能计算机械效率？

反思问题3：通过学习机械效率，我能否将此联系社会思考一些实际问题？

逆向法：反向追问，调换角度想问题。如：电能生磁，磁是否也可以生电？等等。

类比法：根据两事物的某些属性相同，由一事物的性质推知另一事物的性质。即由两种东西的一部分相似之处，推测其他部分也可能相似。如研究功率时，想到功率表示做功快慢，可以与速度表示运动快慢这一性质的相似性，推测功率在定义、定义式、单位等方面也可能与速度相似。

通过提供的直观的实物情景进行类比，为学生提供思维的线索，启发学生自己去探索发现，让学生在探索中获取知识，使学生成为课堂教学中“发现知识”的主体。

虚拟法：虚拟式设疑法是指以已有的认知经验和客观事实为基础，通过大胆想象，畅想出超越现实的物理情境和事实并进行设疑引导，以激活学生丰富的想象，提升学生的理性思维和想象能力，跳出惯性思维的束缚，让学生把求知的触角伸向更广阔的空间。虚拟式提问，在物理教学中应用很广。这类问题对培养学生的想象力、逻辑分析的能力、理解新知识等都具有良好的教学功能。

[例]①假设声音在空气中的传播速度只有0.1 m/s，在生活与学习中会有哪些现象发生?

②假若不存在摩擦力，生活中会出现哪些问题?

③假若地球对其周围的物体的引力突然消失了，将会发生哪些现象?

“教贵善诱，学贵善思。”通过以上讨论，我们认为教师备课的中心任务就是将共同的教材内容转化为个体的思维活动，实现的关键在于将教材的文本信息转化为一个个引发学生思考的问题。

第三节　初中物理复习课效率的提高策略

复习课是学生对已学知识进行回顾、整理、巩固、提高的关键，同时也是帮助学生对学科知识进行查漏补缺的主要方式，是提高教学质量不可缺少的环节。真正上好复习课并不是轻而易举的事。如果不认真安排，不精心设计，就达不到预期的效果。但是当前的复习课通常教学方式单一，学生缺乏新鲜感，复习课的效率不高。对于以实验、公式、理论为主的物理课，提高复习效率尤为迫切。那么，如何提高物理复习课的教学效率呢？

一、找准知识核心，构建知识框架

复习课通常在期末、中考考试之前，为提高成绩而进行考前准备。学生了解、掌握的知识较多，内容较杂，特别是物理知识章节之间的衔接并不紧密。为加深学生对已学知识的巩固，便于学生进行复习，应该找准知识核心，将能联系起来的知识结构进行梳理。例如复习力学时，首先以浮力为知识核心，向外辐射复习。复习浮力测量、物体浮沉条件时，可复习到二力平衡、重力；复习浮力产生的原因时，会涉及到压强；在复习阿基米德原理时，可复习到密度等相关知识。再以机械效率为核心复习摩擦力、杠杆、滑轮、机械能等相关知识。电学以电功率为知识核心，在复习电功率的定义时，复习电功、电能表；复习电功率的计算及测量时，可复习到电流表、电压表、欧姆定律、电路图分析等知识；在复习电功率的应用时，可复习焦耳定律等。当然，复习课的节奏较快，会有学生跟不上课堂的节奏，出现上课疲劳，注意力不集中。因此，教师可以将梳理出的知识结构图以填空的形式打印下发给学生，既可以让学生跟上教师上课的步伐，也可以让学生动手完成，调动学生的学习主动性。

二、紧抓课堂有效核心，做好分层教学

同一个班级内的学生，对已学知识的掌握不同，学习能力有差异，因此，教师上复习课总会感觉如果准备的知识稍有难度，很多学生会觉得听不懂，导致课堂效率低下；如果知识难度不够，很多学生会感觉没意思而导致课堂效率不高。

为解决优秀学生不够吃、学困生吃不了，可以应用分层教学模式。按学生的成绩、性格、性别等因素将学生分成三个层次、六个小组，即每个层次两个小组，这样有助于组与组之间竞争。给同层次的学生布置相同的任务，不同层次之间的复习内容要有知识梯度。

在具体实践中，教师应将大量的精力放在成绩较低层次的学生身上，心平气和地帮助他们巩固基础，甚至有些知识要像新课一样进行入门教学，让他们不再扮演课堂的看客，这样从心理上会让他们感受到教师的关怀，往往会起到事半功倍的效果；中间层次的学生由教师给他们布置必须完成的题目，并留给充足的时间让他们思考完成，教师要关注他们在做题过程中普遍存在的问题，以便在讲解时能有的放矢，让学生能够举一反三；成绩较高层次的学生要充分给予自主学习的空间，发挥主动学习的优势，营造竞争的氛围，具体可由组长征求组员意见，同层次学生协商统一安排当节要复习的内容，在独立完成的基础上合作学习，学生不能解决的问题由教师给予启发指导，提高优秀学生的成绩。

三、精心归纳作图题、实验题，提高学生成绩底线

初中物理作图题基本固定，主要以光学中反射、折射，力学中杠杆、滑轮、浮力、重力，电学中安培定则等，教师精心挑选有代表性的中考原题，指导学生做题方法，同一知识的题目练习三四道以上，大多数学生可以完全掌握该知识点。要给成绩较低的学生多花时间辅导，让他们在练习中发现规律，形成记忆，掌握方法。作图题通过复习，绝大多数学生可以拿满分。

初中物理实验题会占到总分的四分之一，是很多学生成绩不高的主要原因，实验在复习时，不要一味地讲题、做题，而应该将学生带进实验室，将实验再演示一遍，这样可以唤醒学生学习新课时的记忆，加深对实验的理解，演示之后设计重点突出的练习题，巩固实验复习效果。实验通过情境再现式的复习，大多数学生的实验得分会有很大提高。例如测小灯泡的电功率、测小灯泡的电阻，这两个实验同时复习，设计综合性的练习题，让学生通过对比，发现实验之间的相同和不同，会收到良好的效果。

以人教版《力与运动》章节复习为例，谈谈核心素养导向的复习课教学策略。

（一）重组知识结构建立精巧主线形成整体观念

复习课，一般没有新知识，讲究的是温故知新，即在熟悉的地方发现新的风景，实现新的意义生成，这也是很多教师觉得复习课难上的一个主要原因。为了克服这个困难，我们必须先弄清楚为什么必须上复习课？复习课具有的独特价值在哪？简单来说，相关知识在进入课程之前是呈整体存在的，但进入课程之后，势必要进行分组切片处理，割裂成一节一节的内容，以便分课时教学，这就决定了学生通过新授课学到的往往是点状离散的知识结构。

如何从章（有时是册、段）的广度、深度、高度将学生的知识结构从点状结构发展到网状结构、从零散结构优化到关联结构，从而让学生的知识结构达到内容丰富、联系紧密、区分明确、层次鲜明的整体化、系统化的“专家”水平，恰恰就是复习课要完成的任务。质言之，只要对知识进行合理的重组、设计，复习课仍然有“意外的通道”“美丽的图景”，仍然可以是一段“有激情的行程”。如果按照教材顺序对知识进行“温习再现”、对习题进行“拼盘操练”，采用知识梳理、典例突破、当堂训练三步走的常规模式，充其量重复、巩固了学生已有的知识结构，提高了熟练程度，而难以满足学生的探究欲望，难以实现学生的思维发展，想通过这样没有灵魂的复习发展学生的核心素养就几乎无从谈起。

对于《力与运动》，教材将全章分为三小节，第一节二力平衡和第二节牛顿第一定律是为第三节研究力与运动的关系做准备的。单纯从知识逻辑看，研究力与运动应该从物体不受力时会处于怎样的运动状态过渡到受力时会处于怎样的运动状态才比较合理，但从学生逻辑看，物体运动的平衡态和非平衡态在生活中很常见，二力平衡的条件也可以通过实验直接探究，相对牛顿第一定律和惯性来说理解的困难较小一点，教材在调和知识和学生两方面因素之后作出这样的编排，有其合理性。但在复习时，就需要重建一条贯穿全章的逻辑主线以优化学生的认知结构，形成整体观念，发展学生核心素养。以知识的发生为主线，以科学家的不懈努力为暗线组织课堂是较好的一种选择。具体做法是：推小车情境引入，辨析亚里士多德的观点“推一个物体的力不再推它时，物体便归于静止，即力是维持物体运动的原因”，评判其正误。探究摩擦阻力对物体的运动有什么影响，伽利略的观点：“任何运动着的物体，只要除去加速或减速的原因，此速度就可以保持不变。”牛顿的观点：“一切物体在不受力时总保持静止或匀速直线运动状态。”惯性、惯性定律；力是改变物体运动状态的原因；力与运动的关系；探究二力平衡的条件；小结提升。

（二）把握知识特点琢磨精细方法突破认知障碍

就像高明的画家在作画时既注重整体的布局，也强调细节的刻画一样。好的教学也离不开在学生思维层面的精雕细琢。再精巧的主线，如果没有教学细节的有力支撑，课堂的效果就要大打折扣。课堂是由一个个血脉相连的细节组成的，从某种程度上可以说，学生的核心素养是在细节中培育的，课堂教学任何时候都不能忽视细节的作用。而细节如何处理，并没有放之四海而皆准的做法，需要根据具体的知识做具体的分析。

《力与运动》研究的主题是力与运动的关系，它是人类认识史上的重大课题，很难说通过新授就能让学生形成正确、清晰的认知。亚里士多德的观点为什么能维持千年之久，是因为他的观点也是有经验和证据支持的，这种经验与人们经常看到的现象大多是一致的，容易引起人们的共识，时至今日，还有人不自觉地支持他的观点。只是他的观点不完全经得起推敲，正是因为伽利略、牛顿等物理学家经过艰苦卓绝的探究，才证明了亚里士多德的这个观点的错误，揭示出力与运动关系的本质，还事物以本来的面目。另外，本章还有个惯性概念，尽管惯性现象在生活中随处可见，从定义上看，文字表述也不复杂，但它依然是公认的一个认知难点，学生时不时就会暴露出理解上的偏误。而无论是要纠正亚里士多德的观点最终得出牛顿第一定律，还是要在牛顿第一定律的基础上认识物体的惯性，都离不开科学思维。这就给我们一个启示：教学要主动拿起科学思维这个有效武器，以帮助学生形成正确认识。下面就从纠正亚里士多德的这个观点最终得出牛顿第一定律和在牛顿第一定律的基础上认识物体的惯性两点上加以说明。

1. 利用频闪照片填补认知盲点使思维更明朗

教材通过斜面小车实验探究摩擦阻力对物体运动的影响并通过科学推理

纠正亚里士多德的这个观点，但实验中只观察到作为结果的小车在水平面上运动的路程，并不能显示作为过程的小车在水平面上运动的特点，学生在这里存在一个不易察觉的认知盲点。即知识的形成过程经不起推敲、质询，这样有缺陷的认知过程当然不利于核心素养的培养。因为初中学生的抽象思维还离不开实物的刺激，所以这里如果作一个改进，给出小车运动的频闪照片，则可以清楚显示其过程特点，能有效填补认知盲点，激发学生思维从形象走向抽象。学生通过比较几次运动的相同点和不同点可以轻松得出相同点是小车的速度都在减小，不同点是小车的速度减小得越来越少，并自主推理：如果小车在光滑水平面上运动，即受到的摩擦力为零，则小车运动的速度不会减小，将一直匀速直线运动下去，如下图甲所示：

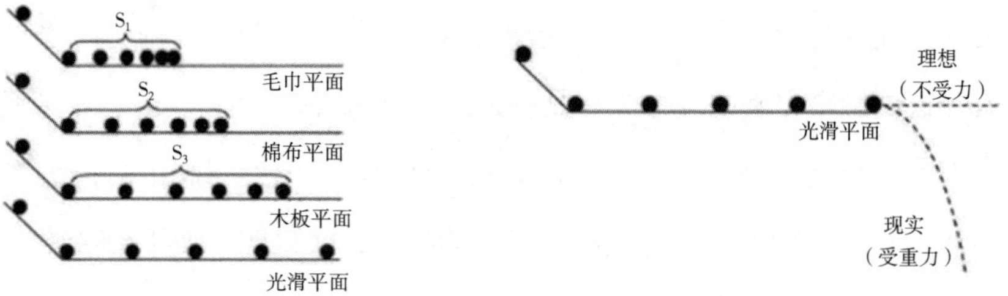

甲　　　　乙

2. 巧设分析路径克服认知困难使思维更清晰

由以上实验和推理可得出伽利略的观点：“任何运动着的物体，只要除去加速或减速的原因，此速度就可以保持不变。”在此基础上再继续拓展，当小球滚离桌面的瞬间，分现实（受重力）和理想（不受力）两种情况判断其运动轨迹，学生很容易给出结果。如上图乙所示。由此得到牛顿第一定律（略），紧接着，以手竖直向上抛出物体（橡皮头）为例，依然分理想与现实两种情况判断物体的运动特点，师生对话如下：

师：“假设物体以2 m/s 的速度离开我的手，并且离开我的手瞬间，物体所受的力全部消失，则它将会怎样运动？”

生：“竖直向上做速度为2 m/s 的匀速直线运动。”

师：“如果物体以1 m/s 的速度离开我的手呢？如果是速度为零，即静止呢？”

生：“竖直向上做速度为1 m/s 的匀速直线运动。”“物体会保持静止。”

师：“可总结得出……”

生：“静止的物体在不受力时会保持静止，运动的物体在不受力时会保持原来的速度做匀速直线运动。”

师：“而实际情况是，如果物体以1 m/s 的速度离开我的手，在离开我的手之后会受到重力，则它离开我的手后还要不要保持做匀速直线运动？”

生：“要。”（开始可能有分歧，但最后肯定能取得一致正确）

师：“它要保持匀速直线运动跟它受力不受力有无关系？由什么决定？”

生：“没有关系，由它自身的性质决定。”

师：“我们给物体在这方面表示出来的性质起个名字叫……”

生：“惯性。”（什么是惯性略）

师：“因为惯性，物体还要保持做匀速直线向上运动，但它能不能做到匀速直线向上运动呢？”

生：“不能。”

师：“为什么？”

生：“因为它受到重力，重力要改变它的运动状态。”

师：“因为惯性（内在本性）和重力（外在影响）对物体运动的共同影响，最后就是我们看见的物体将会怎样运动？”

生：“向上做减速运动。”

先区分理想的不受力和现实的受力两种情况，再结合得到我们看见的物体运动的实际情形，通过情境浸润和对话引导，可以避免认知过程的笼统、模糊，让学生不仅运用目光，而且运用思维“抓住”生活现象，可以让思路更加清晰，实现准确建构，有效克服学生的认知困难。

（三）挖掘知识内涵勾连精妙关系感受文化熏陶

物理学的发展既创造了显性的理论成果、系统的科学方法，同时创造的是隐藏其后的科学理性的思想、实事求是的态度、独立自由的精神等，它们共同构成了物理文化。

不同时期的科学家在探索力与运动关系的道路上所作出的不懈努力，所表现出来的智慧和精神，都是潜在的教学资源，并且力与运动的现象在生活中随处可见，这些都可以挖掘、勾连、梳理、利用。比如：

1. 勾连知识与知识的关系

通过在新情境中再探究得出“力是改变物体运动状态的原因”之后，利用投影将其与之前亚里士多德的错误观点“力是维持物体运动的原因”对照，并指明：跨越这一步，人类用了约2000年。在当时的教学现场，笔者似乎真的听到学生因为感受到历史的厚重、感悟到认识的艰难、感叹于人类智慧和意志的伟大而“砰砰”作响的心跳声。

2. 勾连知识与生活的关系

在小结提升部分，在课堂上特意播放了一段电影中翼装飞行的片段，学生在观看时就不断地发出“哇……哇”的惊叹声，相信当时的他们一定在为人类的梦想、智慧、勇敢而感到骄傲和自豪，并且感受到运动的美、知识的妙。笔者在影片结束前设置了这样一个问题：翼装飞行如何停止？学生能自信给出答案：通过降落伞减速。这个答案立即通过影片得到了验证。这个问题一方面跟力改变物体运动状态联系了起来，更重要的是让学生觉得自己获得了某种“预见”的能力，他们在窃喜之余会不会感悟到知识的力量，滋生学习的使命感呢？

3. 勾连知识与科学家的关系

在课堂的最后，提问：本章除了学到一些知识，还学到一个重要方法是什么？有学生回答控制变量法，还有学生回答理想实验的思想方法。教师指明理想实验法更重要，并给出理由：伽利略通过理想实验法纠正了亚里士多德的错误观点，为牛顿建立牛顿第一定律打下坚实基础，所以牛顿才说："如果说我比别人看得更远些，那是因为我站在了巨人的肩上。"然后继续发问：这里的巨人有几位，但肯定有谁？学生回答：伽利略。教师紧接着给出：后来者爱因斯坦说："伽利略的发现以及他所应用的科学推理的方法是人类思想史上最伟大的成就之一，而且标志着物理学的真正开端。"由此学生能明白物理学史上的这段辉煌历程，能感受到物理知识是在历史的长河中继承和发展起来的，而且还将继续发展下去。他们会不会为科学家的睿智所折服，为科学家谦虚的精神品质而钦佩呢？会不会终生不会忘记：物理学是从伽利略开始的呢？而这些不正是最基本的核心素养吗？

（四）发挥知识功用编制精要习题锤炼思维品质

人本主义教育学家波格丹·苏霍多尔斯基认为人类生活是散文和诗之间连续不断的相互关联，因而就存在散文的教育和诗的教育。这里的"散文"是指如实的、无想象力的意思，"散文教育"是指实际行动和物质生活，以及为生活做准备的教育；"诗"带有"诗情、诗意"的意思，"诗的教育"侧重于思想活动和精神活动，克服人生意义的迷茫，达到自我实现的教育。他认为，真正的人本主义教育应该包括两者，尽管后者更重要。笔者认为，在现实语境下，我们可以将"散文教育"理解为考试取向的教育，"诗的教育"为核心素养取向的教育，现实的课堂教学必须两者兼顾。所以，笔者专门为本课安排了一些当堂训练的练习题，这些练习题对于发展学生的核心素养具有独特优势。

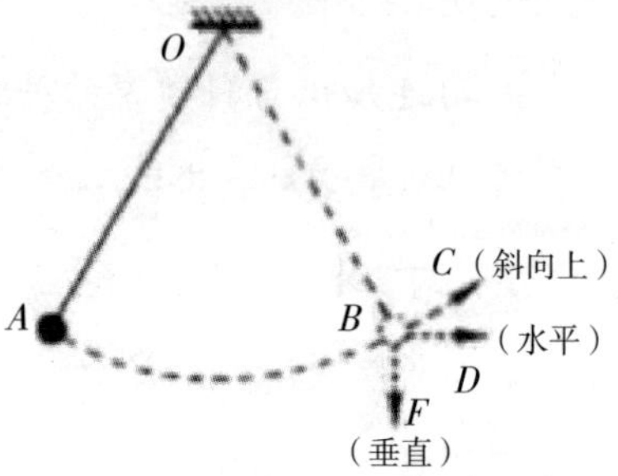

习题1：如图所示，在竖直平面内用轻质细线悬挂一个小球，将小球拉至A点，使细线处于拉直状态，由静止开始释放小球，不计摩擦，小球可在A、B两点间来回摆动。当小球摆到B点时，细线恰好断开，则小球将（　　）

A. 在B点保持静止　　B. 沿BE方向运动

C. 沿BC方向运动　　D. 沿BD方向运动

解析：复习课的重要任务是巩固知识，而真正的巩固知识是学生在对问题的思考中进行的。本题无法通过观察实验现象直接解决，必须通过一定的想象，运用所学知识加以分析判断。此外，如对本题进行变式拓展：当小球摆动到A、B间任一点时，小球所受的力全部消失，则小球将会怎样运动。还可以巩固本课知识的重要方法：科学推理。如此可以有效培养学生在复杂情境中解决问题的能力，培养学生的核心素养。

习题2：如图甲所示，放在粗糙程度不变的水平地面上的物体，用方向不变的力F向右拉物体，拉力F的大小随时间的变化关系如图乙所示，物体的运动速度随时间的变化关系如图丙所示，则在t=1 s时，物体受到的摩擦力________N；在t=3 s时，物体受到的摩擦力为________N。

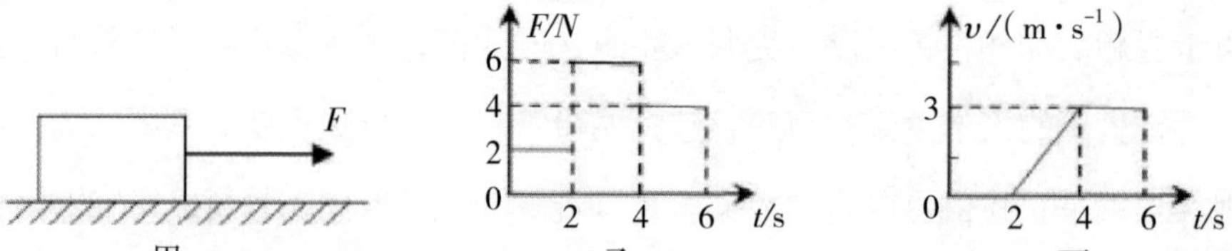

甲　　乙　　丙

解析：通过图像描述物理过程是物理学研究的常用方法，能通过图像收集信息作为问题解决的条件是学生应该具备的基本物理素养。这样的习题对学生能形成有益的智力挑战，解决这样的问题，可以锻炼学生的观察能力、想象能力、逻辑思维能力、综合运用知识加以判断的能力等，对培养学生多方面的良好习惯和品质有积极意义，而这些都是物理核心素养的应有之义，换言之，学生能够解决这道题，也是具备了一定的物理学科素养的体现。

第四节　中考备考复习策略

一、明确中考命题方向

（一）研读《课程标准》

《课程标准》是中考命题的唯一依据，《课程标准》规定了课程的性质、目标、内容框架，对教学实践和评价活动提出了方向性建议。

（二）研究中考真题

研究近三年甚至近五年的中考真题，全面了解中考试题的特点和规律，精准把握中考命题方向，切实提高各届毕业班学生备考的针对性和实效性，优化复习策略，打造高效课堂。

（三）提炼复习方法突破重难点

通过研读《课程标准》和分析中考真题，对知识脉络进行梳理，形成一套完整的知识体系，正所谓将物理课本由厚变薄，再由薄变厚，将三本书变成23道典型题。

二、中考物理复习策略

1. 整体规划设计，合理制订复习计划，统筹安排复习时间。

2. 第一轮复习：构建知识体系，夯实基础知识。

第一轮复习要立足课本，结合课标要求，对课本知识进行梳理，以基本概念和基本规律或者核心知识为主线，组织大单元教学，帮助学生将零散内容整合，形成知识体系。

（1）对物理概念建立过程性的理解。

（2）纠正从生活经验中获得的一些片面的、不正确的认识和判断。

【例】温度单位是摄氏度，在生活中人们通常读成度，这种错误的读法被人们所认可，一直沿用到现在，还有把质量称作重量。错误的认识：物体的运动需要力来维持，惯性的大小与速度有关等。

（3）对比较抽象的概念和规律的复习，注意其适用的范围和条件，并充分利用实验，联系生活经验，同时辅助必要的练习来夯实基础。

（4）理清知识的条理、知识间的相互关系。

【例】物态变化及吸放热

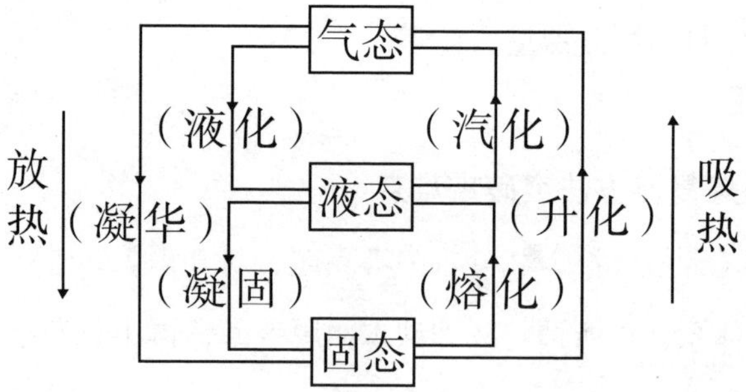

（5）对一些易混淆的物理概念进行整理和比较。

如实像和虚像、压力和重力、压力和压强、功和功率、电动机和发电机等，通过比较和整理建立正确的认识。

【例1】实像和虚像的区别：实像是由实际光线会聚而成的，而虚像是实际光线的反向延长线会聚而成的，并没有实际光线通过虚像。因此辨别实像和虚像的方法就是用光屏去承接，如果能在光屏上成像，则为实像，反之为虚像。

【例2】压力和压强的区别：如图，将铅笔水平挤压在两手指间，两手指受到的压力相同，但按笔尖的手指感受较疼痛，通过此实例来区别压力和压强。

用手指同时压铅笔的两端

压力：垂直作用在物体表面上的力叫压力。

压强：作用在物体单位面积上的压力叫压强。

3. 第二轮复习：设计专题训练，突破重难点。

进入第二轮复习要针对学生知识掌握的薄弱环节，围绕一些典型例题以及中考热点问题，带领学生开展集中训练，借助专题复习的形式，提高学生解题能力。

中考万变不离其“重”，复习中以课标中圈定的知识点为着眼点，围绕考点，突出“重点”。重视物理与生活、社会、科技发展的联系，重视中考热点问题的搜集与训练。

（1）关注最新科技发展（例如磁悬浮、浮空艇、超导体、碳基材料）。

（2）关注时事新闻及热点新闻（例如天宫、天和、天舟），注意捕捉新闻事件中所包含或涉及的物理知识。

（3）关注估测能力（例如估计考场温度，估计自己上三楼的功率）。

（4）关注问题情境。

（5）关注实验探究过程及对探究过程的思考。

（6）关注研究问题的科学方法（例如控制变量法、转换法、模型法）。

【例】当某个量与多个因素有关时，我们要研究这个量与某一个因素的关系时，需要控制其他因素不变（或相同），控制不变的因素叫控制量，改变的因素叫自变量，引起实验对象的变化和结果叫因变量。在设计实验记录表格或写结论时，注意先写控制量，再写自变量，然后写因变量。控制变量法是一种非常重要的研究方法，在设计实验时经常用到，它可以帮助学生更好地理解实验结果，从而得到更加准确的结论。

4. 第三轮复习：强化模拟训练，提高综合能力。

两轮复习结束后，要进行一定量的模拟训练，做训练题时要做到以下几点：

（1）训练题不能平铺直叙

训练题要有层次性、梯度性，不同的学生完成不同层次的练习，各层次的学生都能获得相应的提高，从而避免出现“优生做不够”的普遍问题，同时另一方面也能调动各类学生学习的积极性。

（2）训练题不能过多

训练的习题应遵循宜精不宜多的原则，我们需要的是“触类旁通”的效果而不是“广种薄收”的题海战术。

通过模拟训练，查找学生对知识掌握的漏洞，并及时补漏，跳出题海，回归课本，重视教材内容和教材功能的挖掘，注意教材每幅插图、图表所蕴含的物理意义，中考中常出现用课后小实验、课后典型练习改编的问题及课本各类图表和图形渗透来实现对物理知识的考查。

三、规范答题减少失误

（一）认真审题，滴水不漏

养成试卷中的所有内容都要认真阅读的好习惯。阅读时，笔随题走，画出所有题干、图、表和问题中的全部关键词和小括号中的内容，注意挖掘隐含条件，排除干扰因素。

（二）有根有据，联系实际

选择题中每一个选项的判断，都要用所学知识作为判断依据，不能出现“觉得正确”的想法，一定要逐项核查。对于生活生产应用题和科学探究题一定要做到既要灵活运用知识，又要联系实际生活，力求答案的真实性和科学性。

（三）合理规划，先易后难

考试中要合理安排答题时间，切不可草草完成试卷，等做完了再检查再修改，而要提高一次答卷的准确率，稳中求快。

（四）对号入座，卷面美观

不论填涂选择题，还是作答非选择题，一定要看清题号和要填涂的答案，一定要找准填写空格在答题卡上的对应位置，切不可错位，规范答卷，确保答题字迹清楚、卷面整洁。

（五）认真检查，分分必争

做完试卷后，要抓紧时间检查，不浪费每一分钟，始终保持“多拿一分，就多一分成功”的态度。检查时，重点研究开始不会做和不确定答案的有标记的题目。检查其他题目时，要注意以下几个方面：①检查题中的关键词、小括号是否注意到，是否有问东答西的情况；②要检查答题内容和步骤是否完整、规范，是否符合实际情况；③要检查试题是否全部答完，有无漏答。

四、调整心态迎接中考

在复习时心理状态调整好，把握节奏，愉快复习，最终达到以一颗平常心去对待中考，在中考中发挥出自己最佳水平。道阻且长，行则将至。相信简单的事情重复做，重复的事情用心做，用心的事情坚持做，长期坚持下去，必会成功。

第五节　初中物理课堂教学引课策略

随着21世纪的到来，我国的基础教育进入了一个崭新的时代——课程改革时代。在新课程标准下将学习重心从过分强调知识的传承和积累向知识的探究过程转化，从学生被动接受知识向主动获取知识转变。获取知识将从新课开始，而新授课又始于引入新课。引入新课用的时间不多，但它是教师能否完成教学任务的关键。常言道：良好的开端是成功的一半。作为物理教师，对引入新课应当非常重视。那么，在初中物理教学中又该如何引入新课呢？

一、复习引入法

复习引入法是利用物理知识之间的联系点来引入新课的，使学生感到新知识并不陌生，可将新知识纳入原有的知识结构中，能降低新知识的难度。“温故而知新”，物理学科的新知识有许多是在已学过的旧知识的基础上发展起来的。它的设计思路：复习与新知识。复习新课内容相关的旧知识（学生已学过的知识），分析新旧知识的联系点，围绕新课主题设问，让学生思考，教师点题引入新课。例如：在学习“密度知识的应用”时，可先复习什么是物质的密度？密度的数学表达式是什么？如何进行数学变换？很自然引入到密度的应用。又如：在学习“大气的压强”时，可先复习固体的压强和液体的压强，自然引入大气的压强。

二、实验引入法

实验引入法是引导学生观察与新课主题密切相关的物理现象，以刺激学生的好奇心，激发学生探究奥妙的愿望，进而引出新课主题的方法。物理是一门以实验为基础的科学，研究物理的基本方法是观察和实验。设计思路：引导学生观察演示物理现象，围绕新课主题设问，让学生思考，教师点题引入新课。如果有条件，最好可以让学生亲自体验实验的乐趣，形成自主探究的良好习惯。例如在学习“光的折射”时，可以这样引入：第一步，教师取一根筷子，先让学生观察筷子是直的，再将筷子斜放入水中，让学生观察筷子有何变化；第二步，教师问“放在水中的筷子有何变化？”引导学生回答“筷子放入水中好像在水面处折断了”；第三步，教师再问“这是什么原因呢？”；第四步，稍停顿，让学生思考；第五步，教师点题：“这就是我们今天要学习的《光的折射》，学了这节课内容后，大家就能解释这种现象了。”又如：讲授蒸发时，先提出问题：扇扇子为什么觉得凉爽？扇扇子使温度降低吗？然后，让学生亲自实验：对着干燥的温度表球部扇扇子，玻璃管中的液柱纹丝不动；把用酒精浸湿的棉花包住温度表球部，再用扇子扇，液柱急剧下降。这是为什么呢？这样就犹如磁石吸铁，把学生的注意力牢牢地吸引住。

三、事例引入法

事例引入法是利用初中生强烈的好奇心，从日常生活中常见的物理现象设问，激发学生学习兴趣和探索欲望。初中生有着强烈的好奇心，对于发生在他们生活中的物理现象，往往会产生直接的兴趣。它的设计思路：引导学生回忆在日常生活中常见的物理现象，围绕新课主题设问，让学生思考，教师点题引入新课。例如：在学习“液化”时，掀开沸水锅的锅盖，可见到有水珠从锅盖上滴下，造成这一物理现象的原因是什么呢？然后教师抓住时机引入新课：“要解释这个现象，我们必须学习有关液化的知识。”于是，同学们带着问题积极主动地进入新课的学习中去。又如：教师在讲授平面镜时，可以这样引入新课：平面镜是我们大家熟悉的镜子，平时出门前我们都喜欢照镜子，特别是女同学每天都要照镜子梳头发、穿衣服，但是你们知道为什么从镜中可以看到镜前物体的像，粗糙的平面为何不能成像？平面镜成的像有何特点？平面镜照出的文字为什么是相反的？像这样根据学生熟悉的事物现象，提出一定难度的问题打开学生思维的闸门，就能调动学生学习的积极性。

四、设疑引入法

设疑引入法是教师通过设疑，布置“陷阱”，学生在回答教师提出的问题时不知不觉掉进“陷阱”，使他们自己的回答自相矛盾，引起他们积极思考，进而引出新课主题的方法。“学起于思，思源于疑。”设计思路：教师先提出学生容易回答正确的问题，接着在正确回答的基础上围绕新课主题设疑，使学生的回答处在矛盾之中，让学生自觉积极思考，教师点题引入新课。

例如：在学习“电功率”时，教师出示两个灯泡，一个“220 V 100 W”，另一个“220 V 40 W”。提问：“将这两个灯泡接到教室的插座上，哪个灯泡更亮。”学生回答：“220 V 100 W 的灯泡更亮。”教师提出：“是不是100 W 的灯泡一定比40 W 的更亮呢？”学生同样是几乎异口同声回答：“是。”接着，教师将这两个灯泡并联后接入电路，实验结果与学生的答案果然一样，学生们正为自己的判断正确而高兴，教师将这两个灯泡串联后接入电路，再请学生观察哪个灯泡更亮？实验结果出乎意外！即100W的灯泡比40W的暗得多。学生正在感到疑惑而积极思考时，教师引入新课："这就是今天我们要学习的《电功率》。"

五、物理学史引入法

物理学史引入法是利用物理学家的传记或物理学发展史引入新课。可以通过榜样的力量去感染学生，调动他们的学习积极性，唤起他们的探索热情。设计思路：先讲述与新课内容密切相关的物理学史，利用科学家追求真理、勇于探索的精神去感动学生，同时唤起他们强烈的求知欲，最后教师点题引入新课。例如：在学习"电磁感应"时，教师向学生介绍，自从奥斯特发现电流的磁效应后，许多科学家联想到，既然利用电可获得磁，那么利用磁能否获得电呢？于是物理学家们开始了磁向电转化的研究，特别是英国物理学家法拉第，从1820年到1831年，十多年苦心钻研，屡屡失败仍初心不改，终于在1831年发现了"电磁感应现象"。随后教师点题引入新课："电磁感应现象就是今天我们要学习的内容。"又如上杠杆一节，教师可以这样开头：公元前199年，罗马的军队开始围攻意大利南端西西里岛的叙拉古。为了抵抗侵略，保卫祖国，阿基米德利用杠杆技术制造了投石器，射出的各种飞弹和巨石把敌人打得抱头鼠窜。利用阿基米德发明的作战器械，叙拉古人将罗马军队阻挡在海湾达三年之久。

六、电教引入法

电教引入法是把不便于课堂直接演示和无法演示的物理现象制成微机软

件或幻灯片，用微机模拟或放映图片来创设情境，激发学生的学习兴趣，然后教师点题引入新课。幻灯、录像、投影仪、计算机等电教设备能为学生创造良好的学习环境，从而调动学生的学习积极性和主动性。例如：在学习“浮力”时，教师可先播放录像（包含日常生活中常见的现象：鸭子、轮船漂在水面上；潜水艇在水中自由地上升和下潜；热气球载着重物飞上高空等），让学生根据现象思考为什么会出现上述现象，从而引入新课。又如：在学习“声音的产生与传播”时，可先通过微机播放含有不同声音的影像，向学生提问听到了几种声音，这些声音分别是什么产生的，是怎样产生的，从而引入新课。

七、游戏引入法

游戏引入法是让学生动手做一些常见或常做的游戏从而引入新课的方法。这种方法符合学生的心理，易于激发学生的学习兴趣，使学生的求知欲从潜伏状态跃迁到激发状态。设计思路：教师利用做游戏的活动先将学生的注意力集中起来，再利用游戏结果激发学生的学习兴趣，教师点题引入新课。例如：在学习“压强”时，教师先出示两块厚度完全相同的木板和两个看上去一样（实际一个尖、一个钝）的锥子，特意请一位身强力壮的男生（给他钝锥子）和一位身单力薄的女生（给她尖锥子）上讲台来比赛，看谁先用锥子把木板锥穿，比赛的结果是女生获胜。此时教师利用全班学生大惑不解和按捺不住的疑惑和好奇的心情引入“压强”一课的新课教学。又如：学习“光的传播”时，教师先和学生一起做个大家都熟悉的手影游戏，通过对为什么能产生有趣的影子的疑问进入新课。

八、类比引入法

类比引入法是以已知的物理现象类比未知的物理现象；以简单的物理现象类比复杂的物理现象，使抽象的问题形象化，引起学生丰富的联想，调动学生的非智力因素，促进学生的思维活动。设计思路：教师用日常生活中的某一事物来说明与其本质不尽相同而又有相似之处的物理问题，使问题形象化，调动学生的学习兴趣，教师点题引入新课。例如：在学习眼睛的光学原理时，可以将眼睛的晶状体类比于照相机的镜头，将眼睛的视网膜类比于照相机的胶片。又如电流的形成、电压的作用，通过以熟悉的水流的形成，水压使水管中形成了水流进行类比，学生在老师的引导下，联想到：水压迫使水沿着一定的方向流动，使水管中形成了水流；类似的，电压迫使自由电荷做定向移动使电路中形成了电流。抽水机是提供水压的装置；类似的，电源是提供电压的装置。水流通过涡轮时，消耗水能转化为涡轮的动能；类似的，电流通过电灯时，消耗的电能转化为内能。

九、对照比较引入法

自然界的某些规律，具有十分明显的对称性或相似性，教师可以利用新知识与学生已学知识的这种对称性或相似性引入新课。实践表明，这样引入新课，过渡自然，通过对照比较巩固旧知识，加深理解新课，不仅可以沟通知识间的联系，而且对学生逻辑推理能力的提高、智力的发展也会产生积极的作用。例如：讲电磁感应，可先提出问题：电流可以产生磁场，磁场能不能产生电流呢？一句话就自然地引入了新课。又如，上《发电机》一节，可以引导学生思考：利用磁场对通电导线的作用可以制成电动机，利用电磁感应现象也就可以制成发电机了。不要多费口舌，学生必然会由电动机的作用和构造联想到发电机的原理和结构。在初中物理中，功率与速度、压强与密度等都可以利用它们类似或对称的性质和特点采用比较对照的方法进行教学。

十、组织讨论引入法

对于一些容易混淆的概念，单凭教师的枯燥说教，费尽口舌也不一定能收到良效，倒不如提出问题，组织讨论，让学生在争辩和议论中获得深刻而正确的认识。例如：在学习《牛顿第一定律》时，为了使学生牢固树立“力不是维持物体运动的原因”的观点，教师可先提出观点：拉动的桌子放手就停，刚推动的车子松手就不动，“力是维持物体运动的原因”。然后询问学生是否赞成这个观点。通过热烈的讨论，最后认识归于统一。这样，“物体运动不需要力来维持”牛顿第一定律的关键性观点，就建立在学生主动探索激烈争辩的兴奋之中，犹如刀刻火烙，比在“老师讲、学生听”的被动状态下建立的印象不知要深刻多少倍，这就为完成这节课的教学任务打下了坚实基础。

良好的开端是成功的一半。一上课，就把学生的心紧紧抓住，后面的教学进程就容易驾驭。所以，我们应当重视如何引入新课。根据初中生年龄小，注意力容易分散，学习的自觉意识尚未成熟等特点，我们在教学中更应注意调动他们学习的积极性，根据学生的心理特点和教学规律，潜心琢磨怎样开好课“头”。但是，新课的引入，开讲的方式，并无定规成法。就是对于一个确定的章节，开头的方法也不是唯一的。上述种种方法，教学实践中，也常常不是孤立地单一使用，而应是相互配合、穿插运用的。总之，一切要从学生的实际出发，从教材的实际出发。“引入”固然重要，但它毕竟只是个开头，导入新课再精彩，后面的课上得平淡呆板，学生的注意力也会渐渐松散。所以，我们更要着重研究怎样把主要内容讲好。

第六节　激发物理学习兴趣的教学策略

兴趣是最好的老师，兴趣是推动学生学习的动力，有了兴趣就会形成较强的求知欲，学生就能积极主动地学习。在物理教学过程中我们经常会遇到课堂气氛不活跃的现象，学习成绩较好的学生觉得课程枯燥无味，而一些成绩相对较差的学生，对学习物理毫无兴趣，导致产生上课不专心、实验不认真、作业不交等现象。所以，培养学生学习物理的兴趣是一件势在必行的大事。教师要因学生的需要而给予适合他们的课程，不可盲目地根据课本的难度要求所有学生。最重要的是要让学生觉得学习是有用的，从而使他们在学习的过程中产生兴趣，浓厚的学习兴趣可以使人的大脑处于最活跃的状态，能够最佳地接收教学信息。

本节通过对增加课程内容（物理与多学科的沟通、物理史知识的介绍）、创造物理情境（包括多媒体技术运用）、作业、及时评价与反馈等方面的改进来激发学生学习物理的兴趣。教师把原有的课本内容教学时间缩短，并在多余的课堂时间加入一些新资源，务求做到教学节奏紧凑、内容丰富。这些新资源主要包括：物理中的跨学科应用、物理史知识、课外阅读、与课题相关的有趣物理探究活动。作为一名优秀的物理教师，不在于单纯地传授书本上的物理内容，而应善于激发学生的学习兴趣，对教材的处理，则应善于从实际生活中的大量物理现象入手，把握住学生的心理特征和认识规律，辅之以必要的演示和实验，尤其能在教材承上启下之时，或难点突显之处，恰如其分地插入一些物理小故事和科学趣闻，导之以兴，授之以趣，故而收到信手拈来的效果。

一、用课程资源激发学生的兴趣

根据教材内容补充相关的物理故事、传说，能够激发学生学习物理的兴趣。例如，讲“静电的防止和利用”时，可以讲1976年，停靠在日本港附近的挪威油船别尔克伊斯特拉号，因水手油漆甲板，聚集起的高压静电引发火花，点燃了弥散在甲板上空的石油气，使这艘25万吨的超级世界巨轮毁于顷刻之间。讲“浮力”时，引入三国时期《曹冲称象》的故事、阿基米德测皇冠是不是纯金的故事，等等。学生听后会兴趣盎然，产生求知欲望。

二、用榜样力量激发学生的兴趣

学生很喜欢崇拜偶像，物理教学中教师可以抓住这一特点，给学生讲述物理学家的故事，把他们变成学生热爱的偶像。特别是学生比较熟悉的科学家对他们的激励作用更是巨大。学生知道这些科学家的生平事迹以后，以他们为榜样，随时都可能产生向他们学习的动机，这种激励作用期效较长。例如，教学中根据教学内容的需要，可以给学生讲我国物理学家周培源、钱三强、何泽惠、杨振宁、李政道、吴健雄等的故事，激发学生对自己祖国的热爱之情，将这种激情转化为学习动力。也可以讲述国外著名的科学家的故事，诸如，伽利略在教堂里面对摆动的吊灯注目凝想；牛顿由苹果落地联想到万有引力；阿基米德在澡盆中顿悟浮体规律；爱迪生坐在鸡窝里“孵蛋”；少年时代的爱因斯坦陷入“追光”问题的深思等。我们在物理教学中未尝不可以运用类似的史料来让科学家“现身说法”，以在物理现象与学生的学习兴趣之间连通一根思维的导线。这对新课的引入、重点难点的突破、后进学生的激励、“第二课堂”的开辟都是大有裨益的。比如，在讲述磁现象时，教师就可用孩提时代的爱因斯坦在看过父亲拿来的一只罗盘后，唤起他自幼探索自然奥秘，“打破砂锅问到底”的求知精神，以之诱导学生透过物理现象寻求其本质规律。又如，1820年奥斯特所做的著名的电流磁效应实验，在过去很长一段时间内被误传为一次“偶然的机遇”。其实，这正是奥斯特在统一自然力思想的启迪下孜孜以求的必然结果。若无浓厚的兴趣和坚强的毅力是难以成功的，此例同样能给予学生以深刻的启发和教益。

三、联系实际

联系实际，主要是联系自然现象和生产、生活中的实例及现代科技。要在物理教学中努力渗透和体现STS（科学、技术与社会）科学教育思想，让学生充分理解科学、技术与社会的密切关系。让他们既关注科学技术的发展，增强探索科学的兴趣与能力，又能清楚地认识其对人类和社会生活的危害，创建技术与人类福利、社会发展相统一的价值观。物理学与自然现象密不可分，发生在我们周围的各种自然现象，包含着丰富的物理知识，物理现象充满在人们生活的每一个角落，学习物理，应该养成多观察、多思考的良好习惯。如讲光的折射时解释“三日同辉”——某日清晨，上班的人们在东方的天空中发现“三个太阳”，一大二小，小太阳轮廓不很清晰，持续几分钟消失。实际这是太阳在大气中玩的“把戏”，是太阳通过折射的光线在人们眼中产生的虚像。学生对这些与生活紧密相连的知识很感兴趣，急欲要探求其中的奥妙，会很快掌握有关的物理知识。

结合教材内容，介绍与个人、家庭、社会生活密切相关的知识和技能使学生了解物理学能为改善人类生存条件服务。如讲静电可介绍雷雨时不要在大树下避雨、不用有金属伞尖的伞、不用手机等防雷击的措施，尤其是说明太阳能热水器室外天线必须接地，因为它安装的高度较高，若不接地，一旦遭雷击，雷电流将通过热水器的管道、电源线、信号线直接进入用户室内；又如讲物体的沉浮条件时，可以介绍鱼鳔，是鱼体内可以胀缩的气囊，是鱼类的沉浮器官，它是通过改变鱼排开水的体积来实现沉浮的，这样也可以加深学生对阿基米德原理的理解，学生可以从中体会到物理学在生活中的用处很大。

另外，还可从一些古典诗词中引入或理解物理学一些概念，或利用物理知识欣赏中国古典诗词，这能使学生兴趣盎然。如理解能的概念，引用学生非常熟悉的李白的“飞流直下三千尺，疑是银河落九天”的诗句，来结合教材内容，介绍与工农业生产、军事密切相关的知识和技能。如讲静电屏蔽和并联电阻时，介绍坦克为什么不怕高压电网的两种原因；讲红外线时，简介透视相机；讲能量守恒定律时，介绍英国的发明家发明的步行鞋发电装将一种微型发电机安装在经过加工的普通鞋底中，当人们行走时，产生的机械能就转化为电能，这些电能足以为手机和笔记本电脑充电，如此等等，学生对这些知识不仅感兴趣，而且能培养他们理论联系实际的学风。换句话说，要使学生对物理产生浓厚的兴趣，最根本的是要使学生感到物理对他们有用，懂得物理知识的重要性、实用价值和社会价值，懂得在社会中如何对待、如何应用这些知识，变“要我学”为“我要学”。这就要求教师在教学中要尽量展现出物理世界的无穷魅力，引导学生思维向深处延伸，使学生觉得物理知识看得见、摸得着、用得上，从而大大激发学生学习物理的兴趣，培养他们运用物理知识解决实际问题的能力，具备理性与科学思维，提高人文素质。

介绍课外科技普及读物，介绍新型电池、室温超导体、光纤通信、激光、现代航空航天技术、现代信息技术、纳米技术等国际、国内最新科技成果及其未来发展趋势，使学生展开想象的翅膀，促进学生为未来发奋学习，鼓励他们“奇思异想”。如讲物态时可简介固体内存在“流动的液体”；

讲人造卫星介绍“惠更斯”探测器登陆土星最大的卫星卫六时发回的照片所展示的神秘河道，并介绍我国的“神舟七号”飞船将进行太空行走、交互对接等实验；讲磁场时可介绍未来的地球磁场可能会反转；讲电磁波时可介绍国外生物工程专家设想用“充电式”和“磁化式”将知识“拷贝”到大脑中去等。

四、以“疑”引趣

用启发式教学，创设问题情境，激发求知欲和积极性，培养学生良好的思维能力。教师讲课要不断启发、点拨和诱导，激发他们为解开疑点而积极思维，充分发挥自己的才智，在参与中学习、学习中参与，勤思苦练，凭智慧收集知识信息，靠能力解决实际问题。这样越学越会学，越学越爱学。

1. 课前提问

上课前可首先提出问题，激发学生思维的积极性和主动性，“一石激起千层浪”。利用学生已有的物理知识，教师从设置的情境中引出新问题并导入新课。情境的创设可多种多样，可以在复习已学知识中诱发新问题，或从司空见惯而又未被引起重视的物理现象中发现新问题。创设情境要突出趣味性，别具一格的创意能一下扣住学生的心弦而进入角色；提出问题要注重启发性，要启发学生自己去观察事物，分析问题，导出课题；情节设计还应符合科学性，既要使内容具有哲理、准确，又要充分运用现代教学手段，去刺激学生的感官，激发学生的求知欲。一节课的讲授不可能求全，在结束课前提问，有意留下余味，让学生自己去“品尝”，可促使学生课后自己独立思考探索。

2. 课堂讨论

教师有目的有针对性地提出问题，启发学生思维，组织课堂讨论，让学生动脑动口，质疑辨疑，教师捕捉反馈信息及时点拨，适时启发，循循善诱，把握讨论的热点，扫除认识过程的障碍。这样就使他们能发现自己学好物理的潜力，调动了学习的积极性，活跃了课堂，也解决了疑难问题。

五、运用幽默的教学语言

在培养学生兴趣的教学中，教师的幽默语言确实可以起到一个“添加剂”的作用，它能够活跃课堂气氛，能把“死”的知识变活，当学生学习疲倦的时候，教师幽默的语言可能重新振奋学生的精神，学生的轻松一笑，可能某些疑难问题会豁然而解。初中生的注意力易转移，在课堂教学中，如果教师过于严肃死板，很难使学生注意力集中在课堂上，所以教师可以在讲解某个知识点时运用联想比喻等使讲述内容更生动，这对激发学生的学习兴趣大有裨益。适当地运用肢体语言同样可以引起学生的注意，激发他们的学习兴趣。如讲分力、合力的关系时，可类比两张5元钱换一张10元钱；讲串联电阻总电压等于分电压之和可比喻成几个人团结起来力量大，电阻越大分压越大可比喻成按劳分配等。

六、注重交流互动

古人云：“亲其师，信其道。”良好的师生情感，能促进教师专心致力于教学工作，学生也不会产生恐惧心理，更不会带来过度的焦虑，反而会轻松愉快，并提高教学效果。苏霍姆林斯基说过：“学校里的学习，不是毫无热情地把知识从一个头脑里装进另一个头脑里，而是师生间每时每刻都在进行心灵接触。”教学是师生共同走过的一段心路历程，良好的人际关系是学生主动学习的基础，只有消除对立、冷漠等不良人际关系，在师生之间、同学之间建立和谐环境，学生才能把精力放在学习上，愉快地学习、生动活泼地发展。在课堂教学中，教师要尊重学生的人格，发扬教学民主，对于教学目的、内容、方法、过程等，师生可以共同制订、选择和决策，给学生提供发表不同见解的机会。在这种氛围中，学生能够主动积极参与教学活动，自觉承担责任，主动性、自觉性可得以发挥和提高。教师对学习困难的学生要更关注，要善于发现他们的闪光点，让这些学生提高自信心，积极主动地参与学习。事实上，在物理教学中，老师与学生交流，准确了解学生的学习情况，并通过反馈，让学生知道自己哪些方面的知识还未掌握好，尚需努力，对自己的学习和复习起到一个指导作用。同时通过反馈，也知道现实学习的成功之处，这对正在进行的学习有激励作用，很容易激发起学生的学习兴趣。所以，教学过程不仅是师生间的信息交流而且是师生间的情感交流，良好的师生感情是激发学生学习兴趣的又一途径。有关研究证明，交互教学和合作教学是非常有效的教学模式，它们的一个显著特点就是强化师生、生生之间的人际互动。师生之间的平等交往或角色互换，既能发挥教师的指导、示范作用，又能提高学生的参与度与责任心。生生之间的交往合作则更易激发学生的学习动机、参与意识和主人翁态度。为强化人际互动，在课堂组织形式方面，应考虑将统一的全班教学转向全班教学、小组教学和个人自学相结合；在座位编排上可适当采用“马蹄形”“半圆形”“口字形”等座位排列形式，以形成有利于人际互动的心理环境、空间距离和情境氛围。

参考文献

[1] 廖伯琴．初中物理教学策略．北京：北京师范大学出版社，2010.

[2] 中华人民共和国教育部．义务教育物理课程标准（2022年版）．北京：北京师范大学出版社，2022.

[3] 张世成，黄波．证据物理：为提升科学素养而教[J]. 江苏教育，2018（22）：49-51.

[4] 樊党娟．指向学生科学思维的物理实验创新能力培养[J]. 中学物理，2021，39（16）：12-14.

[5] 龚朝辉，时子豪．培养学生科学思维，提高高中物理实验课堂效益[J]. 实验教学与仪器，2022，39（04）：61-8.

[6] 黄荣金．应用微课提高初中物理教学效率的策略——以沪科版“多彩的光”一章为例[J]. 中学理科园地，2022（06）.

[7] 王利梅．初中物理教学如何培养学生的实验探究能力[J]. 中学课程辅导，2021（07）.

[8] 朱海燕．浅析初中物理教学中如何实施创新教学[J]. 数理化学习，2021（04）.

[9] 林新川．实验引导在初中物理教学中的应用[J]. 试题与研究，2020（13）.